차이나 쇼크, 한국의 선택

차이나 쇼크, 한국의 선택

한청훤 지음

왜
지금
중국이
문제인가?

SIDEWAYS

차례

제3부 쫓기는 제국, 잠 못 이루는 황제

제4부 우리는 무엇을 해야 하는가

서문

도처에 중국과 관련된 문제들이 수두룩하다. 다른 곳이 아니다. 2022년 현재 한국의 이야기다. 문제가 터지는 영역도 전방위적이다. 정치와 외교, 안보와 경제 분야는 물론 예술과 역사, 스포츠, 대중문화 등의 영역에서도 돌출하고 있는 중국 관련 이슈를 쉽게 발견할 수 있다.

불과 몇 년 전만 하더라도 중국은 다름 아닌 기회의 땅이었다. 기회의 대명사였던 중국이 이제는 문제의 대명사가 되어 버렸다. 2015년까지 중국에 대한 우호적 감정이 적대적인 감정보다 우세했던 한국은, 단 7년 만에 중국에 부정적인 여론이 전체의 8할 정도를 차지하는 압도적 반중(反中) 국가로 바뀌었다. 그야말로 상전벽해와 같은 변화다.

포털 사이트의 검색창에 '중국'을 입력해 보라. 검색 결과로 나오는 내용은 온갖 부정적인 것투성이다. 거기에는 걱정과 우려, 분노와 성토, 그리고 조롱과 경멸까지 다양한 악감정들이 넘친다.

중국을 왜 문제라고 생각하는지, 중국에 왜 성났는지 그 레퍼토리도 다양하다. 예컨대 사람들은 중국에 코로나19 팬데믹 사태의 책임을 따져 묻거나, 중국 정부의 비민주적이고 억압적인 행태에 치를 떨고, 중국 산업의 굴기와 이에 따른 한국경제의 위축을 우려하고, 중국이 주변국에 가하고 있는 안보적 위협에 공포를 느끼며, 중국 공산당과 중국인들이 한국 전통문화를 자기네가 원조라고 우기는 일에 분노하고 있다. 반중 정서의 이유는 이처럼 다양하다.

반중의 에너지는 활화산처럼 들끓고 있고, 애석하게도 그 가운데선 혐중의 기운마저 느껴지는 경우들이 없지 않다. 그래서 작금의 정서적 반중 흐름이 지나치게 한쪽으로 쏠린 것 아닌가에 대한 우려가 나올 법한 타이밍이긴 했다. 때마침 중국은 문제가 아니며, 한국의 언론과 대중들의 인식이 문제라고 이들을 질책하는 '용감한' 주장이 나왔다. 무려 퇴임한 전직 대통령의 공개적인 추천으로 화제가 된 책 『짱깨주의의 탄생』은 흡사 성역과 금기에 도전이라도 하듯 현재 대중의 반중 감정이 잘못되었다고 과감히 주장한다.

중국을 비하하는 듯한 도발적인 제목이지만, 정작 책의 내용은 정반대다. 시종일관 중국에 대한 왜곡과 오해를 조장하는 국내 언론과 학계를 질타한다. 또한 한국 내 반중 감정의 근본적인 원인을 무려 '신식민주의'와 '인종주의'처럼 고색창연한 이념들에서 찾는다. 그런 면에서 이 책은 마치 현란한 지적 곡예를 선보이는 것만 같았다. 어쨌든 최소한 지금 같은 분위기에서 시류에 정면으로 맞서는 주장을 내세운 저자의 용기만큼은 높게 평가받아야 하지 않을까 싶다.

물론 누군가가 주류에 맞서는 용기를 갖고 있다고 해서 반드시 그의 주장이 타당하다거나 사회에 유익하다고는 할 수 없다. 우리나라에서 극심해진 반중의 원인을 언론의 선동과 잘못된 이념 탓으로 귀결시키면 역시나 이상한 결론에 도달하게 된다. 당장 변화무쌍한 한국 여론의 흐름만 가지고도 반박이 가능하다. 앞에서 적은 것처럼 불과 7년 전만 하더라도 한국의 다수 여론은 중국에 우호적이었다.

십수 년 전으로 시계를 돌려보자. 이라크 전쟁이 발발했던 2000년대 초반, 대한민국에선 반미 정서가 반중 정서를 압도했던 시절도 있었다. 그렇다면 미국을 비롯한 서방이 한국에 심어 놓았다는 신식민주의와 인종주의가 최근에야 비로소 한국사회에서 발현되었다는 이야기인가? 아니면 한국인 대다수가 근래에 갑자기 신식민주의자와 인종주의자로 전향했다는 것인가? 그것도 아니면 중국에 우호적이었던 2015년의 한국인과 현재의 한국인은 아예 다른 집단이라는 것인가?

아무리 생각해도 몇 년 사이에 한국인들이 급작스레 인종주의자가 되었다는 설명보다는 한국인들의 대중국 인식을 크게 바꾸는 큰 변화가 중국에서 발생했다는 설명이 훨씬 더 설득력이 있어 보인다. 책의 본문에서 차근차근 살펴보겠지만, 각종 여론조사 데이터와 세계의 반응이 이를 증명한다. 최근 몇 년 사이 대중국 인식이 극적으로 악화되었던 건 한국뿐 아니라 동서양의 많은 나라에서 공통적으로 나타난 현상이기 때문이다.

전 세계 여러 나라의 국민들이 갑자기 '주류언론'이 시행하는 '인종주의적이고 신식민주의적인 선동'에 취약해져서 동시에 중국을 미워하게 될 개연성은 매우 낮다. 그렇다면 심플하게 문제의 가장 큰 원인을 중국에서 찾는 편이 훨씬 타당하지 않을까? 어떤 사안의 본질을 가장 명확하게 증명하기 위해서는 불필요하게 많은 가정을 배제하고 최소한의 설명이 가능한 논리를 적용하라는 단순성의 원리, '오컴의 면도날' 법칙이라는 측면에서 생각해 보면 더욱 그러하다.

* * *

물론 '반중'을 넘어 '혐중'으로까지 번지는 현재 한국사회의 일방적인 분위기를 비판하며, 이를 무분별하게 조장하는 언론의 선정적인 보도와 지나친 침소봉대(針小棒大)적 행태에 대해 우려하는 『짱깨주의의 탄생』의 지적은 새겨들을 만하다. 그렇지만 '정도가 과하다'라는 지적에서 머무르지 않고 코앞에 닥친 문제가 아예 '존재하지 않는다'라는 주장으로까지 나아가면, 그것은 중국과의 관계를 정비하고 대응하는 우리 사회의 논의 과정에서 자칫 소모적인 교란으로 작동할 가능성이 크다.

분명히 말해두고 싶다. 나는 한국에 있어 중국이라는 나라가 실체적인 위협이자 거대한 리스크라고 생각한다. 또한 이 나라의 산적한 문제들이 쌓여 형성된 '차이나 쇼크'가 시간이 갈수록 우리 사회에 더욱 심각한 영향을 초래할 것이라 우려하고 있다. 우리가 점점 더 커져가는 차이나 쇼크에 제대로 대응하지 못한다면 21세기 대한민국의 밝은 미래는 장담할 수 없다고 생각한다.

그럼에도 그 위기를 '차이나 쇼크'라고 명명하며 그에 대해 깊이 걱정하는 나 역시, 현재의 분위기가 마냥 긍정적으로 느껴지는 것은 아니다. 눈앞에 닥친 문제가 위중할수록 그 해결을 위해서는 우선 감정을 제어하고 최대한 평정심을 유지해야 하건만 지금 우리 사회는 그렇지 못한 것처럼 느껴지기 때문이다. 우리는 냉정하게 중국 문제를 바라보고, 이 문제를 입체적이고 객관적으로 분석하려 시도하고 있는가?

우리들의 곁에는 중국 문제의 분석과 대안을 훌륭하게 고민하는, 차분하고 냉철한 접근법과 문제 제기도 적지 않다. 다만 대개의 경우 각 개별 영역 내의 한정된 이슈에 한에서 여러 분석들이 제시될 뿐 다양한 영역을 포괄적으로 아우르며, 종합적인 시각에서 중국의 여러 현안과 대내외적인 갈등을 다루려는 노력은 좀처럼 찾기가 쉽지 않았다. 이는 내가 게으른 탓일 수도 있고, 또 내가 포착한 지식의 레이더 범위가 좁았던 탓일 수도 있다.

그 원인이야 무엇이 되었든 간에 나 역시 중국이라는 나라에 관해 만족할 만한 접근과 종합적인 분석을 찾지 못하여 답답하던 차였다. 그러다가 문득 이 문구가 떠올랐다. 한때 온라인상의 야구팬들 사이에서 유명했던 문구, "답답해서 내가 친다"가 그것이었다. (나는 소위 '보살'로 유명한, 한화 이글스의 오랜 팬이다.) 나는 대학에서 중국문화를 전공했고, 직장에서도 십여 년간 대중국 무역 업무를 담당했다. 20대 이후에는 중국에 백여 번 이상 다녀오고 몇 년간 중국에서 거주하는 등 이 나라와 관련된 여러 경험을 쌓아왔다. 그런 시간을 통해 나름의 '중국론'을 정립했다고 자부해왔으니, '나 스스로가 현재 중국의 총체적인 리스크를 한번 정리 못 할 것 없지 않을까?'라는 생각이 들었다.

나는 1992년 한중 수교 때부터 중국에 깊은 관심을 가져왔으며, 장구하고 방대한 중국 역사와 철학에 오랫동안 푹 빠져 살았다. 위에서 말한 것처럼 중국이 한창 폭발적으로 성장하던 그 질풍노도(疾風怒濤)의 시기, 중국 한복판에서 학업과 현업에 몰두해 보기도 했다. 또 몇 년간 내 블로그에 연재했거나 이런저런 매체의 요청을 받아 기고했던 중국 관련 글들을 읽고 책을 써보라고 권하는 이들도 적지 않았다. 무엇보다도, 나는 2011년 중국인 아내를 맞아 결혼해서 한 가정을 이루었다. 나 스스로가 한국인인 동시에 중국인의 남편이자 중국인의 사위이기도 한 입장이니, 현재 중국의 문제를 그 안팎에서 중층적인 관점으로 접근해 볼 수 있겠구나 하는 자신감도 어느 정도 있었다.

그래서 2021년 겨울부터 나만의 중국론을 본격적으로 정리하기 시작했다. 호기로운 생각으로 시작했지만, 그 과정은 생각보다 더 힘들고 순탄치 않았다. 중국의 과거와 현재를 일관된 맥락과 문제의식으로 꿰어 나가면서 한중 관계의 미래를 예측하는 일은 역시 만만하지 않았다. 그렇지만 출판사에서 보내준 적절한 가이드와 조언들, 그리고 주위 분들의 끊임없는 응원 덕에 결국 원고를 완성할 수 있었다. 나는 이 책에서 '차이나 쇼크'의 기원과 양상, 그리고 우리의 대응 방안을 다각도로 규명하기 위해 최선을 다했다. 총 4부로 구성된 원고는 각각의 다양한 내용들을 통일된 테마로 짜임새 있게 묶어, 독자들이 현재의 중국을 체계적으로 파악할 수 있도록 최대한 노력하였다.

이 책의 1부 **'중국이라는 폭풍우 곁에서'**는 현재 우리 사회가 겪고 있는 중국이라는 나라의 '쇼크'에 가까운 위협들, 대한민국이 직면한 중국 리스크의 가장 중점적인 사항들을 종합적으로 분석한 글이다. 나는 전근대 한중 관계에서부터 최근 한한령 사태로 폭발했던 중국과의 외교 갈등을 꼼꼼하게 되짚고자 했고, 중국과 얽혀 있는 한국경제와 산업계가 지금 중국으로부터 얼마나 큰 위협을 받고 있고, 중국에 대해서 얼마나 취약한지를 살펴보았다. 동아시아의 우크라이나에 해당하는 대만의 위기가 왜 우리에게는 남의 문제가 아닌지도 아주 중요하게 다루었다. 나는 이처럼 두 나라의 대표적인 충돌과 갈등의 지점들을 복기하며 우리가 구체적으로 어떤 영역에서 차이나 쇼크에 노출되어 있고, 그 쇼크가 얼마나 위험한지에 대해 고찰했다.

2부 '차이나 리스크의 기원과 축적'은 중국이 어떻게 지금처럼 위험한 나라, 국제적인 고립과 외교적 위기를 자초하는 나라가 되었는지를 역사적으로 되짚은 글이다. 다른 무엇보다도, 현재 중국의 문제적 상황 한가운데에 놓인 시진핑(習近平)이라는 인물을 똑바로 들여다보지 않고서는 이 나라의 문제를 제대로 다루는 것이 불가능할 것이다. 그래서 나는 시진핑을 주인공으로 배치하여, 마오쩌둥(毛澤東)과 덩샤오핑(鄧小平) 시기의 중국 현대사에서부터 최신 중국 정치까지 긴 역사의 흐름을 최대한 세밀하게 들여다보았다. 나는 지금 중국의 극단적인 변화에는 시진핑의 세계관이 짙게 배어 있다는 관점을 갖고 있고, 그 세계관은 그가 겪어온 여러 세계사적인 사건들, 또 중국 현대사의 가장 중요한 사건들을 통해 형성된 것이라 확신한다. 2부에서는 바로 그 세계관과 사건들을 만날 차례다.

나아가 책의 **3부 '쫓기는 제국, 잠 못 이루는 황제'**에서는 관점을 바꾸어, 중국의 바깥이 아닌 중국의 안을 집중적으로 들여다본다. 나는 여기서 중국이라는 국가가 처한 여러 내부적인 문제와 고민들이 '차이나 쇼크'의 매우 중요한 원인이 되고 있음을 지적할 것이다. 농촌 문제와 인구 문제, 부채 문제와 기술 문제, 그중에서도 특히 미래 산업 핵심인 반도체 문제, 그리고 최고 지도자 시진핑의 권력 유지 문제 등 현재 중국이 다양한 영역에서 안고 있는 가장 심각한 문제들을 짚어보고, 이를 통해 이러한 체제 내부적인 긴장이 어떻게 전 세계를 향한 공격적인 에너지로 전환되는지를 추적하고자 했다. 이 장에서는 마오쩌둥 사후 처음으로 현대 중국의 최고 지도자로서 장기 집권을 노리고 있는 시진핑의 조급함이 독자들에게도 함께 느껴질 수 있길 바란다.

책의 마지막인 **4부 '우리는 무엇을 해야 하는가'**에선 1부에서 3부까지 총망라되었던 '차이나 쇼크'를 대한민국이 어떻게 극복해 나갈 수 있을지에 관한 방책들을 제시했다. 물론 향후 그 쇼크가 구체적으로 어떻게 닥쳐올지 현재로선 알 수 없기 때문에 이 장의 내용에는 다소 원론적인 측면이 없지 않다. 또한 4부에서 풀어본 여러 아이디어는 나의 가치관과 성향에 기반하여 형성된 부분이 많으므로 독자에 따라 찬반이 나뉠 수 있으며, 부정적 의견을 포함한 다양한 반응이 나올 수 있다고 생각한다. 사실 내가 이 책을 쓴 가장 근본적인 목적은 바로 중국 문제와 차이나 쇼크에 대한 활발한 논의를 자극하기 위함이다. 그렇기에 독자들이 4부를 읽고 반론을 포함한 다양한 의견을 활발히 제시해 준다면 필자인 나에게 그보다 더 기쁘고 감사한 일은 없을 것이다.

예전부터 한국사회에서 중국에 대한 이야기를 할 때 흔히 즐겨 쓰는 표현 중 하나가 바로 '군맹무상(群盲撫象)', 즉 "눈이 보이지 않는 여럿이 코끼리를 만진다"라는 관용어이다. 내가 지난 오랜 시간에 걸쳐 만들어 낸 이 결과물이 군맹무상의 사례에서 어느 정도나 벗어났는지는 감히 단언할 수 없을 것이다. 다만 나 스스로 최대한 평정심을 유지한 채 '있는 그대로의 코끼리'를 만지기 위하여 최선의 노력을 기울였고, 그 결과물이 저 '코끼리'를 재구성해야 하는 사회적인 과제와 협업에 있어 조금이라도 보탬이 되기를 기대할 뿐이다. 그리고 실제 보탬이 되었는지, 혹은 보탬의 정도가 어느 정도인지는 이제 전적으로 이 책을 읽을 독자분들의 판정에 맡겨지게 될 것이다.

* * *

나의 삶 속에 중국이 들어왔던 것은 한중 수교 때부터였으니, 이제 햇수로 따지면 정확히 30년이 흘렀다. 30년간 쭉 관심 있게 지켜보고 직접 부대끼기도 했으며, 오랜 기간 감정적으로도 많은 에너지를 쏟아부었던 중국이라는 나라에 대해서 이렇게 한 권의 책이란 결과물로 만들어 낼 수 있었던 건 여러 고마운 분들의 도움이 없었다면 불가능했던 일이다.

먼저 이 책이 나오는 데 있어 결정적인 도움을 주신 도서출판 사이드웨이의 박성열 대표님께 진심으로 감사드린다. 사실 약 8개월이 넘는 집필 과정에서 대표님에게 항상 감사한 감정만 가졌던 건 아니다. 계속되는 여러 조언과 다양한 요구에 피로감을 느꼈던 때도 적지 않았다. 하지만 대표님의 적절하고 유익한 피드백과 방향 제시는 지나고 보면 쓰디쓰되 몸에 유익한 약이었으며, 그러한 쓴 약이 없었다면 내가 여기까지 오는 것은 불가능했을 것임을 잘 알고 있다. 이 점에 대해서는 다시 한번 깊이 감사하다는 말씀을 드리고 싶다.

나의 집필 결정에 있어 아낌없는 응원과 격려로 큰 힘을 주신 임명묵 작가님께도 감사의 뜻을 전하고 싶다. 작가님은 최근 『K를 생각한다』라는 책을 통해서 우리 사회의 젊은 세대를 주도하는 대표 작가로 떠올랐다. 그 모습을 지켜보는 건 그를 오래전부터 알아오며 친교를 나누었던 내 입장에서 진정 흐뭇한 일이었다. 또 매우 바쁘신 와중에도 나의 졸고를 읽어주시고, 유익한 조언의 말씀을 전해주신 최준영 박사님께도 깊이 감사드린다. 다양한 플랫폼을 통해서 종횡무진 지식의 대중화에 힘쓰시는 박사님의 활약상에 늘 깊은 존경과 응원의 뜻을 품고 있다.

더불어 졸고를 검토해 주시고 추천해 주신 박민희《한겨레》논설위원님께도 감사한 마음을 이루 형용하기 힘들다. 내가 학생 때부터 미디어를 통해 중국과 관련된 정보를 접할 때마다 가장 신뢰하며 즐겨 읽던 글은 바로 논설위원님이 당시 쓰셨던 취재 기사였다. 단순히 외부인의 시각만이 아니라 중국 내부인의 고민과 관점까지 포괄하며 치열한 전문성, 그리고 생생함을 담보하던 기자님의 기사는 내가 중국에 대한 시야를 넓히는 데 큰 도움이 되어 주었다.

그리고 나의 블로그 애독자분들과 페이스북 친구분들께 깊이 감사드린다. 평소 가지고 있던 다양한 사회적 이슈와 중국에 대한 관심 사항을 블로그와 페이스북 등을 통해 조심스럽게 정리하여 올렸을 때, 만약 여기서 관계 맺은 분들의 우호적인 반응과 적극적인 성원이 없었다면 나는 계속 글을 쓰지 않았을지도 모른다. 오직 온라인상으로만 교류하고 얼굴 한번 보지 못한 누군가의 글에 보여주신 큰 관심과 독려 덕에 나는 점점 더 긴 글을 쓸 수 있었고, 이러한 과정을 거쳐 결국 이 책을 완성할 수 있게 되었다. 이들의 통찰력과 높은 식견 덕에 나의 관점과 생각을 더욱 정교하게 가다듬을 수 있었던 것도 물론이다.

내가 정치·경제·사회·역사·철학 등의 문제에 대해 가지고 있던 관심을 함께 나누고, 지속적인 토론을 통해서 생각의 높이와 고민의 깊이를 키워준 고등학교, 대학교, 온라인 사회운동 모임의 친구들에게도 고맙다는 말을 전하고 싶다. 또한 과거 전기차, 디스플레이, 반도체 회사에 다닐 때 현장에서 나와 함께 중국 산업 굴기에 대해서 치열하게 고민해 주며 관련 산업의 안목을 키우는 데 큰 도움을 주신 전·현직 직장 상사 및 동료분들께도 감사드린다. 이 책을 준비하고 있다고 전했을 때부터 용기를 북돋워 주고 격려를 아끼지 않았던 나의 소중한 가족인 부모님과 형, 누나, 매형에게도 깊은 감사의 뜻을 전한다.

무엇보다 세상에서 내가 가장 사랑하는 세 사람에게 이 책을 바치고 싶다.

중국에서 만나 결혼한 아내 리핑은 오로지 남편만 바라보고 10년 전 한국으로 이주를 결행했다. 아내는 초기 적응의 어려움을 극복하고, 현재는 관련 공공 기관에서 같은 처지의 이주 결혼 여성들의 정착과 적응을 돕는 일을 훌륭히 수행하고 있다. 이렇게 존경스러운 아내는 내가 책의 집필을 결정했을 때부터 지금까지 변함없는 응원을 보내 주었고,

간혹 남편이 원고를 쓰면서 괴로워하고 있을 땐 중국사회에 대한 고민을 깊이 나눠주며 토론해 주었다. 주말마다 글을 쓰기 위해 집을 비울 때 매번 깊은 관대함과 인내심을 발휘해 준 것도 고마울 따름이다.

올해 초등학교 4학년, 2학년인 두 딸 한서원, 한지원에게도 마찬가지의 마음이다. 서원과 지원은 아빠가 집에서 노트북으로 작업을 할 때마다 신기하다는 반응과 함께 빨리 결과물을 보고 싶다면서 응원과 격려를 아끼지 않았다. 집필을 핑계로 주말에 놀아주지 못할 때마다 미안해하는 아빠에게 넓은 아량을 베풀어 주기도 했다. 고맙고 또 고마울 뿐이다. 한국과 중국, 두 나라 사이에 있는 두 딸이 살아갈 미래에는 참된 상호 이해에 바탕을 둔 평등하고 건강한 한중 관계가 가능하길 바란다. 양국 간에 진정 평화로운 시대가 열렸으면 하는 간절한 바람이 이 책을 쓰게 된 가장 강력한 동기였음을 끝으로 고백한다.

2022년 6월 30일

한청훤

제1부

중국이라는 폭풍우 곁에서

1장

제국의 귀환

일본이 백 년의 적이면 중국은 천 년의 적이다.

이 말을 한 사람은 보통의 한국인들에게는 의외의 인물일 것이다. 이 발언의 주인공은 바로 북한의 김정은 국무위원장이기 때문이다. 전해지는 말에 따르면, 김정은은 평소 측근들에게 이와 같은 말을 습관처럼 했다고 한다.[1]

북한과 중국 간의 오랜 우호관계와 동맹관계를 생각하면 사실 저 말이 선뜻 이해하기 힘들어보인다. 대중 무역과 중국의 원조에 대한 의존도가 여전히 절대적인 상황에서, 김정은이 중국을 일본보다 더 경계하고 미워한다니 말이다. 게다가 북한은 국가적인 적대와 증오의 감정 대부분을 미국에 쏟아왔었는데, 미국도 일본도 아니고, 동맹이자 혈맹인 중국이 천 년의 적이라니?

사실 한국인들에게도 이 말이 직관적으로 와닿지는 않을 것이다. 현대의 한국인에게 가장 큰 위협으로 다가오는 존재는 거의 항상 북한과 일본이었고, 중국의 위협이 부각된 건 비교적 최근의 일이었기 때문이다.

위협과 경계의 대상이 북한과 일본이었던 건 우리에게 충분히 자연스러운 일이다. 반세기 넘게 우리와 공식적으로 대치하고 있는 북한이야 말할 것도 없고, 한국인들에게 있어 최근 가장 뼈아픈 역사는 두말할 것 없이 일본의 침략과 지배였다. 그 나라와 정식 외교관계를 수립한 한국조차 이러한데, 일본과 여전히 적대적인 북한의 최고 지도자 김정은이 일본보다 중국을 더 경계한다는 것은 의외가 아닐 수 없다. 나도 처음에 저 발언이 담긴 뉴스 내용을 접하고 기이하다는 생각이 먼저 들었다.

노벨경제학상을 받은 최초의 심리학자인 대니얼 카너먼에 의하면, 나를 포함한 한국인들이 김정은의 저 발언을 듣고 순간적으로 이상하다고 느낀 건 매우 자연스러운 일이다. 카너먼은 그의 저서 『생각에 관한 생각』에서 인간의 사고하는 방식은 크게 두 가지로 나눌 수 있다고 설명한다. 그에 따르면 우리의 사고는 무의식적이고 본능적인(그래서 빠른) '시스템 1'과 의식적인 추론의 노력이 필요한(그래서 느린) '시스템 2'로 나눌 수 있다.

카너먼이 말한 '시스템 1'의 사고와 일본을 연관시켜 보자. 대다수의 한국인에게 안보적 위험을 상기시키면서 본능적이고 자동적으로 연상되는 위협은 당연히 일본을 향할 것이다. 한국인들이 자라면서 자연스럽게 갖게 된 민족 정체성에는, 일본에 당한 치욕적인 수난이라는 피해 서사가 강하게 녹아 있기 때문이다.

그런데 대니얼 카너먼은 '시스템 1'이 빠른 판단으로 대단히 효율적인 대신 종종 인지적 착오를 일으킨다고 말한다.[2] 나아가 그럴 때에는 반드시 '시스템 2'라는 의식적 추론을 통한 느린 사고가 필요하다고 설파한다. 여기서 이 심리학자의 권고대로 우리의 안보적 위험에 대하여 '시스템 2'를 통해 사고를 전개한다면 어떤 결론을 내릴 수 있을까?

백 년 정도의 가까운 역사가 아니라 훨씬 더 장기적인 시간대에서 한반도에 있었던 국가들과 역대 중원 제국들의 관계를 살펴본다면 김정은의 저 발언에 고개를 끄덕일 수 있지 않을까? 중국의 존재감을 최근에서야 강하게 의식하기 시작한 한국보다 반세기 넘게 중국과 밀착된 관계를 맺어온 북한이 어쩌면 한반도에 가해졌던 중국의 오래된, 동시에 강력한 위협을 더 잘 체감할 수 있지 않았을까?

물론 김정은이 중국과의 전통적 동맹관계와 북중 우호관계를 완전히 뒤집으려고 저 발언을 한 건 아닐 것이다. 저 발언이 나올 당시의 정세를 놓고 추측해 본다면, 저 시기가 핵실험에 대한 국제사회 제재 강화의 이야기가 나오자 믿었던 중국까지 제재에 동참하려고 했던 때였다는 것을 짚어두어야 한다. 그때 북한의 최고 지도자가 중국에 대한 울분을 표하는 과정에서 저런 말을 한 것으로 추정된다. 그 후 북중 관계가 개선되며 북한과 중국의 긴장 혹은 김정은의 중국에 대한 분노에 대한 뉴스는 언젠가부터 자취를 감추게 된다.

하지만 저 당시 김정은이 남긴 **"중국은 천 년의 적이다"**라는 말만큼은 한국인들에게 되레 점점 더 설득력 있는 말이 되어 버렸다고 생각한다. 최근 몇 년 사이 **"반중은 시대정신"**이라는 말이 우리 사회에서 널리 회자될 만큼[3] 중국 리스크가 거의 모든 한국인들이 체감하는 수준이 되었기 때문이다. 그러다 보니 이제는 일부 세대가 중심이 되어 직관적으로 그리고 본능적으로(즉 '시스템 1'에 의해) 중국을 가장 위협적인 첫 번째 대상이라 꼽기 시작했음을 부정할 수 없다.

'반중(反中)'의 세대가 온다

중국에 대한 여러 부정적 인식과 반감, 심지어는 특히 온라인에서 쉽게 찾아볼 수 있는 중국에 대한 극심한 혐오 정서까지, 한국사회에서 반중 감정이 이렇게 급부상한 건 최근의 일이다. 그리고 다음 장에서 자세히 설명하겠지만, 새로운 반중 정서는 우리 사회의 소위 'MZ 세대'들

사이에 가장 심각하다고 할 수 있다.

2021년 6월 공개된 《시사IN》 717호 보도 내용을 살펴보자. 이 기사에 따르면, 중국에 대한 반감은 20대가 가장 높고, 그다음 30대가 뒤를 잇는다. 20대의 중국에 대한 반감 정도는 50대와 60대보다 거의 두 배 가까이 높고, 30대도 이들에 비해서 50% 가까이 높다고 할 수 있다.[4]

반중 감정이 젊은층을 중심으로 퍼진 이유는 중국이 우리의 국가적인 위협으로 떠오른 게 비교적 최근이며, 중국이 한국에 시비를 걸면서 생기는 양국 간 주요 마찰 중 하나가 이들의 주 관심사인 대중문화 영역이었던 탓이 크다. 더욱이 태어나면서 자유민주주의를 공기처럼 당연한 걸로 여기며 자란 우리 청년 세대에게 일인 독재와 대중문화 검열, 언론 탄압 같은 중국 공산당의 행태가 더욱 부정적으로 다가왔을 것이다.

이렇듯 한국에서 커져가는 중국에 대한 반감, 그리고 한국인들이 중국에 대해 느끼는 위협은 언뜻 보면 한국사회가 맞닥뜨린 새로운 사회적 현상이자 국가적 도전으로 비칠 것이다. 실제로 반중 감정이 급부상한 결정적 계기는 아무리 길게 잡아도 약 6년 전인 2016년 사드(THAAD, 고고도미사일방어체계) 사태가 그 기원이었기 때문이다. 그 이전에는 설사 한중 간 외교적·감정적 이슈는 발생했다 하더라도 대개 산발적이었고, 특히나 반일 감정과 비교해서 그 강도와 폭은 비교하기 힘든 수준이었다.

최근의 반중 정서가 사람들에게 얼마나 놀랍고 생소한지는 《시사IN》의 기사에서도 잘 표현되어 있다. 이 기사에는 각국 호감도 비교 조사 결과가 실려 있는데, 그중 "처음으로 중국에 대한 호감도가 일본, 북한보다 낮게 나왔다"는 것에 대해 "결과가 예상보다 심각하다"라며 자못 충격을 받았다는 어조로 이 결과가 서술되어 있었다.

확실히 새롭고 충격적이긴 할 것이다. 앞서 말한 대로, 이 기사를 쓴 기자를 포함하여 주로 중년 이상의 다수 한국인들에게 본능적이고 직관적인 위협으로 다가오는 대상은 일본일 테니 말이다. 해당 조사에 따르면 2021년에는 사상 처음으로 중국에 대한 비호감 정도가 일본보다 높게 나왔다고 한다. 해방 후 반세기 넘게 한국사회에서 가장 싫어하는 국가 부동의 1위를 차지하던 일본이 아마도 거의 처음으로 중국에 의해 2위 자리로 밀려난 조사 결과가 아닐까 싶다.

시간이 지날수록 MZ 세대는 우리 사회의 중추가 될 것이다. 그리고 지난 30년간 이어져 온 경제적 침체(30년 동안 일본의 경제 규모와 개인 소득은 거의 정체되어 있었다)[5]와 코로나 팬데믹 이후 드러난 디지털 후진국의 민낯을 고려해 보았을 때,[6] 일본의 지속적인 쇠퇴와 침체는 불가피한 추세로 보인다. 한일 간 역사 문제와 일본의 우경화 문제가 여전히 남아 있지만 일본의 쇠퇴는 일본으로 향하던 한국인들의 경계심을 지속적으로 약화시키게 될 것이다. (이 내용에 관해선 책의 3부와 4부에서 지속적으로 다룰 예정이다.)

반대로 일본으로부터 지역 최강국의 자리를 넘겨받은 중국은 자신의 거대해진 힘과 영향력을 한국 등 이웃 국가들에 대한 압박을 통해 확인하려는 시도를 계속해서 이어나갈 것이다. 여기에 최근 한중 간 역사 문화 갈등, 중국의 정치적·사회적 후퇴까지 더해지면서 한국인들의 중국에 대한 부정적 인식은 더욱 심화되고 있는 중이다.

이러한 여러 요소들을 고려해 보았을 때, 중국이 향후에도 계속해서 우리나라의 비호감 국가 1위 자리를 차지할 개연성이 높아 보인다. 바야흐로 지금은 한국인들의 **중국에 대한 직관적이고 본능적인 사고가 대대적으로 바뀔 수밖에 없는 시대적 전환기**라고 할 수 있다.

'깨어 있는 사자' 옆에서

사실 중국에 대한 반감과 부정적 인식의 급격한 증가는 한국뿐만 아니라 전 세계적 현상이기도 하다. 이미 많은 언론에 보도된 2020년 1월의 '퓨리서치'(Pew Research Center) 조사에 따르면, 한국이 포함된 주요 14개 선진국 일반 시민을 대상으로 했던 중국에 대한 인식 조사에서 이탈리아를 제외한 모든 나라에서 반감이 호감을 초과했고, 거의 모든 나라에서 중국에 대한 반감도는 역대 최고치를 경신했다.[7] 해당 기관의 20년 전 동일한 조사에선 대다수 나라의 대중국 호감도가 반감의 정도보다 높았다는 걸 감안한다면, 정말 드라마틱한 변화라고 할 수 있다.

중국에 대한 세계의 치솟는 반감과 부정적 인식에는 아마 많은 요인들이 있을 것이다. 근래의 코로나19 바이러스의 팬데믹 사태가 가장 큰 비중을 차지할 것이고, 2013년 집권 후 10년 차에 접어든 시진핑 정권의 공격적이고 국수주의적 외교 정책 등이 주요 원인으로 꼽힐 것이다. 그리고 시진핑이 자신의 국수주의적 외교 방침을 공격적으로 펼칠 수 있게 해주는 중국의 거대한 국력 상승 또한 근원적 원인으로 지목될 수 있을 것이다.

대중들만 중국을 부정적으로 보는 게 아니다. 중국의 위협에 대한 경계나 중국의 행태에 대한 여러 비판들이 담긴 각종 보도와 연구, 책들 또한 쏟아지고 있다. 대중의 인식이든 전문가들의 분석이든 중국이 현재 국제적으로 우리가 당면한 가장 큰 문제라는 것만은 이론의 여지가 없어 보인다.

그러한 중국발 위기는 세계도 비슷하게 체감하고 있다. 특히나 서구에서는 나폴레옹이 중국에 대해 남겼다고 전해지는 다음과 같은 말이 중국의 부상에 맞춰 많은 곳에서 회자되는 중이다. "잠들어 있는 사자를 깨우지 마라. 사자가 깨어나는 순간 온 세상이 흔들릴 테니." 그런데 한국은 중국의 부상과 위협을 마주하고 있는 다른 나라들과 결정적인 차이가 있다. 김정은이 중국에 대해 불평하며 남겼다는 서두의 말처럼, 한국이라는 나라에 있어 중국이 뿜어내는 공포와 위협은 결코 새로운 일이 아니라는 것이다.

즉, '중국 리스크'는 한국에 전혀 새로운 것이 아니다. 우리에게 중국의 적대적인 위력은 만성적이었고, 그 리스크는 주기적이며 또 반복적인 패턴으로 볼 수 있다. 한국의 전체 역사를 거시적으로 본다면, '퓨리서치'의 조사 대상 국가 14개국 중 최소한 한국만큼은 아주 오랜 과거부터 '깨어 있는 사자' 옆에서 살아왔다고 해도 과언이 아닐 것이다.

당대 한국인들의 집단 기억 중 일본의 침략과 지배의 역사가 가장 최근의 일이었던 덕에 중국과의 오래전 악연들은 최근까지도 의식적 경계의 대상에서 후순위로 자연스럽게 밀려 있었을 것이다. 그렇다면 한반도에 살고 있던 사람들의 인지 속에서 가장 오랫동안 본능적이고 직관적인 위협을 느낀 대상은 거의 항상 대륙(중국)이었을 것이고, 최근의 강렬한 기억을 남긴 역사적 사건 때문에 일시적으로 열도(일본)로 바뀌었다는 해석도 가능할 것이다.

그리고 중국이 과거 자신들의 지위를 되찾아가자 우리의 국가적인 위협에 대한 직관적 사고의 방향이 다시 중국으로 돌아가고 있다고 파악할 수 있다. 즉 최근 한국사회에서 부상한 반중 정서가 다른 나라보다 유달리 극성스러워 보이는 것도 **'천 년의 적'이 귀환한 것에 대한 오랜 기억과 반응이 다시 깨어난 것**으로 해석해 볼 수 있는 것이다.

중국, 한반도의 지정학적인 최대 리스크

물론 한중 간의 오랜 역사를 오로지 한반도가 당했던 일방적인 피해와 손해의 관점으로 단순하게 규정할 수는 없다. 단적으로, 한국의 전통문화 중 고대 중국 문명으로부터 받은 영향을 깔끔하게 제거하는 것이 불가능할 정도로 전근대 한반도는 중국으로부터 압도적 영향을 받아왔다. 전근대 중국은 하드파워 측면에서나 소프트파워 측면에서나 의심할 바 없이 동아시아 지역의 압도적 패권국이었던 만큼 당연한 일이었다. 한반도의 고대 왕국들은 중국으로부터 수입한 문화를 통해 국가를 운영했고, 당대의 앞선 문명국으로 스스로 자부했다.[8]

하지만 이런 밝은 측면과 대비되는 차원에서, 중국은 **한반도 국가들이 주기적으로 겪은 안보적 위협의 가장 거대한 근원**이기도 했다. 반복하건대, 현대의 한국인들은 한반도에 침략 행위를 일삼는 대표적인 외세로 일본을 연상하지만, 일본이 한반도 침탈의 대표 주자로 떠오른 건 약 400여 년 전인 임진왜란 이후부터다. 당시 일본은 오랜 전국시대(戰國時代)의 분열을 끝내고 내부의 응축된 힘을 거의 최초로, 또 대대적으로 외부에 투사했고 그 대상은 바로 조선이었다. 이 임진왜란 전까지만 해도 한반도의 왕조들에 있어 국가 안보 최전선은 남방의 대한해협이 아니라 북방의 국경지대였다.

한반도 북방의 국경지대 건너편, 즉 중원 지역은 수천 년간 시시각각 변해왔다. **중국의 역사를 한 문장으로 표현한다면, 분열과 통합의 끊임없는 반복이었다고 할 수 있다.**[9] 한 연구에 따르면 중국의 최초 통일 제국이었던 진나라 이후 2200여 년의 기간 중 대륙이 통일된 시기는 절반이 약간 넘는 56%이고, 나머지 44%는 분열된 상태였다고 한다.[10] 한(漢), 당(唐), 원(元), 명(明), 청(淸)같이 대중적으로 인지도가 비교적 높은 통일 제국들의 지속 시기를 모두 합쳐봐야 전체 중국사에서 절반 정도밖에 되지 않으며, 그 사이사이에 여러 분열 시기들이 꽤나 오래 존재했다는 이야기다.

그리고 중국에서 통일과 분열이 반복될 때마다 그 격렬한 지정학적 지진의 여파는 예외 없이 한반도를 뒤흔들고 막대한 피해를 입혔다. 중원 대륙에 통일 제국이 탄생하면 동아시아 패권과 종주국의 지위를 확고히 하기 위해 한반도 침략이 이어졌다. 한반도 최초 국가인 고조선은 초나라와의 전쟁에서 승리한 뒤 통일 제국을 세운 한나라에 멸망했고, 한나라 멸망 후 혼란 시기를 평정하고 등장한 수나라와 당나라는 차례차례 고구려를 침략하여 기어이 멸망시키고 만다.

중국이 만리장성을 경계로 중원의 한족 국가와 북방의 유목민족 국가로 첨예하게 대립하던 시기에도 그 불똥은 항상 한반도로 튀었다. 각각 북송, 남송과 대립하던 북방의 요나라와 금나라는 후방을 안정화시키기 위해 고려를 연이어 침략하였고, 뒤이은 몽골의 침략은 29년간 고려의 전 국토를 그야말로 쑥대밭으로 만들었다. 또한 임진왜란의 피해에서 간신히 회복하던 조선은 본격적으로 명나라와 전쟁을 하기 전 후방을 평정하고자 했던 청나라의 두 차례 침입을 받은 끝에 국왕이 직접 굴욕적인 항복을 하는 국가적 치욕을 당한다. 바로 조선왕조 최대의 치욕적 사건이라 할 수 있는 '삼전도의 굴욕'이었다.

명나라가 예외처럼 보이지만, 전쟁만 하지 않았을 뿐 고려와 조선에 걸쳐 전쟁 직전까지 가는 안보적 위기 상황이 명나라와의 관계에서도 여러 차례 반복되었다. 예컨대 고려의 멸망의 도화선이 된 위화도 회군은 명나라의 안보적 압박을 선제적으로 대응하기 위한 고려 조정의 요동 출병 결정과 그 과정에서 터진 조선 태조 이성계의 쿠데타 사건으로 잘 알려져 있다.

태종 이방원이 권력을 잡게 된 '1차 왕자의 난' 또한 마찬가지다. 명나라에 간 조선 사신의 억류와 죽음, 그리고 조정의 2인자인 정도전에 대한 소환 요구 같은 명나라 황제의 억지 트집 잡기로 양국 관계가 극도로 긴장되었고, 결국 이에 대한 대응 차원에서 준비한 요동정벌은 결국 이방원의 기습적 쿠데타로 마무리된다. 모두 명나라 초대 황제 주원장이 한반도 국가에 갖고 있던 의심과 경계심에 의해 촉발된 외교적 긴장이 초래한 결과였다. 이렇게 중국으로부터 받는 안보 압박은 단지 외교적 이슈로 끝나는 게 아니라 한반도의 국내 정치까지 크게 뒤흔들곤 했었다.

대륙으로부터의 전통적 안보상의 위협은 구한말까지 계속되었다. 1894년에 터진 청일전쟁 직전까지 조선의 독립에 가장 위협적인 외세는 일본이 아니라 청나라였다. 당시 청나라는 서구 열강과의 전쟁에서 연이어 패배하며 동아시아 종주국이라는 전통적 지위가 무너질 위기해 처해 있었다. 이에 청나라 조정의 실력자인 이홍장(李鴻章)과 위안스카이(袁世凱)는 제국의 위신을 지키고 전통적 세력범위를 지키려는 의도로 조선을 실질적 속국으로 만들기로 결심하였고, 이에 따라 조선의 내정과 외교에 사사건건 영향력을 행사하며 간섭을 시도했다.

많은 젊은 지식인들이 조선이 청나라로부터 진정한 독립국으로 살아남기 위한 방법을 고민했다. 그중 일부는 청나라 견제를 위해 일본과 러시아라는 다른 외세를 이용하기로 결심한다. 많은 친일파들이 이렇게 생기기 시작했고, 일부 급진적 세력이 자신들의 구상을 실행으로 옮긴 게 갑신정변이었다. 구한말에 지어진 독립문도 건립 당시에는 일본이 아니라 청나라로부터의 자주 독립국임을 상징하는 의미가 더 지배적일 정도였다.[11]

한중 관계의 '황금기'가 변곡점을 맞이한 뒤

그리고 뒤이어 현대 한국인들의 공통 기억에 가장 큰 트라우마를 남긴 일본의 식민 지배가 시작되었다. 광복 후에는 세계의 냉전과 맞물린 한국전쟁이 벌어졌고, 그 와중에 공산화된 중국과 우리의 적대적인 충돌이 있었지만 남북 분단이 고착화되자 중국과의 교류가 완전히 끊어지면서 중국에 대한 과거의 기억들은 점차 역사책 속으로 들어가게 된다.

다시 반세기가 흐른 후 냉전이 종식되고 한중 수교에 이어 한중 간의 교류가 재개되었지만, 중국은 더 이상 과거의 위협이나 경계의 대상이 아니었다. 한국이 한강의 기적을 통해 중진국에서 선진국 문턱까지 오는 동안 중국은 교조적 공산주의 이념에 의한 사회운동과 경직된 계획경제 정책으로 인한 빈곤과 가난의 후유증을 완전히 벗어나지 못한 상태였다.

낙후된 중국은 당시 한국인들이 자신들의 경제적 성공과 부유함에 더욱 큰 자부심과 우월감을 느끼게 만들 수 있는 심리적 만족의 대상이자, 값싸고 무궁무진한 노동력을 통해 경제적 이득을 도모할 수 있는 경제적 기회의 대상이었다. 자신들의 처지에 솔직했던 당시의 중국인들에게도 한국은 경제발전의 선배로서 모범적인 벤치마킹의 나라, 또 가난하고 낙후된 중국경제에 절실히 필요한 자본과 기술을 제공해 줄 수 있는 선망의 국가에 가까웠다.

이렇게 한국과 중국 간에 상대방에 대한 인상과 인식은 또 한차례 굴곡진 변화를 겪는다. 우여곡절 끝에 다시 만난 한국과 중국은 서로가 서로를 보완하고 도울 수 있었기 때문에 이후 한중 관계는 거의 20년 넘는 황금기를 보내게 된다. **2013년 시진핑 정권 출범과 2016년 사드 사태 발발이라는 변곡점**이 오기까지 현대 중국을 과거 역사책 속의 중국과 연장선상에서 인식하며 경계하는 한국인들은 그리 많지 않았을 것이다. 여전히 한국인들의 본능적인 위험 인식에 있어 중국은 멀고 먼 후순위였으니 말이다.

2장

한한령, 차이나 쇼크의 시작

나의 중국(中華)을 범하는 자는 아무리 멀리 있어도 반드시 주살한다.
(犯我中華者, 虽遠必誅)

— 영화 〈특수부대 전랑 2〉 중에서

2017년 개봉하여 당시 역대 중국 박스오피스 1위의 신기록을 경신했던 〈특수부대 전랑 2〉라는 영화가 있다. 중국 대표 블록버스터 액션 영화로 간주되는 이 작품의 제목은, 작품 자체보다도 이후 시진핑 정권의 외교정책을 대표하는 말로 더 유명해진다. 한국에서 '늑대전사'로 번역된 '전랑(戰狼)'이라는 단어는 시진핑 정권의 호전적이고 공격적 외교 방식과 스타일을 상징하는 개념으로 차용되었다.

그리고 소위 **'전랑외교'**는 마침 당시 중국의 사드 보복에 따른 **한한령(限韓令)**의 시행으로 한국에서도 꽤나 지명도를 얻게 된다. 자신들이 핵심 이익이라고 간주하는 것들에 대하여 다른 나라가 거스르는 행동을 했다고 판단할 경우, 외교적 관례에 한참 벗어난 막말과 경제적 보복 행위를 가하는 중국의 호전적 외교 행태를 이 대표적 애국주의 영화의 제목만큼 적절하게 수식하는 단어는 찾기 힘들어 보였다.

우리가 전랑외교 문제를 우리 자신의 일로 체감하게 된 계기는 역시 2016년에 터진 사드 사태, 그 직후부터 계속되며 한한령이라 불렸던 중국의 보복 조치일 것이다. 사드 사태 당시 한국을 대놓고 '소국'이라고 모욕한 중국 외교관(천하이陳海 중국 외교부 부국장)의 폭언에 가까운 발언이 보도되자[12] 많은 한국 사람들이 큰 충격과 함께 분노를 느꼈다.[13]

한국인들이 충격을 느낀 건 중국 정부의 거친 보복만이 아니었다. 중국을 거스르는 행위를 했다고 규정된 다른 국가나 해외 기업, 그리고 해외 유명인에 대한 일반 중국인들의 광적인 공격 행태가 이제는 한국을 향했기 때문이었다. 이때 중국 정부와 일반인들의 괴롭힘을 못 견딘 롯데그룹이 중국 사업을 완전히 철수하기도 했고, 한국 제품 불매운동과 더불어 중국 곳곳에서 한국 식당들의 폐업이 이어졌다.

사드 사태, 그리고 뒤이은 한한령 조치의 충격과 여파는 이 정도가 끝이 아니었다. 앞서 언급한 롯데그룹이 중국 사업 철수로 2조 원 가까운 손실을 본 것 외에도, 한때 중국시장에서 상당한 시장점유율을 갖고 있던 한국의 대표 글로벌 브랜드인 삼성 스마트폰과 현대자동차가 이때를 기점으로 사실상의 존재감을 상실했다. 또한 명동 거리를 가득 메웠던 소위 '요우커(遊客)'라 불린 중국 관광객이 하루아침에 뚝 끊기며 여행업계와 함께 서울의 명동 상권이 치명타를 입었고, 당시 한류의 가장 큰 고객이었던 중국에 진출하기 위하여 한참을 준비했던 엔터테인먼트 회사들과 게임 회사들의 주가는 폭락을 맞는다.

하지만 약 15조 원으로 추산되는 한한령의 전체 피해액 중 가장 큰 피해를 입은 분야는 화장품 업계였다.[14] 당시 중국에서 최고의 인기를 구가하던 한국 화장품 브랜드 제품들이 한한령 이후 중국 내 판매량이 급감하게 된 상황을 나는 생생하게 기억하고 있다. 당시에 소규모 온라인 화장품 판매업을 하던 아내의 일을 나 또한 옆에서 돕고 있었기 때문이다.

한한령 직전까지만 해도 어떻게든 한국의 화장품을 확보하려는 중국 현지 유통상들의 주문 요청이 매일 쇄도했다. 그 때문에 잠시도 쉬지 못하는 아내를 보면서, 나는 아예 하던 일을 그만두고 본격적으로 아내와 함께 화장품 도매업을 해볼까 하는 생각을 하기도 했다. 그 정도로 내가 직접 체감했던 당시 한국 화장품의 인기는 대단했다. 한한령 조치 후 몇 년도 되지 않아 중국시장에서 존재감을 거의 상실한 현재의 업계 상황에서 돌이켜보면, 자못 격세지감의 감정과 함께 당시에 그런 모험을 감행하지 않은 것을 다행으로 여기며 가슴을 쓸어내리게 된다.

어쨌든 한국에서 장밋빛으로만 비치던 각종 중국 비즈니스들이 중국 공산당의 정치외교적 결정 하나로 하루아침에 나락에 빠지게 되자, 한국사회는 충격에 빠진다. 이 사실상의 첫 번째 '차이나 쇼크'를 통해 중국 리스크를 뼈저리게 느꼈던 우리는 그동안 중국을 바라보던 관점 또한 대대적으로 수정하기에 이른다.

대중문화 영역에서의 첨예한 한중 갈등

이후 사드 사태가 외교적으로 봉합되어 중국 정부의 한한령은 조금씩 완화되었다. 이를 통해 외교적으로 양국 관계가 회복되기는 했지만, 민간 분야에서 갈등의 골은 더욱더 깊어졌다. 민간에서의 충돌은 주로 대중문화 영역을 중심으로 온라인에서 빈번하게 발생하다 보니, 중국의 공격적 민족주의 정서의 호전성을 가장 먼저 체감하고 위협을 감지한 게 한국의 청년들이었다.

한국의 젊은층은 2015년 말 소위 '쯔위 사태'를 통해 중국 네티즌들의 과격함과 공격성을 사드 사태 발발 1년 전 이미 경험한 바가 있었다. 당시 최고 인기 걸그룹 트와이스의 멤버 중 한 명인 쯔위는 대만 출신이었고, 그녀가 한국의 한 공중파 방송에 나와 대만의 정식 국기(대만의 정식 명칭인 '중화민국'의 국기인 '청천백일만지홍기 青天白日滿地紅旗')를 들고 있는 모습이 카메라에 포착된다. 이에 대만은 중국의 일부라는 걸 종교적 수준으로 신성하게 믿는 중국 네티즌들의 엄청난 분노와 함께, 트와이스와 그룹의 소속사인 JYP엔터테인먼트에 대한 전면 보이콧 협박이 온라인상에서 쓰나미처럼 밀려오자 결국 쯔위와 JYP의 항복에 가까운 공식 사과로 사태의 끝을 맺게 된다.

중국인들은 한국 최고의 인기 걸그룹에서 활동하는 대만 출신 10대 소녀가 흡사 상복 차림 같은 검은색 옷을 입고 항복에 가까운 사과를 하게 만들었던 것이다. 이러한 중국의 광적인 애국주의를 보고 한국의 젊은이들은 경악을 금치 못한다. 하지만 지금 돌이켜보면, 이 사건은 향후 터지게 될 **한중 간 문화 전쟁**의 예고편에 불과했다고 할 수 있었다.

이 글을 쓰고 있는 2022년 초, 현재 한국과 중국의 온라인 문화 전쟁의 규모와 격렬함의 정도는 이전과 비교가 불가능할 정도이다. 김치와 한복부터, 사극이나 K-팝 아이돌 그룹, 한류 드라마 같은 최신 대중문화까지 그 충돌은 전방위로 확산된 상태다. 주로 시비를 거는 쪽은 중화우월주의로 정신 무장을 한 중국 네티즌들이며, 최근 점점 높아지는 우리의 국가적 위상을 배경으로 한국 네티즌들 또한 만만치 않게 반격하고 있는 중이다.

중국 네티즌들은 주로 한국이 자신들의 전통문화를 훔쳐갔다고 생각하며, 김치나 한복 같은 한국의 대표적 전통문화의 기원을 자신들의 것이라고 주장하거나, K-팝 그룹이나 한류 드라마가 중국을 충분히 존중하지 않는다는 식으로 분노를 표출한다. 이에 대해 한국 네티즌들은 중국의 주장이 한국 문화의 세계적 인기에 대한 질투와 열등감에서 비롯된 억지이자 문화적 절도 행위라고 중국을 규탄한다.

반중 정서가 가장 심한 한국의 MZ 세대는 중국 네티즌들의 억지와 궤변에만 충격을 느끼는 게 아니다. 이들은 중국 정부의 대중문화 규제와 검열, 그리고 문화에 대한 정치적 간섭(대표적으로 중국 정부가 사주한 듯한, K-팝 아이돌 그룹 중 중국 출신 멤버들의 정치적 발언[15])에 큰 거부감과 혐오감을 느끼고 있다.

원래 중국 공산당 정권은 악명 높은 대중문화 검열 정책으로 유명했지만 시진핑 정권이 2021년 시행한 대중문화 탄압 정책은 과거의 악명을 무색하게 만드는 수준이었다. 2021년 '중국 연예계 정풍운동'으로 불리는 대중문화 탄압 정책은 제2의 문화대혁명이라 불릴 정도로 많은 사람들을 경악케 만들었다.[16] 많은 중국 연예인들이 하루아침에 소리 소문도 없이 사라졌고, 수많은 팬클럽들이 폐쇄되고 활동에 제약이 가해졌으며, 많은 TV 오락 프로그램들이 폐지되어 버렸다.

그중 압권은 중국 방송규제기구인 국가광전총국(國家廣電總局)의 소위 '냥파오(娘炮)'라고 불리는, 여성스러운 외모를 가진 남자 아이돌 가수에 대한 TV 출연 금지 조치였다.[17] 심지어 외모까지 규제하는 중국의 시대착오적이고 퇴행적인 조치에 대해 많은 한국 네티즌들이 황당함과 함께 조롱 섞인 반응을 보였다. 그러면서 한편으로는 젊은층을 중심으로 한 한국의 네티즌들은 다음과 같은 우려와 공포를 느끼기 시작했다.

기본적인 표현의 자유도 용납이 안 되는 중국이 지금보다 한국에 더 큰 영향력을 행사하면 어떻게 될까? 혹은 중국이 지금보다 힘이 커지게 되면 중국의 '중화우월주의자'들이 한국에 가하는 억지 주장과 공격을 과연 방어할 수 있을까? 이런 의문들이 온라인을 중심으로 본격적으로 솟아오르기 시작하던 무렵 한국의 온라인 커뮤니티 전체를 뒤흔든 사태가 터지게 된다. '조선구마사 사태'였다.

중국에 대해 커지는 의구심과 공포심은 바로 2021년 초 SBS의 사극 드라마 〈조선구마사〉 방영으로 폭발하기에 이른다. 조선왕조를 개국한 주요 역사적 인물들을 사악한 괴물인 것처럼 묘사하며 한국 역사를 폄훼하는 것으로 비친 이 드라마에 중국 정부와 중국 자본이 개입한 듯한 정황이 드러나자, 한국 네티즌들은 성향과 진영을 가리지 않고 폭발하였다. 결국 방송국과 투자사에 엄청난 손실을 안기며 2회 방영 만에 폐지되는 한국 드라마 역사상 초유의 사태로 일단락되었지만,[18] 소위 〈조선구마사〉 사태는 중국 리스크가 한국 대중문화 영역에서 전면에 드러나는 계기가 된 상징적 사건으로 남게 되었다.

더 이상 '도광양회'는 없다

외교 분야와 민간 영역에서 한중 간의 충돌과 그에 따른 중국 리스크의 전면 부상이 시작된 시점을 구태여 꼽으라면, 중국이 자신들의 커진 국력을 공개적으로 투사하기로 결정한 시진핑 정권이 들어선 이후부터일 것이다. 하지만 만약 평소 국제뉴스에 관심 많은 사람들에게는 시진핑 정권 이전부터 위험신호를 감지할 기회가 분명히 있었을 것이다.

중국의 개혁개방을 이끌었던 덩샤오핑의 외교 노선은 **'도광양회(韜光養晦)'**였다. 자신들의 속마음을 감추고 조용히 힘을 기른다는 뜻의 이 방침이 폐기된 건 확실히 시진핑이 정권을 잡은 이후였다. 하지만 그 이전의 중국 정권에서도 정치외교적으로 확실히 보복이 필요하다 싶으면 자신들의 경제력과 시장을 활용하는 데 주저하지 않았다.

단지 그때에는 중국이 자신들의 힘을 투사하여 보복에 나서는 범위가 훨씬 제한적이었고, 그 보복이 간헐적이며 덜 노골적인 탓에 잘 드러나지 않았을 뿐이다. 특히나 우리는 중국의 보복 대상과 범위에서 장기간 벗어나 있었기 때문에 한국 여론이 특별히 중국에 반감과 위협을 느낄 여지가 크지 않았다.

과거 중국의 경제적 보복은 주로 중국 내 분리 독립 이슈에 집중되었다. 특히 후진타오(胡錦濤) 정권 시절인 2000년대 당시, 중국의 보복 문제는 티베트 독립 세력의 정신적 지도자인 달라이 라마의 방문 허용 여부를 빼놓고 설명할 수 없다.[19] 이는 중국과 세계의 갈등을 보여주는 워낙 대표적이고 정형화된 사례다 보니 독일의 한 대학에서는 '달라이 라마 효과'라는 주제로 연구 논문까지 나올 정도였다.

독일 괴팅겐대학교의 안드레아스 폭스와 닐스 헨드릭 클란 교수는 「국제무역에서의 달라이 라마 효과(Paying a Visit: The Dalai Lama Effect on International Trade)」라는 연구로 학설을 만들었는데, 해당 논문에 따르면 후진타오 정권 시절 한 국가의 정상급 지도자가 달라이 라마를 만나면 대중국 수출이 평균 8~16.9% 감소한 것으로 나타났다고 한다.[20] 2008년 프랑스의 니콜라 사르코지 대통령이 달라이 라마를 만나자 중국은 에어버스 150대 구매를 취소하는 것으로 응답했고, 2012년 영국의 당시 데이비드 캐머런 총리가 달라이 라마를 만난 것에는 80억 파운드 규모의 투자 계획을 취소하는 것으로 답했다.[21] 그리고 노르웨이는 2008년 중국의 인권 운동가 류샤오치의 노벨평화상 수상에 대한 보복으로 6년 동안 연어 수입 제한 조치를 겪는데, 그 결과 노르웨이산 신선 연어의 중국시장 점유율은 90%에서 30%로 떨어지게 된다.[22]

한국이 겪었던 사드 사태 보복과 유사하게 중국 정부 차원의 보복 조치와 일반 대중의 민족주의적 광기를 동시에 보여준 사건은 바로 센카쿠 열도(중국명 '댜오위다오') 분쟁 사태이다. 센카쿠 열도는 일본이 실효 지배 중이지만, 중국이 예전부터 영유권을 주장하며 양국 간 영토 분쟁이 치열하게 발생하고 있는 지역이다.

2010년 9월, 센카쿠 열도 주변에서 불법 조업을 하던 중국인 어부를 체포한 일본 정부 조치에 대해, 중국 정부는 일본 관광 금지 및 희토류 원소 수출 중단이라는 경제 압박을 가한다. 양국 간의 대치는 결국 일본 정부가 중국인 어부들을 무조건 석방하면서 사실상 굴욕적으로 항복한 뒤 일단락 짓게 된다. 하지만 이게 끝이 아니었다. 이 충돌로 인해 2년 후 중국의 전 대륙은 반일 시위의 파도로 뒤덮이게 되었던 것이다.

원래 센카쿠 열도의 소유권은 민간인이 가지고 있었다. 일본의 굴욕적 항복에 크게 분개한 일본 우익 세력들은 이시하라 신타로 당시 도쿄도지사를 중심으로 센카쿠 열도의 소유권을 그 민간인으로부터 사들여 이 섬을 무인 섬에서 유인 섬으로의 개발에 나선다. 이 섬의 영유권을 일본 귀속으로 확실히 굳히기 위한 의도였다. 다시 한번 중일 관계의 파탄을 걱정한 당시 일본 민주당 정권은 우익 세력들의 도발을 막는다는 목적으로 선수를 쳐서 일본 중앙정부 명의로 섬의 소유권을 매입하게 된다.

하지만 사태 악화를 막으려던 이러한 일본 정부의 계획은 오히려 더 큰 화를 불러일으키는 결과를 낳았다. 일본 중앙정부의 센카쿠 열도 국유화 조치에 항의하는 대규모 반일 시위가 중국 거의 모든 주요 도시에서 거세게 번졌다.[23] 이 시위는 한국에서 흔히 생각하는 평화 시위와는 거리가 멀었다. 분노한 중국 시위대가 거리에서 외치는 일본 제품 불매 구호는 단지 말로만 그치지 않았다. 거리에 주차되어 있던 수많은 일본 메이커 차량이 시위대의 화풀이에 파손되었고, 시위대의 물리적 공격을 피하기 위해 대다수의 일본 음식점이 문을 닫았으며, 심지어 폭도로 변한 시위대에 의해 방화를 당한 일본계 공장들의 피해 소식까지 전해지기도 했다.[24]

평소 공개적인 정치적 표현과 구호가 철저히 억눌려 있었던 만큼, 한번 봉인이 풀리자 중국 대중들의 시위는 걷잡을 수 없이 과격해졌다. 그리고 당시 중국에 있던 나와 내 주위의 많은 한국인들은 소위 '강 건너 불구경하듯' 이 사태를 지켜보았다. 고백컨대, 한국이 중국 자동차 시장 등에서 일본과 명백하게 경쟁 관계이다 보니 우린 그 갈등의 반사이익을 누리기까지 했다.

그때만 하더라도 일본이 힘겹게 겪고 있던 중국 리스크가 한국에도 동일하게 발생할 거라고 예상하며 우려하는 사람들은 많지 않았다. 나 또한 그즈음엔 그런 혜안이 없었음을 솔직히 말해두어야겠다. 굳이 변명하자면, 당시까지만 해도 중국의 경제 보복 대상국들은 중국 내정 이슈에 얽혀 있거나(예컨대, 달라이 라마 방문을 추진한 유럽 국가들), 혹은 과거부터 해묵은 원한으로 얽혀 있는 국가(예컨대, 중국에 대해 잔인한 침략 전쟁을 일으켰던 일본)에 집중되었기 때문에 이런 사안과 무관한 한국에 큰 마찰이 일으킬 것이라 생각하기 어려웠다. 훗날 이는 명백한 착각으로 드러났지만 말이다.

'차이나 쇼크'의 도래, 그렇다면 우리는?

기억하는 사람은 많지 않지만, 중국 민족주의의 과격성과 공격성이 이미 십수 년 전, 그것도 서울 한복판에서 물리적으로 표출된 사건이 있었다. 2008년 베이징 올림픽을 앞두고 서울에서 진행된 올림픽 성화 봉송 행사 도중 성화 봉송을 응원하기 위해 모인 중국 유학생들은 티베트의 중국 지배와 중국 정부의 탈북자 북송 정책에 반대하는 시위대들을 향해 무차별 폭력을 가했고 결국 경찰까지 출동하여 해산을 하기에 이르렀다.[25]

당시 반중 시위에 대해 중국 유학생들이 가한 물리적 폭력은 서울에서만 발생한 게 아니었다. 프랑스, 영국, 미국, 호주, 일본 등 성화 봉송 행사를 연 세계 여러 나라에서 똑같은 유혈 충돌이 발생했던 바 있다.[26] 이런 일이 있었음에도 우리는 중국이 거대해진 국력을 자신들의 정치외교적 목적을 위해 이용하는 데 주저하지 않는다는 점, 그리고 중국의 민족주의가 일단 고삐가 풀리면 감당하기 힘들 정도로 과격성을 드러낸다는 점을 충분히 파악하지 못한 것이다.

그러한 문제 인식의 측면에서 분명 한국은 너무 늦었고, 또 게을렀던 감이 없지 않다. 중국과 지정학적으로 매우 가깝다는 점을 고려한다면 더욱 게을렀다고 할 수 있다. 만약 우리가 '차이나 쇼크'의 도래를 좀 더 일찍 예견하고 그에 관한 사회적 논의를 통해 정책적인 방안을 미리 마련하여 대비를 했더라면 어땠을까? 사드 사태에 따른 중국의 보복이 시작된 2016년 당시보다 훨씬 전에 중국 리스크가 터진 다른 나라 사례들을 보며 한국에도 유사한 사태가 발생할 가능성을 예상하고 어떻게 대응할지 고민했더라면 결과가 어떻게 되었을까? 중국의 경제적 보복 자체를 막지는 못했다 하더라도 사전 대비를 통해 피해를 최소화하고, 그에 관한 적절한 대응을 통해 사태를 더 빨리 봉합할 수 있지 않았을까? 이제는 부질없는 가정이지만 말이다.

개인적으로는 지금도 늦지 않았다고 생각한다. 그리고 '중국 리스크'는 외교와 민간 교류 분야에만 국한되지 않는다는 점에서 지금이라도 더 많은 관심과 고민이 필요하다고 생각한다. 사실 한국 경제는 1997년 외환 위기 극복 및 그 이후 20년간 중국의 초고속 경제성장의 덕을 많이 보았다. 두 나라는 산업적 측면에서 상호 보완적이었기 때문에 무역 확대를 통한 윈윈win-win의 결과를 낳았기 때문이다. 하지만 2022년 현재 시점에서 한국 경제와 산업 경쟁력을 위협하는 가장 큰 요인은 다름 아닌 과거의 기회이자 성장의 토대가 되어준 중국이 되어버렸다.

3장

한국 경제를 잠식하는 중국의 산업 굴기

이는 2025년까지 중국의 종합지수가 독일, 일본의 산업화 실현 당시 제조강국 수준에 근접해 산업화를 거의 마무리하고 세계 제조업 강국 2군에 진입하겠다는 의미이다.

— 중국 공업정보화부 마오웨이밍(毛偉明) 부장, 2015년 5월 '제조2025' 로드맵을 제시하며

2016년 당시 한국의 박근혜 정권이 주한미군 사드 미사일 배치를 결정하자 중국 시진핑 정권은 분노했다. 그리고 한국에 대한 다방면의 보복 조치를 패키지로 묶어서 내놓은 것이 한한령이었다. 한한령의 보복 조치는 주로 여행, 엔터테인먼트, 게임, 유통업 등 서비스 산업에 집중되었고, 거기에 제조업은 포함되지 않았다. 이에 관해선 중국 산업 역시 한국산 설비, 부품, 소자 등에 대한 의존도가 높고, 또 중국의 보복이 제조업으로 확대될 경우 대외무역 중 제조업 비중이 높은 중국에도 큰 부담이 될 것이라는 분석이 지배적이었다.[27]

그런데 한한령에 포함된 보복 조치 대상 중 예외적으로 제조업에 속하는 품목이 딱 하나 있었다. 바로 **전기차용 배터리**였다. 그 효과는 확

실했다. 중국 공업정보화부(한국의 산업통상자원부에 해당)는 2016년 12월 한국산 배터리를 장착한 전기차에 대한 보조금 지급을 중단을 결정하였는데 이 조치는 2019년 12월까지 약 3년간 지속된다.[28] 이 3년간 중국의 전기차 판매량이 무려 2.4배나 증가했기 때문에, 중국에 진출하여 현지 공장까지 세운 한국 배터리 3사는 중국시장에서 치명적인 피해를 입는다.

하지만 진짜 문제는 따로 있었다. 2015년 당시 중국 배터리 1위 업체였던 CATL은 삼성SDI 매출의 8분의 1에 불과할 정도로 시장점유율이 미미했지만, 한국 배터리 업체들의 시장 진입이 봉쇄된 3년 동안 중국시장을 독식하며 급성장을 하게 된다. 그 결과 2021년 기준 CATL의 글로벌 전기차 배터리 시장점유율은 한국 배터리 3사(LG엔솔, SK온, 삼성SDI)의 점유율을 모두 합친 것과 거의 맞먹게 됐다. 배터리가 포함된 한한령 패키지 때문에 한국 배터리 업체들은 업계 1등에 자리에 오를 수 있는 시장 선점 기회를 놓치고 치열한 경쟁에 내몰리게 된 것이었다.

모든 것을 뒤바꾼 '테슬라 열풍'

업계 내부 인사들의 분석대로, 사드 배치에 따른 한한령 보복 조치는 자국 산업 육성을 위한 핑계의 성격이 분명히 있었다고 생각된다.[29] 특히 배터리에 관해서는 그 의도가 더더욱 확실할 것이다. 중국 정부가 한한령 패키지에 하필 배터리를 포함시킨 의도는 분명하다. 배터리 산업이 미래 황금알을 낳는 거위가 될 것이라고 봤기 때문이다. 특히 전기차에 들어가는 2차 전지는 '차세대 반도체 산업'으로 간주될 정도였다.[30]

사드 보복 당시에는 배터리가 미래 유망산업이라는 인식이 일반인에게까지 그리 폭넓게 인식되지는 않았다. 하지만 테슬라 열풍 이후 모든 게 바뀌었다. 왜냐면 테슬라가 폭발적으로 인기를 끈 뒤 많은 사람들이 미래는 전기차의 시대가 될 것이라는 신념을 갖게 되었고, 자연스럽게 **전기차의 핵심 부품인 2차 전지**에 대한 일반인들의 관심과 주목도 대폭 확산되었기 때문이다.

우리는 현재의 자동차 산업이 근 백 년 만의 혁명에 가까운 대전환기를 맞고 있다는 것을 알고 있다.[31] 현재 인류의 가장 큰 위기로 떠오른 지구 온난화 때문에 탄소 배출 감소는 사활을 거는 전 지구적 아젠다가 되었고, 기존의 화석연료를 동력으로 하는 전통 엔진 차량은 퇴출 위기에 내몰렸다. 전 세계 주요 국가 정부들 거의 대부분이 엔진 차량 완전 퇴출 시간표를 확정하여 발표하였고, 모든 자동차 회사들이 엔진 차량을 완전히 대체할 전기차 연구에 회사의 모든 자원을 쏟아붓고 있다. 미국, EU, 중국, 일본 등 주요 국가들의 탄소 배출 차량 퇴출 시간표를 보면 최소 2030년대에는 거의 대부분의 신차가 전기차로 대체될 것으로 예측되고 있다.

현재 1년간 글로벌 자동차 판매대수가 약 8천 8백만 대 정도이다.[32] 그중에서 2020년을 기준으로 순수 전기차 판매대수는 고작 약 324만 대에 불과하다.[33] 그렇다면 단순히 수치적으로만 따졌을 때, 향후 10년에서 20년 사이 전기차용 배터리 시장은 약 27배 이상 성장한다는 이야기다.

이렇게 엄청난 시장 잠재력을 가지고 있으니 '2차 전지=차세대 반도체'라는 인식은 결코 과장이 아니었다. 그런데 테슬라가 전기차가 미래가 될 것이라는 걸 전 세계 대중들에게 증명하기 전인 2010년대부터 중국은 국가적으로 전기차 육성에 사활을 걸고 있었다. 중국은 배터리 산업을 차세대 핵심 전략 육성 산업으로 일찌감치 지정하고 방대한 규모의 국가적 지원을 쏟아부었다.[34]

역시 일찌감치 2차 전지 사업의 엄청난 잠재력을 깨닫고 오랜 적자를 감수해 가며 배터리 사업을 키워온 곳이 있었으니, 바로 한국의 배터리 3사였다. 배터리 산업 육성에 사활을 건 중국 입장에서 자국 기업들보다 기술적으로 앞선 한국의 배터리 3사가 눈에 곱게 보였을 리 없었다. 하지만 중국시장을 바라보고, 이미 중국 현지에 배터리 공장까지 짓고 중국에 대규모 투자와 고용을 하고 있는 한국 회사들을 대놓고 견제할 명분이나 핑계를 찾기가 쉽지 않았을 것이다.

그러던 차에 마침 사드 사태가 터지고 중국 입장에서는 나름 한국을 손봐줄 명분이 생겼다고 판단하자 중국 정부는 주저하지 않았다. 그리고 2022년 현재 중국은 2차 전지 점유율 세계 1위 기업을 보유한 배터리 강국의 자리를 차지하고 있는 중이다. 이렇게 배터리는 중국이 한국 때리기를 통하여 정치외교적 보복 속에 잠복해 있던 산업 굴기 목적을 성공적으로 달성한 대표적 사례 중 하나가 된 것이다.

사드 사태 이후, 자동차 산업의 직격탄

중국의 이런 저돌적 산업 굴기가 배터리처럼 한국의 미래 먹거리 산업에만 강력한 위협을 주고 있는 게 아니다. 좀 더 본격적으로 **자동차 산업**에 대해서 들여다보자. 자동차가 큰 문제가 되는 이유는 이것이 단일 산업으로는 한국에서 고용을 가장 많이 책임지고 있는 산업이기 때문이다.

한한령 이후 큰 피해를 입은 업종으로 사람들에게 대표적으로 알려진 업종은 관광업이나 뷰티·패션 산업, 엔터테인먼트 같은 서비스업들이다. 하지만 절대적 규모 면에서 가장 큰 피해를 받은 업종은 자동차 산업이 분명하다.

사드 사태로 중국에서 한국산 제품에 대한 불매운동이 발생한 후 현대·기아차의 중국시장 판매는 그야말로 직격탄을 맞았다. 현대·기아차의 중국시장 점유율은 2012년 10%로 정점을 찍은 후 2015년까지

8~9% 정도를 유지하다가 사드 사태 후 2017년 5.1%로 폭락하게 된다. 이후 한중 관계가 회복 국면에 들어서며 중국 내 반한(反韓) 분위기도 사그라졌지만 중국에서의 현대·기아차 시장점유율은 끝내 회복되지 못했다. 2020년 기준 현대·기아차 시장점유율은 전성기 대비 불과 5분의 1에 불과한 2.1%까지 추락했다.[35]

즉, 판매량으로 따지면 2016년 120만 대에서 2021년 34만 대로, 4분의 1 가까이 추락한 것이다. 2016년 기준 연매출 20조에 순이익 1조 1천억을 달성했던 베이징 현대차는 2020년 기준 매출액 6조 8천억에 순이익 마이너스 1조 1천억을 기록할 정도였다.[36]

현대·기아차가 중국에서 시장을 잃어가는 동안 중국 로컬 자동차 회사들은 지속적으로 성장한다. 특히 자동차 산업의 미래라고 할 수 있는 전기차 시장에서 중국 로컬 자동차 회사들의 약진은 눈부시다. 2020년 기준 중국 전기차 시장에서 로컬 업체 점유율은 70%를 넘어서며 판매순위 상위 10개 차종 중 테슬라 모델 3와 BMW 전기차 한 차종을 제외하고 모두 중국 로컬 브랜드 차종이 차지했다.

중국 전기차 회사들의 기세가 얼마나 대단한지 심지어 중국의 테슬라로 불리는 '니오(NIO)' 같은 신생 전기차 회사는 100년 역사가 넘는 폭스바겐 시가총액을 추월하여 시총 기준 세계 3위 자동차 회사가 되는 기염을 토하기도 했다.[37] 이처럼 중국이 글로벌 전기차 시장의 40%를 차지하며 단일 시장 기준 최대 시장이 된 것은, 특히 이 나라가 전 세계 모든 자동차 회사가 진출한 최대 격전지라는 측면에서 의미심장하다고 할 수 있다. 배터리 산업처럼 전기차 또한 중국의 핵심 전략 육성 산업으로 지정되어 국가적 지원을 받아 이 자국의 격전지에 뛰어든 것이다.

그렇다면 배터리 산업에서 벌어졌던 일이 자동차 산업에서 똑같은 패턴으로 반복될까? 즉, 내수 시장에서 한국 등의 해외 경쟁사들이 온갖 수단들에 의해 견제되고 위축되는 동안, 그 기회를 이용해 국내 시장을 장악한 중국산 로컬 회사들이 경쟁력을 키워 글로벌 시장에서 한국 회사들의 강력한 경쟁자로 부상하는 패턴 말이다.

물론 여전히 글로벌 시장에서의 시장점유율이나 브랜드 파워 측면에서 중국 자동차 회사들의 지위와 위상은 미미한 편이다. 중국 정부와 중국 자동차 회사들이 해외 진출에 사활을 걸며 엄청난 노력을 하고는 있지만 보수적인 자동차 소비자들의 특성과 브랜드 구축에 오랜 시간이 걸리는 자동차 시장의 특수성 등의 요인으로 고전하는 중이다. 하지만 이 상태가 미래에도 계속될까? 한국의 대표 수출 효자 상품인 **스마트폰과 디스플레이 시장**을 보면 자동차 시장에서도 한국이 중국에 대해 결코 안심하거나 방심할 수 없다는 결론을 얻을 수 있다.

한국산 스마트폰의 전례 없는 위기

스마트폰은 오랫동안 한국인들에게 자부심을 느끼게 해준, 강력한 글로벌 경쟁력을 갖춘 한국의 대표적 수출 제품이었다. 삼성 갤럭시 모델은 '스마트폰의 격전기'라 할 수 있는 2010년대에 애플 아이폰의 거의 유일한 경쟁 모델이었다. 비록 자체 OS 생태계를 갖춘 아이폰에 비해 이익률에서는 크게 뒤졌지만, 갤럭시는 시장점유율에서 거의 항상 아이폰을 압도했고, 또 안드로이드 OS 그 자체를 대표하는 스마트폰이라고 할 수 있었다.

하지만 최근 삼성 갤럭시의 세계적인 시장 지위는 심각한 위기를 맞으며 크게 흔들리는 중이다. 갤럭시를 위협하는 곳은 라이벌인 애플이나 대표적 빅테크인 구글, MS 등이 아니다. 바로 샤오미, 화웨이, 오보·비보로 대표되는 중국 브랜드들이다. 2010년대 중·후반까지 글로벌 시장에서 꾸준히 20% 중반의 점유율을 차지하고 있던 갤럭시는 중국 브랜드들의 굴기가 본격적으로 시작되자 점유율이 2020년 기준 19.6%

까지 떨어진다.[38] 그사이 경쟁자 애플이 15%대에서 큰 변화가 없었으므로, 한 자리 수에서 두 자리로 점유율을 늘린 중국의 샤오미, 화웨이, 오포·비보 등의 대약진이 하락의 결정적인 요인임은 분명하다.

스마트폰도 배터리, 자동차 산업과 동일한 패턴을 그대로 보여준다. 중국 브랜드의 글로벌 대굴기에 앞서 여지없이 중국시장에서 갤럭시의 드라마틱한 추락이 선행했다. 한때 중국 내에서 대표적인 고급폰으로 인식되며 2013년 19.7%까지 점유율을 차지하던 갤럭시 브랜드는 이후 추락에 추락을 거듭하다가 엎친 데 덮친 격으로 사드 사태로 인한 한국산 불매운동까지 겪으며 2017년 4분기 결국 중국시장 점유율 0%대까지 진입하는 굴욕을 겪는다.

삼성은 중국시장을 되찾기 위해 최첨단 기술이 집약된 폴더블폰 출시 등으로 안간힘을 썼지만 2021년에도 0%대 시장 점유율을 탈출하는 데 실패했다. 이렇게 중국시장에서 한국 제품 퇴출 → 중국 로컬 브랜드의 중국시장 장악 → 중국 로컬 브랜드의 글로벌 시장점유율 약진 등의 패턴이 스마트폰에서도 똑같이 벌어졌던 것이다.

스마트폰 시장의 결과는 다른 여느 산업보다 우리에게 더 큰 공포를 안겨준다. 앞서 서술했던 배터리나 자동차의 실패는 그래도 한한령이라는, 중국 정부의 노골적인 견제 정책과 관 주도 불매운동 여파가 결정적 계기였기 때문이다. 그런데 한국산 스마트폰의 몰락은 한한령 이전부터 이미 시작된 추세였고, 한한령은 단지 그 추세를 가속화한 정도밖에 되지 않았다. 즉, 중국 스마트폰 브랜드가 갤럭시를 중국시장과 글로벌 시장에서 밀쳐낼 수 있던 가장 결정적인 요인은 **중국산 제품 자체의 경쟁력 향상**이었던 것이다.

그 경쟁력에는 기술, 가격, 품질 등의 모든 면이 포함된다. 실제로 여러 분석 자료에서 중국 스마트폰 브랜드의 경쟁력은 쉽게 확인된다. 특히 가성비의 측면에서 중국폰은 갤럭시를 압도한다.[39] 그러므로 삼성 갤럭시의 중국 내 굴욕적인 몰락을 중국의 비이성적 애국주의 탓으로 돌릴 수도 없다. 왜냐면 중국의 최대 적국인 미국산 아이폰의 중국 내 막강한 시장 지위는 지금까지도 흔들림이 없기 때문이다.[40]

심지어 중국과 세계 패권 다툼을 벌이고 있는 미국의 중국 산업 죽이기도 스마트폰에서는 한국에 큰 도움이 되지 않았다. 2020년 2분기 삼성의 스마트폰 시장점유율을 처음으로 초월한 화웨이는 미국 정부의 고성능 반도체 판매 금지라는 제재의 직격탄을 맞고 1년 만에 한 자릿수 점유율로 추락한다. 하지만 화웨이 몰락의 반사이익을 가져간 건 삼성이 아니었다. 그 빈자리는 다른 중국 회사인 샤오미와 오포·비보가 거의 그대로 차지하며 대대적인 시장점유율 확대에 성공한다.

디스플레이 산업의 사례가 보여주는 것

중국의 무서운 추격과 위협에도 불구하고, 한국 스마트폰은 아직까지는 그럭저럭 버티며 선방하는 중이다. 특히나 한국의 대표적 효자 산업인 디스플레이 산업과 비교하면 더욱 그렇다. LCD 디스플레이 산업의 현재를 보면 그야말로 모골이 송연해진다.

오랫동안 디스플레이 제품 표준은 LCD(액정표시장치)였고, 한국은 LCD 시장에서 압도적인 시장점유율을 자랑해 왔다. 한국이 2004년 일본을 추월한 후 디스플레이 시장에서 한국의 적수는 없었다. 한국의 독무대였다고 해도 과언이 아니었다.

그 한국의 독무대를 끝낸 건 중국의 디스플레이 업체들이었다. 한국 디스플레이 업체의 인수(대표적으로 BOE의 하이디스 인수), 한국 디스플레이 엔지니어의 무차별 영입, 한국 디스플레이 소재 및 장비 업체들과의 제휴 및 협력을 통한 기술 습득 등 오랜 기간 한국 베끼기에 사활을 건 중국 디스플레이 산업은 결국 2021년 시장점유율에서 한국을 추월한다.[41]

LCD의 경우 이미 한국은 중국에 시장을 완전히 빼앗겼다. 삼성과 LG 등 한국 업체들은 시장 철수를 결정하고 사실상 시장을 포기한 상태다.[42] 그나마 다행인 부분은 있다. 차세대 디스플레이 방식인 OLED(유기발광다이오드)에서는 여전히 한국이 기술 경쟁력과 시장점유율에서 중국을 앞서고 있다는 점이다. 하지만 OLED에서도 중국이 무섭게 추격하고 있다는 점에서 업계 관계자들은 방심은 금물이라고 경계심을 늦추지 않는 중이다.[43]

요컨대 한국 산업의 '차이나 쇼크'는 우리 사회가 인식하지 못하는 사이 이미 우리를 심각하게 위협해 오고 있었다. 차세대 먹거리인 2차 전지부터 지금 이 순간 대표적 먹거리인 자동차와 스마트폰까지, 이런 산업들도 미래에는 제2의 LCD가 되지 않으리라 누가 확신할 수 있을까?

즉, 중국의 산업 굴기는 한국 경제와 산업계가 현재 마주한 가장 큰 문제라고 할 수 있다. 그리고 중국 제품이 과거의 싸구려 모방 제품 이미지를 벗어던지고 기술과 품질, 가격 모든 면에서 환골탈태하여 글로벌 시장에서 강력한 존재감을 키워 나간다는 경고는 우리에게 새롭지 않다. 그 경고는 워낙 자주 들려와서 이제는 다소 식상하게까지 느껴지는 실정이다.

대외경제연구원에서는 2020년 6월 이와 관련하여 특히 충격적인 결과를 내놓았다. 한국과 중국이 경쟁하는 주요 12개 산업 분야의 산업 경쟁력을 분석·비교한 결과, 시스템 반도체, 통신기기, 가전, 인공지능 분야에서는 이미 중국이 한국을 추월했으며, 5년 후에는 자동차, 조선, 철강, 디스플레이, 석유화학, 일반기계 등 거의 모든 분야에서 중국에 추월을 당하는 것으로 나타났다. 5년 후에도 유일하게 경쟁력을 유지하는 산업은 메모리 반도체 딱 하나였다.[44]

중국의 극적인 도약 앞에서

이처럼 한국 산업을 위협하는 중국 산업계의 굴기 배경에 대해 『축적의 시간』이란 책은 통찰력 있는 해석을 들려준다. 서울대학교 공과대학 교수 스물여섯 명이 공동 집필한 이 책에서, 저자들은 산업 선진국들은 100년간의 시행착오라는 '시간의 축적'을 통해 **'개념설계'**라는 산업의 근본 경쟁력을 갖게 되었다고 설명한다.

개념설계란 무엇인가? 그것은 산업계가 풀어야 할 과제가 있을 때 문제 자체의 속성을 새롭게 정의하고 창의적으로 해결 방향을 제시하는 역량이다. 그것은 과제의 실행 단계보다 앞선 선행 단계에서 요구하는 창조적 역량이며, 어느 제품이나 서비스의 개념을 최초로 정의할 수 있는 역량이다. 즉, 개념설계는 "백지에 설계도를 그릴 수 있는 역량"이다.

그런데 중국은 후발 주자로서 절대적으로 이 부족한 산업 발전에서의 시간의 축적을 어떻게 극복할 수 있었는가? 『축적의 시간』에 따르면 중국은 자신들이 가진 가장 큰 장점을 적극 활용하여 이를 극복할 수 있었다. 그 장점이란 바로 **광대한 내수 시장**이다. 거대한 내수는 곧 공간의 힘을 가리키며, 그 공간적 이점은 짧은 시간 동안 매우 다양한 경험을 가능케 하기 때문이다. 예를 들어 중국은 선진국들이 100년에 걸쳐 경험하게 될 개념설계 경험들을 10년 만에 10배가 넘는 사례를 통해 축적하는 것으로 대신할 수 있었다는 것이다.

나아가 『축적의 시간』의 저자들은 한국 산업의 미래를 걱정스럽게 전망하며 다음과 같은 위기를 경고한다. 즉, 선진국만큼의 시간의 축적도 없고, 중국같이 공간의 축적도 불가능한 한국 산업이 이렇게 양쪽에 끼여 조만간 샌드위치 신세로 전락할 수 있다는 우려 섞인 예측이었다.[45] 한국이 마주한 중국 리스크만 본다면, 지금으로부터 5년 전 이 책의 저자들이 남긴 경고와 예언이 어느 정도는 들어맞았다고 볼 수 있을 것이다.

사실 이러한 정량적 지표와 권위 있는 연구기관들의 분석 자료가 다는 아니다. 나는 오랜 기간 한국의 대표적 먹거리 산업인 자동차 부품, 디스플레이 설비 등 분야에서 대중국 기획 및 영업 업무를 담당해 왔다. 나의 개인적 체험에 따르면, 한국 제품을 대하는 중국 내 분위기는 그간 놀라울 정도로 커다란 변화가 있었다.

십여 년 전 중국에서 한국산 부품이나 설비를 중국 고객사들에게 판매하는 건 비교적 쉬웠다. 일단 당시 중국에서는 한국 기업과 제품이 자신들보다 월등히 앞선 수준이라는 평가가 디폴트로 자리잡고 있었기 때문에 말을 꺼내고 설득하기가 수월했다. 그런데 이러한 분위기가 점차 변하더니 어느 순간에는 한국 기업과 한국산 제품으로서 누리는 프리미엄이 거의 사라진 걸 체감하는 수준까지 와버렸다. 중국 클라이언트나 바이어들에게는 더 이상 한국 기업과 한국산 제품에 대한 존경심을 느낄 수 없었다.

그러니 중국에 제품을 영업하는 업무 난이도는 계속해서 높아졌다. 가장 큰 원인은 한국이 정체되어 있는 동안 이어진 **중국 제조업 기술 경쟁력의 극적인 도약**이었다. 이런 흐름은 각종 연구 조사에서도 쉽게 확인된다. 한국산업기술평가원 조사에 따르면 스마트전자, 스마트카, 시스템 반도체 등 핵심 산업 13개 분야에서 한국과 중국 간 기술 격차는 2013년 1.1년에서 2017년 0.9년까지 지속적으로 감소해 온 것으로 분석되었다. 그리고 국제연합공업개발기구(UNIDO)가 발표하는 주요국 산업 경쟁력 지수(CIP)에 따르면 중국은 2010년대 중반 이미 한국을 추월한 것으로 파악된다.[46]

이제 중국과 우리의 기술적인 우열은 거의 찾아보기가 힘들다. 그러다 보니 기능적 측면에서의 과거와 같은 압도적 격차는 극히 일부 제품으로 축소되었으며, 차별화는 오로지 품질 측면에서만 가능해진 것이다. 하지만 중국 로컬 경쟁사들은 가성비라는 무기로 압박해 왔다. 예컨대 품질 수준이 한국산 제품 대비 80%라 하더라도 중국 로컬 업체들이 자신들의 제품 원가를 경쟁사 대비 60%~70%까지 낮추게 되면 차별화는커녕 가성비 측면에서 압도당할 수밖에 없다.

자연스레 중국 현지의 고객사 입찰 과정은 완전히 달라져버렸다. 과거처럼 해외 경쟁사나 같은 한국 경쟁사들과 경쟁하던 것과 달리, 최근에는 중국의 로컬 경쟁사들과 많이 충돌하게 된 것이다. 이 과정에서 압도적인 가성비로 밀리게 되는 경우를 나 역시 최근에 점점 더 자주 겪고 있는 중이다. 그러니 내 입장에서는 언론 매체나 각종 연구 보고서에서 나오는 중국의 위협에 대한 경고에 더욱더 절실히 공감하지 않을 수 없는 것이다.

현재의 반중 구호가 공허해지기 쉬운 이유

사드 사태와 한한령 이후 '탈중국' 흐름을 타고 그래도 소폭 감소했다고는 하나, 한국의 최대 수출국과 무역의존국 1위는 지금도 중국이다. 2020년 기준 전체 수출액 중 중국의 비중은 여전히 4분의 1에 달한다. 사실상 중국의 일부인 홍콩까지 합치면 30%를 넘는다.[47]

중국 의존도 문제는 무역수지 측면에서 더욱 심각하다. 현재 중국(홍콩 포함)과의 무역에서 발생하는 막대한 흑자는, 중국 외의 전 세계 지역과의 전체 무역에서 발생하는 적자를 상쇄하고도 남는 상황이다. 즉, 한국의 무역수지 흑자 구조는 사실상 중국과의 교역에 절대적으로 의존하고 있다는 이야기다.

한국에서 반중이 크게 유행하며 많은 사람들이 중국에 대한 경제적 의존도를 줄이자는 탈중국을 외치지만, 이 또한 중국에 대한 한국 산업의 경쟁력이 지속적으로 유지되어야 의미가 있다. 한국 제품이 계속해서 경쟁력을 유지한다면, 탈중국을 하더라도 중국에서 벌어들이는 막대한 흑자도 유지될 것이고 글로벌 시장에서 중국의 추격도 뿌리칠 수 있기 때문이다.

하지만 그렇지 못할 경우 한국은 심각한 상황에 처하게 될 것이다. 중국에 끝내 추월당하여 중국에서 더 이상 막대한 돈을 벌지 못하고 글로벌 시장에서도 추락한다면, 현재 한국인들이 누리고 있는 경제적 부는 사상누각이 될 것이다. 그렇기 때문에 개인적으로는 사람들이 단지 구호로만 외치는 탈중국과 반중이 공허하다고 자주 느끼는 게 사실이다.

그리고 한국 경제와 산업이 겪고 있는 차이나 쇼크의 서막은 현재의 시장 경쟁에서 끝나지 않는다. 제품 생산과 일상생활에 필요한 필수 원자재의 공급망, 또 재테크 같은 개인이 여윳돈으로 하는 투자 같은 영역에서도 사람들은 이제 차이나 쇼크를 느끼기 시작했다. 차이나 쇼크의 여파가 이제 기업체 내부만이 아니라 보통의 일반인들이 피부로 느낄 수 있는 일상 영역에까지 확대된 것이다.

4장

일상으로 파고드는 차이나 리스크

한국 요소수나 유럽 마그네슘 공급 위기를 통해 유럽, 한국, 미국 모두 글로벌 공급망에서 중국이 가진 중요 지위를 더 분명히 인식해야 하며 (중국에) 대항한다면 반드시 해를 입을 것이다.

— 중국 공산당 기관지《인민일보人民日報》의 자매 매체인《런민즈쉰人民資訊》[48]

눈 깜짝할 새 투자금 30%를 날려버렸다.

— 2021년 초 알리바바 그룹 주식에 투자했던 어느 20대 한국인[49]

코로나 팬데믹이 2년째 이어진 2021년은 중국에도 한국만큼 다사다난한 한 해였다. 또한 중국의 최고 지도자인 시진핑 주석에게도 매우 중요한 해였는데, 그다음 해인 2022년 가을에 자신의 임기 연장과 장기 집권이 결정되는 공산당 20차 당대회가 열리기 때문이었다. 임기 연장에 몸이 달았던 시진핑은 아마도 대내외에 과시할 수 있는 자신의 대표적인 정치적 업적들을 빠르게 쌓고 싶었던 것 같아 보였다.

중국 정부는 2021년에 들어와서 상당히 충격적이고 급진적인 정책을 몇 가지 내놓으며 많은 사람들을 충격에 빠지게 만들었다. 각각의 내용에 대해서는 후술하겠지만, 예를 들어 민간기업 규제, 사교육시장 규제, 환경 규제, 문화산업 규제 등등 시장 규제 일변도의 정책들은 과거 수십 년간 이어온 중국 공산당의 시장 개혁 지향 노선을 뒤엎는 것으로 보일 정도였다. 정책이 사전 예고 없이 워낙 갑작스럽고 일방적으로 발표되고 집행되다 보니 어떤 정책들은 시행 후 국내외에 충격적 반응과 함께 큰 논란을 불러일으키며 외신의 집중 보도 대상이 되었다.

혹자는 이러한 실험적이고 급진적인 색채가 뚜렷한 정책들을 보고 과거 마오쩌둥 시절을 떠올리며 제2의 문화대혁명이 발생할 것을 우려하기까지 했다.[50] 심각한 부작용을 무릅쓰고 시진핑 정권이 추진한 실험적이고 급진적인 정책 패키지 중에는 **'급진적 탄소중립 목표 달성'**과 **'공동부유'**라는 아젠다가 포함되어 있었다. 두 정책을 여기서 특별히 언급해둔 이유는, 그 파급과 부작용이 단지 중국 안에서 끝나지 않았기 때문이다.

특히 이 사안들은 중국과 지리적으로나 경제적으로 매우 밀접하게 얽힌 한국의 평범한 생활인들에게 직접적으로 영향을 미쳤다는 점에서 다가올 차이나 쇼크를 설명하는 예시로 부족함이 없을 것이다. 2021년 시진핑이 왜 이러한 정책 추진을 강행했는지에 대한 배경과 동기에 대해서는 이 책의 2부에서 심도 있게 다룰 예정이다. 여기서는 우선 이 두 정책을 중심으로 '좋은 목적의 정책'이 어떻게 중국뿐 아니라 이웃 나라에도 부정적 영향을 끼쳤는지를 표면에 드러난 중국 리스크의 관점에서 살펴보도록 하자.

시진핑이 밀어붙인 '탄소중립' 구호의 대가

일단 탄소중립 목표 달성과 공동부유라는 구호 자체를 들었을 때 그 내용의 정당성과 당위성에 의문을 제기하는 사람은 거의 없을 것이다. 지구 온난화 이슈와 빈부 격차, 양극화 문제는 전 세계 거의 모든 나라 사람들이 공통적으로 겪고 있는 가장 심각한 문제이기 때문이다. 그렇기 때문에 모든 나라의 정부들과 해당 국가 정치인들은 화석 연료 사용량 감소 및 저소득층의 소득 증진을 위한 대책 마련에 머리를 싸매는 중이고, 중국 역시 예외가 아니었다.

특히나 임기 연장의 명분 쌓기에 골몰하는 중국의 시진핑 같은 정치인들에게 탄소중립과 빈부 격차 완화는 대내외적으로 내세울 치적으로 안성맞춤이었을 것이다. 그러나 독일의 정치학자 막스 베버가 지적했듯 자신이 갖고 있는 신념의 정당성과 당위성만 고집하는 정치인은 균형 감각을 갖춘 좋은 정치인이라 할 수 없다. 정치인이라면 정책 목표 그 자체의 당위성만 고집하는 신념 윤리를 품은 것만으로는 부족하며, 해당 정책이 가져올 결과에 대한 고민과 숙고라는 책임 윤리도 동시에 갖고 있어야 한다는 이야기다.[51] 베버의 이러한 지적은 이상주의만 빠져 현실을 도외시했던 수많은 정치적 실패 사례들에 대한 비판에서 보편적으로 폭넓게 인용되어 왔다.

시진핑과 그를 보좌하는 이념 집단의 이번 캠페인을 보며 나는 베버의 지적을 떠올리지 않을 수 없었다. 시진핑은 자신이 야심 차게 밀어붙인 탄소중립과 공동부유가 현실에서 실제 어떤 결과를 가져올지 깊게 숙고하지 않은 듯싶어서다. 두 정책의 부작용은 외신들이 들썩일 정도로 엄청났고, 결국 중국정부는 이를 버티지 못하고 해당 정책을 후퇴시켰다.

2020년 시진핑 주석은 UN총회 연설에서 2030년까지 탄소 배출량의 정점을 찍고, 2060년에는 탄소중립을 달성할 것이라고 선언했다. 그러자 중국 중앙정부는 시 주석의 언명을 실현시키기 위하여 즉시 행동에 나선다. 국제사회에 공개적 약속을 한 시 주석의 체면도 중요했지만 마침 2022년 2월 동계올림픽을 앞두었기 때문에 대기질의 획기적 개선을 위해서라도 화력발전을 억제할 필요가 있었다.

이제 모든 것은 시진핑의 공약 달성에 초점이 맞춰졌다. 중앙정부 담당 부처인 국가발전개혁위원회는 각 지역 발전량을 통제하는 지방정부들에 에너지 사용 수치 기준을 제시하며 목표 달성을 하달한다. 2021년 8월, 각 지방정부의 실제 에너지 감축 실적이 하달된 목표에 대비하여 한참이나 못 미치자 중국 관가에서는 한바탕 난리가 난다. 감히 시진핑 주석의 핵심 지침을 소홀히 다룬 각 지방정부 관료들이 큰 질책을 받으며 한바탕 곤욕을 치르게 된 것이었다. 발등에 불이 떨어진 각 지방정부들은 공격적으로 목표 달성에 나선다.

그러나 성급한 정책 추진의 부작용은 심각했다. 너무 의욕이 앞서고 고지식했던 일부 지방 성(省) 정부들은 말 그대로 강압적인 방식을 통해 자기 지역 내 화력발전소 가동 시간을 단축시키고, 해당 발전소로부터 전력을 공급받는 지역에 일방적으로 단전을 통보한다. 별다른 사전 예고도 없이 단전을 통보받은 해당 지역들은 그야말로 아수라장이 된다.

가장 심각했던 랴오닝성 등 동북3성 지역에서는 갑자기 블랙아웃이 되어 공장과 사무실이 멈추고, 퇴근길 신호등이 꺼져서 교통대란이 발생하거나 아파트 엘리베이터에 사람들이 갇히는 사태가 속출하는가 하면, 사람들이 급하게 양초를 구하느라 양초 가격이 치솟기도 했다. 심지어 공장 내의 유독가스 배출 시설이 정전으로 갑자기 가동을 멈추게 되어 유독가스를 흡입한 노동자들이 병원에 실려가는 안전사고까지 발생하기도 했다.[52]

민심 이반과 함께 심각한 경기침체 기미가 보이고, 세계 최빈국인 북한의 전기까지 끌어다 쓸 정도로 사태가 악화되자 결국 중앙정부는 정책 실패를 인정한 듯 탄소중립 정책에서 크게 후퇴한다. 화력발전소 가동을 다시 풀 가동하고 그동안 그린에너지 정책으로 인해 사용량을 점진적으로 줄여나가던 석탄 확보에 나선 것이다. 심지어 과거 탄소 에너지 사용 감축을 위해 폐쇄를 유도했던 광산의 석탄 채굴을 재개할 정

도로 석탄 증산에 강력한 인센티브를 부여하기도 했다.[53]

시 주석이 국제사회에 약속한 걸 뒤집은 조치라 시진핑 개인에게는 망신스러운 일이었지만, 이러한 조치로 우선은 급한 불을 끄며 초유의 단전 사태는 어느 정도 수습된다. 하지만 세계화로 긴밀히 연결된 글로벌 공급망 시대에서 진정한 일국 내 사건은 존재하지 않는다. 중국의 에너지 난은 한국에 예기치 못한 사태를 촉발시킨다. 한동안 한국 미디어들의 헤드라인을 장식한 **요소수 대란**이 바로 그것이었다.

2021년의 '요소수 대란'을 생각한다

중국에서 초유의 전력난이 발생하여 중국의 기업들과 일반 서민들이 큰 피해를 입고 있다는 보도가 미디어에 소개되자, 한국에서는 자업자득이라며 고소해하는 반응들이 대부분이었다. 관련 뉴스에 달린 베스트 댓글이 대부분 이러했고, 심지어는 권위 있는 언론 매체의 기사나 무게감 있는 칼럼 또한 중국이 자신들의 오만함에 대한 대가를 치르고 있다는 교훈적 논조와 인과응보(因果應報)식의 뉘앙스로 서술된 건 마찬가지였다.

반중 정서가 팽배한 현재 한국사회의 분위기상 어쩌면 당연한 결과일 것이다. 하지만 상호 매우 밀접하게 얽힌 한국과 중국의 경제와 무역 관계를 고려한다면, 중국의 손해가 실제 현실에서 자동적으로 한국의 이득이 된다는 평면적 논리가 과연 어느 정도나 타당할까. 우리가 중국의 불행에 마냥 즐거워할 수 있을까?

요즘 유행하는 말인, 소위 '팝콘각'(강 건너 불구경하듯 남의 불행을 즐겁게 구경하는 심리)의 시간은 오래가지 않았다. 중국이 총력을 다해 석탄 확보에 나서고, 자국 내 사용을 위해 석탄과 더불어 요소 등 석탄으로부터 만들어지는 부산물의 생산과 수출을 통제하자, 요소 공급을 거의 절대적으로 중국에 의존하던 한국이 직격탄을 맞았기 때문이다.

요소수는 경유로 구동되는 디젤 차량에서 배출되는 대기오염 물질을 저감하는 용도로 사용된다. 이 요소수는 디젤 엔진 차량 구동을 위해 반드시 필요한 용액으로 원료 생산 자체는 어렵지 않지만 우리는 경제성을 이유로 2011년부터 국내 생산을 중단하고 공급의 97% 이상을 중국에 의존하고 있었다.

그리고 국내의 화물차, 버스, 건설용 기계 등은 대부분 경유 차량이었기 때문에 중국에서 요소수 공급 중단이 장기화되자 전국적인 교통 및 물류 대란 우려가 확산되었다. 요소수가 다 떨어져 화물차를 더 이상 몰지 못할 공포감에 휩싸인 화물차 운전기사들이 절박하게 요소수 구하기에 나섰고, 치솟는 요소수 가격을 보며 폭리를 노리고 매점매석에 나서는 얌체 업자들까지 등장했다. 결국 이 문제가 메인 뉴스로 연일 보도되고, 대통령이 나서서 부처 장관들에게 서둘러 대책 마련을 촉구하고, 외교부 장관이 중국 및 주변 국가들에 도움을 요청하는 단계까지 가서야 상황은 수그러들기 시작했다.

이렇게 한바탕 난리 법석이 발생하고 나자 비로소 사람들은 **중국에 심각하게 의존하고 있는 필수 원자재**들에 대해 관심을 갖기 시작했다. 2021년 11월 한국무역협회가 조사한 결과에 따르면, 우리 수입 품목에서 단일국 의존도가 80%에 달하는 품목 중 절반 가까이(1,850개)를 중국이 차지하는 것으로 조사되었다.[54] 이 중에는 대표적인 한국의 차세대 먹거리인 2차 전지의 필수 핵심 자재인 망간, 흑연 등이 포함되어 있었는데 이는 **중국이 마음만 먹으면 한국의 골간(骨幹) 산업을 멈추게 할 수 있다는 뜻**이기도 하다.[55] 2019년 일본 아베 정권이 도발한 한일무역분쟁 이후 거국적 반일, 극일 바람을 탄 국내 여론은 일본에 의존하는 핵심소재의 국산화 추진에 열광했지만, 정작 일본만큼 심각한 핵심 원자재들의 중국 의존도에 대해서는 무지하기 이를 데 없었던 것이다.

물론 요소수 대란은 일본의 의도적 보복과 달리 명백히 중국 스스로의 무능과 정책적 실패에서 비롯된 사태이기 때문에 사태의 성격을 달리 볼 수도 있을 것이다. 하지만 만약 미래에 제2의 사드 사태가 벌어졌을 경우 이번에는 중국이 한국의 수출 부문이 아닌 일본 아베 정권처럼 한국에 대한 수입 부문(특히 한국이 중국에 절대적으로 의존하는 품목들)을 공격하지 않을 거라고 과연 누가 장담할 수 있을까?

요소수 사태는 각국이 밀접하게 경제적으로 얽힌 글로벌 공급망 체계에서, 중국에 대해 한국이 갖고 있는 취약점과 그 리스크가 한국의 평범한 사람들의 일상까지 위협할 수 있다는 걸 사전 경고한 일종의 신호였다고 생각된다. 사실 한국이 중국에 노출된 경제적 리스크는 이처럼 공급 측면에만 스며들어 있는 게 아니었다. 또 다른 리스크에 관한 이야기는 요소수 대란이 발생하기 정확히 1년 전으로 돌아가야 한다. 시작은 상하이 국제 금융 서미트에 참석한 중국의 대표적 재벌, 알리바바 그룹의 창업주 마윈(馬雲)의 공개 발언이었다.[56]

'공동부유'가 불러일으킨 거대한 후폭풍

당시 핀테크 회사 앤트 파이낸셜이라는 사상 최대 규모의 IPO를 앞둔 마윈은 상하이 국제 금융 서미트 공개 연설에서 상당히 이례적인 발언을 내놓는다. 중국의 금융 당국의 규제가 관련 산업의 혁신을 가로막고 있으며 그로 인해 낙후된 중국 금융이 전당포 수준에 머물러 있다고 대놓고 중국 정부를 '디스'한 것이었다. 권위주의 일당독재 국가인 중국에서는 정부에 대한 공개적인 비판이 금기시되긴 하나 마윈은 자신의 국제적 명성과 지위가 본인과 본인의 기업 제국을 보호하는 데 충분하다고 생각했던 것 같다.

당시 현장에는 시진핑의 최측근이자 중국 경제 금융을 총괄하는 왕치산(王岐山), 인민은행장 이강(易綱) 총재가 있었다. 그들의 얼굴은 이 발언 후 금세 굳어졌으나, 그때까지만 해도 마윈의 이 몇 마디가 이후 얼마나 큰 사태로 커질지 거의 대부분 예상하지 못했다.

마윈이 자신의 과신에 대가를 치르는 데는 그리 오래 걸리지 않았다. 곧 세계 최대 규모가 될 것이라는 앤트 파이낸셜의 상장이 취소되며 마윈과 투자자들은 엄청난 금전적 손실을 입었지만, 그것이 끝이 아니었다. 약 3조 원의 천문학적 과징금 부과가 이어졌고 그동안 비교적 자유롭게 비즈니스를 하던 앤트 파이낸셜에 온갖 금융 규제가 가해지며 중국 최대 온라인 금융 플랫폼 제국을 꿈꾸었던 마윈의 열망은 끝내 좌절되고 만다.

그리고 모두가 사후에 깨닫게 되지만, 이 사태의 진정한 시작은 이때부터였다. 오랜 기간 경제성장을 위한다는 명분에 눌려, 테크와 온라인 플랫폼 위주로 구성된 민영기업들의 제한 없는 성장을 지켜보고만 있었던 시진핑 그룹 내 좌파 세력들은 기회다 생각하고 칼을 뽑아들었다. 알리바바뿐 아니라 텐센트, 바이트댄스, 메이투안, 핀둬둬 등 중국의 빅테크 플랫폼 기업들이 정부 기관에 줄줄이 불려 나가서 공개적 질책을 듣고 막대한 과징금을 부과받았으며, 거의 강제와 다름없이 기부금을 뱉어내야 했다.

그뿐만이 아니었다. 젊은 사람들이 교육비 부담 때문에 출산을 포기한다는 명분으로 중국에선 하루아침에 사교육이 금지되었다.[57] 그 여파로 미국 증시까지 상장된 세계 최대 사교육 기업이 사실상의 폐업 위기에 몰리며 주가가 무려 98%나 폭락하는 사태까지 발생했다.[58] 민간기업 때리기의 칼은 게임과 엔터테인먼트 분야에까지 미쳐 전 세계에 유례가 없는 '미성년자 주 3시간 게임시간 규제 조치'가 취해졌고,[59] 탈세 의혹 연예인에 대한 엄청난 규모의 벌금이 부과되는가 하면, 사생활 논란을 일으킨 연예인들이 갑자기 사라지고 대중문화 콘텐츠에 대한 검열 조치가 더욱 강화되었다.[60] (앞서 2장에 소개된 방송국의 아이돌 외모 규제도 이때 도입되었다.)

이 모든 상식을 벗어난 조치들의 명분은 하나로 포괄되었다. 바로 '공동부유(共同富裕)'였다. 공동부유는 개혁개방 초기 덩샤오핑이 주창해 온 이래 30여 년간 중국의 시대정신이었던 '선부론(先富論)'의 안티테제였다. 즉, 중국은 "먼저 부자가 되자"라는 덩샤오핑의 유훈을 정면으로 반박한 것이었다. 이는 경제성장을 위해 개인의 물질적 부의 추구를 부추기고 장려한 결과 중국 내에선 빈부 격차라는 부작용이 걷잡을 수 없을 정도로 커졌기 때문에, 이제는 사회안정과 정권유지를 위하여 브레이크를 걸어야겠다는 시진핑 그룹의 인식에서 나온 아젠다라 할 수 있다.

공동부유가 당의 공식 구호로 선포되자 중국 온라인에서는 '외세에 환장하고 돈에만 미친' 민간 기업가들을 더욱 혼내야 한다는 극좌 논객들의 선동성 글들이 무차별 공유되어 유포되었다. 분위기는 너무 심각해졌고, '제2의 문화대혁명'이 일어날 거라는 공포가 중국사회에 퍼져나갔다. 특히 중국 주식시장에 상장된 여러 기업들과 미국에 상장된 중국 빅테크 기업들의 주가가 엄청나게 폭락했던 것은 사람들이 느끼는 공포에는 결코 실체가 없지 않다는 걸 수치적으로 보여주었다.

많은 사람들이 불안을 크게 느끼기 시작하자 당황한 시진핑 정권은 당내 친시장주의자 인사들을 내세워 사태 수습에 나섰다. 부총리와 증권감독위원회 수장 등이 나서서 중국 공산당은 향후에도 시장 지향 개혁개방을 계속할 것이며, 계속해서 사유재산을 국영재산과 동등하게 보호하고 부자를 약탈하는 일은 절대 없을 것이라고 공개 천명하게 된다.[61] 무언가 익숙하지 않은가? 탄소중립처럼 일단 이상만 내세워 급하게 저질러 놓고 부작용이 터지면 급하게 수습하는 패턴이 똑같이 반복된 것이다.

시진핑 정권에서 이런 설익은 정책들이 계속 나오는 건 우연이 아니다. 나는 이전 정권에는 없던 시진핑 정권 특유의 권력구조적인 불안정이 이런 현상의 근본 원인이라 확신한다. 이러한 원인에 관해서는 이 책의 2부와 3부에서 상세히 다룰 예정이다.

중국의 불행은 한국의 행복이 될 수 없다

공동부유가 초래한 심각한 영향 역시 요소수 대란과 마찬가지로 중국 내에서만 파급되는 데 그치지 않았다. 중국 주식시장은 미국 다음으로 한국의 해외주식 투자금이 몰려 있는 곳이었기 때문이다.[62] 마윈의 설화로 시작된 시진핑 정권의 공동부유 정책들과 민간기업 때리기로 중국 기업들의 주식이 폭락하자, 중국 기업들의 주식에 돈을 넣어두었던 한국 등 해외 투자자들 또한 직격탄을 맞았다. 중국 주식에 직접 투자하거나 중국 펀드에 돈을 넣은 국내 개미투자자들 또한 예외는 아니었다.

2020년 10월 기준 개인 투자자 해외 주식 직접 투자 대상 중에서 중국은 전체의 8%로 미국에 이어 2위를 차지한다.[63] 또 연기금과 기관까지 합친 기준으로는 무려 24.57%에 달한다.[64] 연기금과 기관의 펀드도 결국에는 개인 투자자들의 재산으로 이루어진 걸 생각하면, 중국 증시에 노출된 개인들의 자산 리스크 규모가 만만치 않았던 것이다. 이처럼 간접적인 루트를 통해 중국 기업들 안에 들어가 있던 수많은 한국 개미들의 소중한 쌈짓돈이 갑작스러운 중국 기업들의 주가 폭락 사태의 직격탄을 피할 방법은 없었다. 실제로 나 또한 공동부유 사태 이후 급하게 중국 관련 펀드들을 환매하느라 상당한 손실을 보았다. 내 주변에서도 중국 주식은 다시는 쳐다보지도 않을 것이라고 땅을 치며 후회하는 사람들이 적지 않았다.

물론 주식 투자야 본질적으로 리스크를 감수하며 벌이는 자산 증식 행위인 만큼 '중국 주식 투자에 리스크가 있다는 게 새삼스러운 일인가'라고 생각할 수 있을 것이다. 하지만 개별 기업 혹은 개별 산업의 흥망성쇠나 주기적으로 오는 경기침체 등은 경제적 측면에서 지극히 자연스럽고 예측되는 리스크에 가깝다. 이와 달리 중국 기업들의 이번 주식 폭락 사태는 중국 공산당 정권의 정치적 의도가 담긴 정책 추진과 그로 인한 의도적 실패의 성격을 갖고 있다는 점에서 질적인 차이가 있다고 생각된다.

아마 과거 수십 년간 이어진 중국의 초고속 경제성장과 세계적으로 승승장구하는 중국 기업들을 보며 많은 사람들이 중국 주식시장에 장밋빛 기대를 걸었으리라. 나를 포함해서, 거기에 자기 주머니의 돈을 꺼내 넣어두었던 우리나라 사람들이 적지 않았던 건 분명하다. 특히나 2020년 하반기부터 전 세계적으로 유동성이 풀리며 세계 증시가 대세 상승하는 상황에서, 코로나 방역에 상대적으로 성공한 중국의 증시는 많은 사람들에게 더욱 매력적으로 비쳤을 게 틀림없다.

그런 상황에서 시진핑 정권이 갑자기 공동부유 구호를 외치며 민간기업들을 괴롭힌 결과 중국 기업들의 주식이 폭락하기 시작했으니, 중국 주식시장만 나 홀로 하락하며 거기에 투자한 사람들만 고통에 빠지는 이상한 광경이 펼쳐진 것이었다. **이렇게 요소수 사태와 중국 주식 폭락 사태는 '중국의 불행은 곧 한국의 행복'이라는 최근의 일반적 정서가 실제 현실과는 많이 다르다는 걸 보여주었던 대표적 사례라고 할 수 있을 것이다.**

정리해 보자. 중국의 불행이 곧 한국의 행복이 되려면 우리는 중국과의 경제적 의존도부터 줄여나가는, 매우 고통스러운 작업이 선행되어야 한다. 그것은 단기간에 불가능한 일이며, 장기적으로도 큰 대가들을 치러야 하는 지난한 과정이 될 것이다.

그렇지만 내가 중국 리스크를 떠올릴 때마다 가장 걱정되는 것은 지금까지 길게 이야기한 외교와 경제 분야의 문제들이 아니다. 나를 포함해서 대다수 평범한 사람들의 일상을 위협하는 정도가 아닌, 향후에 송두리째 파괴할 수도 있는 진짜 중국 리스크는 따로 있다.

그건 바로 중국의 대만 침공이 촉발할 수 있는, 미중 간의 전면 전쟁 가능성이다. 그것도 5년 안에 상당히 높은 확률로 말이다.

5장

시진핑은 기어이 푸틴의 전철을 밟을 것인가?

지금 이 원고를 마무리하고 있는 2022년 여름, 포털 사이트의 국제 뉴스 섹션에는 아직도 우크라이나 전쟁 뉴스들이 이어지고 있다. 전쟁은 이제 러시아와 우크라이나 양국 간의 단순한 무력 충돌이 아니라 러시아, 그리고 우크라이나에 대한 지원을 아끼지 않는 서방 진영 전체의 대결로 번진 상태다. 이 전쟁이 자극한 에너지와 곡물 가격 폭등은 글로벌 공급 위기와 인플레이션을 더욱 자극하며 세계 경제위기로까지 진화하는 중이다.

그렇지만 지리적으로 거의 유라시아 정반대 편에서 벌어지고 있는 전쟁이다 보니, 한국에서는 전쟁 초기의 뜨거운 관심이 지나가자 별다른 주목을 받지 못하고 있는 게 사실이다. 전쟁의 여파 또한 대부분의 한국인들에게는 실생활 속 체감 물가 급등처럼 간접적인 영향으로만 다가오는 중이다. 경제적 문제를 제외한다면, 사실상 한국에서는 남의 나라 이야기로 비치고 있다는 이야기다. 서방과 러시아가 정면충돌한다고 해도 한국이 받을 직접적 영향은 제한적으로 여겨질 수 있으니 어쩌면 당연한 일일 것이다.

우리와 달리 발등에 불이 떨어진 곳은 유럽 국가들이다. 원래 러시아와 지리적으로 가까운 폴란드, 발트3국, 핀란드 등 북유럽 국가들은 러시아가 우크라이나 영토 전체를 성공적으로 점령할 경우 러시아의 위협이 자신들의 코앞에 닥칠 것에 대해 커다란 공포를 느끼고 있다. 영국, 프랑스, 독일 등도 나토와 EU 등 국제기구를 통해 러시아에 지속적으로 전쟁 중단을 촉구하는 동시에 우크라이나에 전쟁 물자 지원을 지속하며 공동 대응을 하고 있다. 그러나 전쟁을 마무리할 마땅한 대응책이 없어 그들 또한 고심을 거듭하고 있는 중이다.

분명한 것은 '평화 패러다임의 종말'이다. 러시아의 우크라이나 침공은, 21세기를 사는 우리에겐 공기처럼 너무나 당연한 걸로 인식되었던 유럽의 평화 시대가 이제 공식적으로 종말을 맞이했다는 명백한 신호였다. 혹자는 물을 것이다. 그럼에도 불구하고 유럽의 위기, 평화 국면의 폐막이 유라시아 반대편에 사는 한국인들과 무슨 직접적인 상관이 있느냐고 말이다. 이게 절대로 남의 이야기가 아닌 이유는, 수년 내에 동아시아에서 비슷한 전쟁 위기가 주인공들만 바뀌어 더욱 큰 규모로 반복될 개연성이 매우 크기 때문이다.

지구상에서 가장 위험한 곳, 대만

아마도 가까운 미래에 '동아시아의 우크라이나'가 될 수 있는 지역을 하나만 꼽으라고 하면, 많은 한국인들은 자신들이 사는 한반도를 가장 먼저 떠올릴 것이다. 반세기 넘게 주기적으로 벌어지는 북한의 도발과 전쟁 위기 속에 평생을 살았으니 이런 반응은 매우 당연하고도 자연스럽다.

하지만 틀렸다. 국제 안보 전문가들이 향후 동아시아에서 가장 전쟁 위험이 높은 곳으로 이구동성 지목하는 곳은 바로 대만이다. 심지어 영국의《이코노미스트》지는 2021년 5월 1일 자 대만 안보 위협 특집 기사에서 대만에 대해 **'지구상에서 가장 위험한 곳'**(The most dangerous place on Earth)이라는 수식어까지 부여했다.[65]

《이코노미스트》뿐만이 아니다. 같은 해 11월《로이터 통신》은 대만·미국·호주·일본의 군사전략가 12명, 전·현직 장교 15명과의 인터뷰 등을 통해 중국이 대만을 무력 침공할 경우 발생할 수 있는 시나리오를 6단계에 걸쳐 제시했고,[66] 같은 달 미국의 전 백악관 안보보좌관 2024년이라는 일정표까지 제시하며 중국의 대만 침략 가능성을 경고했다.[67] 당사자인 대만 국방부도 중국군 전략에 대한 분석을 통해 중국군의 예상 침공 일정을 2025년으로 제시했다.[68]

미국 국방부에서는 향후 전쟁 대비를 위해 일종의 전쟁 시뮬레이션인 워게임(war game)을 정기적으로 진행하는데, 사람들의 관심이 집중되는 것은 뭐니 뭐니 해도 대만을 둘러싼 미중 간의 무력 충돌 시나리오다. 이처럼 미국이 동아시아에서 군사 안보상 가장 큰 관심과 우려를 갖고 있는 지역은 더 이상 한반도가 아니다. 설사 북한이 핵무기와 ICBM(대륙 간 탄도미사일) 무력을 완성했다 하더라도, 인구 2천만의 세계 최빈국이 한국이나 미국을 선제 공격할 경우 그건 곧 자살행위를 뜻한다는 것은 외교·안보·군사 전문가들 모두가, 아니, 사실은 북한의 김정은 본인이 제일 잘 알고 있을 것이다.

여담이지만 그래서 나는 북한의 김정은이 북미 관계 정상화와 경제발전을 노릴 수 있었던 마지막 기회는 트럼프와 마지막으로 만나 담판한 2019년 하노이 회담이었다고 생각한다. 왜냐면 그 이후 미국의 외교 안보상 중국 견제와 대만 방어에 집중된 관심이 다시 북한에 분산되는 일은 웬만하면 없을 것이기 때문이다.

물론 북한 정권 붕괴 시 무정부 상태인 북한 지역의 질서 유지를 위해 중국군과 주한미군이 충돌하는 시나리오도 없지 않다. 그러나 그렇게 될 때 북한은 산업적으로 가장 낙후되고 값나가는 자원도 없으며, 긴급 구호가 필요한 2천만 명의 난민만 남게 되는 공간이 될 것이다. 세계 패권 경쟁을 하는 미중이 그곳을 위하여 전면 무력 충돌을 감수할 가치가 있다고 판단할 개연성은 무척 낮아 보인다.

그렇다면 오랜 기간 동북아의 골칫덩이였던 북한까지 제치고 왜 대만이 향후 미중 충돌 대상의 1순위로 꼽히는 것일까? 사실 미국과 중국 모두 전면 충돌 시 공멸까지 갈 수 있는 핵보유국이다. 자칫하면 양쪽 다 돌이킬 수 없는 피해를 입을 수 있으므로 군사적 충돌에 관해서는 상대에게 더욱 조심해야 정상이다. 그런데 왜 미중은 인구 2천만의 섬나라 때문에 자신들이 입을 가공할 피해까지 감수해 가며 행동할 것이라는 예측들이 이어지는 것일까?

미·중이 대만에서 첨예하게 부딪치는 이유

우선 중국이 대만을 침공했을 때 미국이 개입을 포기하고, 대만이 완전히 중국 수중에 떨어지는 걸 가정해 보자. 이것은 곧 미중 간 미래 최첨단 하이테크 기술 경쟁에서 중국이 결정적 승기를 잡는다는 뜻이나 다름없다.

현재 미국과 중국은 빅데이터, AI, 사물인터넷, 자율주행, 양자컴퓨터, 5G 등 소위 4차 산업혁명으로 통칭되는 미래 산업 표준과 주도권을 쥐기 위해 치열하게 경쟁하고 있다. 이러한 4차 산업혁명에 속하는 산업들은 공통점이 하나 있는데, 그건 바로 연산 처리의 중요성이다.[69] 끊임없는 기술혁신을 위해서는 더 많은 데이터, 더 복잡한 알고리즘의 초고속 연산 처리가 관건이기 때문이다.

이 연산 처리를 하는 주인공이 바로 반도체이다. 반도체의 연산 처리 성능은 반도체 회로 선폭의 미세 수준에 달려 있다. 선폭이 미세할수록 집적도와 전력 효율이 향상되어 연산 처리 능력이 막강해진다. 결국 최첨단 IT 제품과 초고속 연결, 인공지능과 자율주행의 성능은 최첨단

SW의 구동을 뒷받침해 주는 반도체 성능에 달려 있다고 할 수 있다. 현재 반도체 회로 선폭의 단위는 1미터의 10억분의 1에 해당하는 나노미터(nm)다. 1나노는 굵기가 머리카락 10만분의 1 크기로 인간의 감각 범위를 아득히 초월한, 사실상 원자 속 세계의 미세 크기라고 볼 수 있다.

이는 반도체 기술이 전 세계 산업의 향방을 가를 키(key)를 쥐고 있다는 걸 가리킨다. 미국의 대표 빅테크 기업인 애플, 테슬라, 아마존, 마이크로소프트뿐 아니라 엔디비아, AMD, 퀄컴 등 최첨단 반도체 설계 회사들이 필요한 반도체는 현재 기술적 난이도가 가장 높은 10나노 이하의 선폭 사양이다. 문제는 현재 세계에서 이 선폭의 반도체를 생산할 수 있는 회사는 딱 두 회사밖에 없다는 점이다. **바로 대만의 TSMC와 한국의 삼성전자다.**

하지만 삼성전자는 메모리 반도체가 주력이었고, 연산 처리가 용도인 시스템 반도체의 생산 경험은 TSMC보다 훨씬 짧기 때문에 양품률이나 품질 면에서 TSMC가 여전히 독보적이라고 할 수 있다. 그러니 미국 대표 기술 기업들의 TSMC에 대한 의존도는 상상을 초월하며, TSMC로 대표되는 대만 반도체 산업의 생태계에 미국 첨단산업의 명줄이 달려 있다고 해도 과언이 아닌 것이다.

이러한 **'대만 반도체 의존도 리스크'**에 대한 미국 조야의 인식이 바로 바이든 정부 출범 후 TSMC와 삼성전자가 미국 본토에 직접 공장을 짓도록 했던 압박과도 연결되고, 또 인텔 등에 반도체 자체 생산을 독려하는 미국 산업 정책의 근본적인 배경이라고 할 수 있다.[70] 상황이 이러하니 중국이 대만을 무력으로 병합하려 할 때 미국이 과연 가만히 지켜보기만 할 수 있을까? 미국의 패권 유지 여부를 결정지을 최첨단산업의 사활적 이해관계가 대만에 이렇게 얽혀있는데도?

이런 산업적 이유뿐만이 아니다. 중국이 대만을 손에 넣는다면, 중국은 일본과 필리핀 사이에 있는 필리핀해를 지나 광활한 서태평양으로 바로 뻗어 나갈 수 있는 결정적인 거점을 마련한다. 남중국해와 동중국해가 중국의 영역으로 들어오기 때문에 중국은 동아시아에서 미국을 몰아낼 수 있는 결정적인 지정학적 요충지를 장악하게 되는 것이다. 그리고 중국의 대만 병합은 동아시아의, 더 나아가 전 세계적으로 세계 최강국이자 유일 패권국으로서의 미국의 위신에 치명적 타격을 가할 것이다.

국제사회라는 게 사실 여러 포장을 벗겨 보면 사실 구역 다툼을 하는 동네 조폭 세상과 다름없다. 법보다 주먹이 먼저인 원초적 무법지대나 다름없다는 이야기다. 세계의 조폭 넘버 2의 공개적 도전에 넘버 1이 회피한다는 건, 조직원들에게 자기 자리를 포기한다는 메시지를 남기는 것과 같다. 미국이 미래 최첨단산업과 세계 패권 자리를 자발적으로 포기하지 않는 한 중국의 대만 침공을 수수방관할 개연성은 낮아 보인다.

'대만 수복(臺灣收復)'이 중국에 갖는 의미

중국 입장에서 무력을 써서라도 대만을 반드시 손에 넣어야 하는 이유는 미국이 대만을 지켜야 하는 이유를 정확히 뒤집으면 된다. 중국이 TSMC를 갖게 되면 그동안 미국 반도체 제재로 기세가 확 꺾인 중국의 첨단산업은 다시 날개를 달게 된다.

중국은 대만이라는 톨게이트를 통해 서태평양으로 뻗어 나가는 고속도로로 올라타게 되고, 이를 통해 자신들의 잃어버린 영역인 동아시아와 서태평양을 되찾는 결정적 계기를 만들 수 있다. 중국의 공개적인 힘자랑은 추락한 미국의 위신과 완벽히 대비되며 동아시아 각국으로 하여금 중국의 맹주 자리를 인정하지 않을 수 없게 만들 것이다.

하지만 '하이 리스크, 하이 리턴'이라는 말처럼 중국의 대만 침공은 성공 시 얻게 될 전리품의 천문학적 가치만큼이나 실패 시 엄청난 리스크를 수반한다. 군사적으로 봤을 때, 상륙작전은 모든 작전 형태 중에서 가장 난이도가 높은 걸로 유명하다. 반대로 상륙작전에 대한 방어는 일반적인 경우보다 훨씬 쉬우며, 공격보다는 훨씬 적은 병력으로 수비가 가능하다는 게 교과서적인 이야기다. 공격 측은 수비 측의 반격에 맞닥뜨렸을 때 넓은 바다에 완전히 노출된 반면, 수비 측은 육지의 각종 엄폐물을 통해 비교적 안전하게 방어가 되기 때문이다.

물론 중국은 대만에 비해 압도적으로 우월한 전력을 가지고 있으나, 넓은 국경과 군사적으로 대치 중인 이웃 국가들에 둘러싸인 탓에 상륙 방어 수비 병력을 압도할 정도의 전 병력을 일시에 대만에 투입하는 것은 불가능하다. 만약 초반 속전속결로 점령에 성공하지 못해 미국이 적시에 개입할 틈을 주게 될 경우, 중국은 치명적인 타격을 입게 될 것이다.[71]

중국의 패전은 중국의 패권 도전 실패로 끝나는 게 아니라 중국 공산당 정권이 무너질 수 있는 엄중한 사안이기 때문에 과연 시진핑 정권이 이 정도의 리스크를 감수하고 대만에 대한 침공을 감행할 것인지에 대해 회의적으로 바라보는 시각도 분명히 존재한다. 결정적으로 우크라이나 전쟁 개전 초기 신속하게 우크라이나를 점령하려고 했던 러시아 계획의 실패와 러시아군의 고전은 시진핑의 대만 침공 가능성을 부정적으로 보는 시각에 더욱 힘을 실어주었다. 푸틴의 실패를 직접 목격한 시진핑이 대만 점령 실패 시 감당해야 할 위험과 후폭풍을 더욱 심각하게 고려할 것이라는 논리가 많은 사람들에게 설득력 있게 받아들여졌기 때문일 것이다.[72]

하지만 나는 여러 리스크에도 불구하고 시진핑 정권이 5년 내 대만 침공을 감행할 가능성이 꽤 높다고 생각한다. 무엇보다 대만은 중국의 입장에선 경제적·지정학적 가치 그 이상이기 때문이다. 그리고 시진핑 정권이 만약 2022년 공산당 당대회에서 연임에 성공할 경우 대만 문제는 시진핑 정권의 정치적 정당성 문제와 직결될 개연성이 크기 때문이기도 하다. 그 정도로 대만은 지금의 중국, 집권당인 중국 공산당, 그리고 시진핑 정권의 명운에 중대한 존재라고 할 수 있다.

일단 현대 중국의 통일성을 유지시켜 주는 민족 정체성의 핵심인 중화주의에 있어, 대만은 신앙의 목표와도 같은 존재다. **중화 민족주의적 서사에서 '대만 수복'은 19세기부터 시작된 치욕적인 서세동점 시대를 끝내고 과거 위대한 중화제국 시대의 부활을 공식적으로 알리는 신성하고 결정적인 이벤트가 될 것이다.** 그렇기 때문에 중국에서는 대만을 독립국으로 표현하는 그 어떤 묘사에 대해서도 경기(驚氣)에 가까운 반응을 일으킨다.

이건 중국 공산당의 방침 이전에 중국 내 일반 여론이 그러하다는 이야기다. 공산주의 이념의 실효성이 사라진 현재 중국 공산당의 집권 정당성은 사실상 '경제성장 실적'과 '중화 민족주의의 대변자'라는 양대 축을 기반으로 하고 있다. 그렇기 때문에 중국 공산당에게 대만과의 통일은 전체 중국 인민에 대한 신성한 약속이자 국가 통치권에 대한 가장 기본적인 전제 조건이 되는 것이다. 일부에서는 중국 공산당의 일당 독재가 강권적 통치와 국가권력의 억압적 행사 때문에 가능하다고 말하지만, 이는 단지 부분적인 이유일 뿐이다. 전체에서도 다수를 차지하는 중국 인민의 광범위한 동의 없이 중국 공산당의 집권이 이렇게 오랜 기간 안정적으로 유지된다는 건 불가능한 것이 분명하다.

어찌 되었든, 사실 시진핑 정권 이전까지만 하더라도 중국 공산당의 양안통일(兩岸統一, 중국과 대만의 통일) 기조는 불가피할 경우 무력행사도 가능하나, 기본적으로는 적극적 교류와 경제협력을 통한 점진적 평화통일 정책을 꾀하는 것이었다. 하지만 시진핑 집권 후 점진적 평화통일의 기대와 희망은 거의 사라졌다. 여러 원인이 있겠지만 무엇보다도 시진핑 정권의 과거회귀적 정치 행태와 홍콩에 대한 사실상의 일국양제(一國兩制, 홍콩에 대한 독립국 수준의 자치권 약속) 폐기, 그리고 홍콩 민주화 요구에 대한 폭압적 대응 때문에 대만에서의 반중 정서가 그 어느 때보다 고조된 것이 결정적이라고 분석된다.

현재 대만에서 중국과의 정치적 통일을 원하는 여론은 극소수다. 특히 대만의 젊은 세대일수록 중국인으로서의 정체성은 희박한 반면, 대만인으로서의 정체성을 뚜렷이 가지고 있다.[73] 그리고 최근 AI, 인공지능 등의 디지털 혁명과 함께 코로나 이후 글로벌 공급망 부족 사태를 겪으며 반도체의 중요성이 세계적인 이슈가 된 것도 주효했다. 반도체 제조 강국 대만의 지정학적 중요성과 국제적 위상이 크게 올라가자 대만 스스로의 자신감 또한 크게 상승한 상태다.

여기에 설상가상으로 미국은 중국을 견제하기 위해 대만에 대한 지원과 교류를 크게 늘리고 있으며, 중국의 강성 민족주의자들과 중국 공산당은 갈수록 조급해질 수밖에 없는 상황이다. 그리고 현재의 대만 문제에 대해 아마도 가장 큰 불안과 조급함을 느끼는 사람은 다름 아닌 중국 최고 지도자 시진핑 본인일 것이다.

시진핑은 왜 '양안통일 카드'를 내려놓지 못하나

죽기 전까지 중국의 절대 권력자로 거의 살아 있는 신과 다름없는 지위를 누린 마오쩌둥 이후 개혁개방을 내세우며 집권한 덩샤오핑은, 누구보다도 일인 독재의 폐해를 몸소 경험한 사람이었다. 그래서 후계 문제에 관해 일인 독재를 제도적으로 막기 위해 여러 조치를 강구했다.

대표적인 게 바로 **임기 제한 제도**다. 그래서 덩샤오핑 이후 두 명의 최고 지도자 장쩌민(江澤民)과 후진타오는 임기 5년 기준으로 딱 1회 연임한 뒤 정확히 10년을 집권하고 후계자에게 권력을 인계했다. 이 기준으로 보면 시진핑의 집권은 10년 차가 되는 2022년 연말 중공 당대회 때 끝나야 한다.

하지만 모든 이가 예상하듯 시진핑은 자신들의 선배와 달리 절대

순순히 물러날 생각이 없다. 그는 2022년 당대회에서도 연임을 하여 10년 이상의 장기 집권을 획책하고 있다. 아무리 시진핑의 일인 권력이 역대급으로 강하다고는 하나 시진핑의 장기 집권에 당 밖은 물론이고 당내에서도 불만과 반발이 나오지 않을 수가 없다. 특히나 현대 중국에서 장기 집권을 했던 두 지도자인 마오쩌둥과 덩샤오핑의 경우 중국인이면 누구나 수긍하는 역사적 업적(중국의 통일과 경제발전)이 있었다는 측면에서 시진핑의 장기 집권은 특히 명분 면에서 근본적인 취약점이 있다고 할 수 있다.

시진핑은 자신의 장기 집권에 대한 명분 쌓기용으로 2021년 11월 11일 중국 공산당 창당 이래 세번째 역사결의 채택을 밀어붙였다. 그런데 이에 대해선 과거 마오쩌둥의 반제국주의 노선 채택, 덩샤오핑의 개혁개방 정당화 같은 실질적·결정적 의미를 담았던 역사결의와 달리 모호하고 공허한 내용으로 가득 차 있었다는 신랄한 평이 우세한 실정이다.[74] 만일 2022년 연말 중국 당대회에서 이렇게 빈약한 명분을 통해 억지로 3연임에 성공할 경우, 시진핑에게 자신의 장기집권을 사후에나마 정당화시켜 줄 수 있는 유일한 카드는 단 하나밖에 없다. 모두가 예측하다시피 **양안통일 카드**다.

나의 중국 지인들 또한 모두 이구동성으로 그렇게 이야기한다. 도대체 시진핑이 마오쩌둥과 덩샤오핑과 비교될 수 있는 어떤 업적을 남겼길래 장기 집권을 하느냐는 것이다. 시진핑이 집권 후 대외적으로 중국의 국력을 투사하여 중국의 위상을 높이고 미국에 대항해 자존심을 높인 것은 사실이다. 허나 그렇게 할 수 있는 국력은 모두 덩샤오핑의 개혁개방 정책 덕에 만들어진 것이고, 되레 시진핑은 지나친 대외 강경 노선으로 중국의 고립을 자초한 잘못도 범했다는 냉정한 평가가 우세하다.

하지만 만약 시진핑이 대만 수복에 성공하여 민족의 완전한 통일이라는 사명을 완수한다면 이 모든 불만을 일시에 잠재울 수 있다. 양안

통일이라는 업적은 시진핑을 마오쩌둥과 덩샤오핑과 동일한 역사적 지위로 올려주게 될 것이다. 그래서 시진핑에게 있어 대만 통일 카드는 중화제국 복귀라는 자신의 역사적 사명과 중국 공산당 영구 집권이라는 이념적 목표, 자신의 장기 집권 안정화라는 정치적 목적, 이 세 가지를 한꺼번에 달성시켜 줄 수 있는 최상의 카드가 될 수 있다.

그리고 이 카드가 쓰이는 유력한 시간대로는 시진핑의 3연임 결정 후인 2023년부터 네 번째 임기가 결정될 중공 당대회가 있는 2027년 사이가 꼽히고 있는 중이다. 상황이 이러하니 미국을 비롯한 서방 진영과 대만은 중국의 대만 침공을 이제 '가능성'의 차원이 아니라 점점 더 '현실'의 문제로 인식하고 대응을 준비하고 있는 것이다.

대만 문제는 왜 우리에게도 중차대한 이슈인가

이제 다시 이 문제를 한국에 살고 있는 우리의 입장에서 생각해 보자. 중국의 대만 침공과 그로 인한 미국의 개입, 미중 간 무력 충돌에 자유로울 수 있는 주변 동아시아 국가는 한국을 포함해서 아무 데도 없을 것이다. 우선 그 충돌이 빚을 글로벌 경제의 충격과 뒤이을 한국 수출의 악영향을 제외하고도 당장 해상운송 마비로 인해서 중동산 원유 공급 중단 같은 핵심 원자재 부족의 고통이 예상된다. 미중 간의 무력 충돌이 단기간에 끝난다면 그나마 다행이겠지만 장기화될 경우 한국경제는 경기침체와 초인플레이션이라는 스태그플레이션의 고통을 피하기 힘들게 확실하다.

그나마 전쟁이 미국의 승리로 끝난다면 최악의 상황은 피할 수 있을지도 모르겠지만, 만약 중국의 승리로 끝난다면 한국에 남은 유일한 선택지는 중국 패권을 인정하고 신중화제국의 질서 안에서 순응하며 살아가야 하는 것이다. 최악의 경우 냉전 시기 사실상 소련의 위성국이던 폴란드와 같은 동유럽 국가들의 처지가 되거나, 그나마 사정이 낫다면 역시 냉전 시기 소련의 눈치를 살피며 살았던 핀란드와 같은 처지가 될 것이다. 중국이 만들 신질서에 적응하는 데 있어 가장 큰 고통은 자유민주주의를 향유하던 한국의 일반 시민들이 권위주의 독재국가의 위성국가로 전락했을 때 받게 될 심리적 저항감과 박탈감이지 않을까 생각된다.

물론 이 모든 건 그나마 한국이 미중 간의 무력 충돌에서 직접적 피해를 당하지 않는다는 전제하에서이다. 무력 충돌 발생 시 가지고 있는 모든 수단을 동원해 반드시 이기려는 미국 입장에서는 가까운 미군 부대 병력을 그대로 놔둔다는 것을 상상하기 힘들다. 주일미군뿐 아니라 주한미군 또한 미중 간 충돌에 동원 병력 대상이 될 것이 분명하다. 미중 분쟁에 휘말리는 것을 꺼리는 한국 정부를 향해 동맹의 의무와 책임을 운운할 미국에 한국 정부가 주한미군 차출을 거부할 명분도 빈약한 것이 사실이다.

실제로 미국은 미래 대만해협에서 발생할 유사시 사태에 한미동맹을 활용하기 위해 '밑밥'을 깔기 시작한 상태다. 미국은 전 국무부 동아시아태평양 담당 차관보의 언급을 통해 향후 한미동맹이 "중국에 의해 초래되는 장기적인 안보 문제에도 대처할 수 있어야 한다"면서, 사실상 대중국 전선에 한미동맹을 포함하고 싶은 의사를 한국에 간접적으로 표한 바 있다.[75] 중국군과 대적하기 위해 출동하는 주한미군, 이를 후방에서 지원하는 한국군 기지를 향해 중국 전투기와 미사일이 절대 날아오지 않을 것이라고 기대하는 이는 국제 질서와 전쟁에 대한 상식이 전혀 없는 사람들밖엔 없을 것이다.

향후 가까운 미래에 한국인들의 평화로운 일상에 큰 위협이면서도 동시에 가장 관심을 받지 못하는 이슈라는 차원에서, 중국과 대만의 문제만 한 사례가 또 있을까 싶다. 이 또한 어쩌면 북한의 안보 위협을 상수로 두고 살아온 한국인들에게 대만 문제가 본능적이고 직관적으로 다가오지 못하기 때문에 발생하는 인지적 오류 탓이 상당히 클 것이다.

사실 공정하게 말하자면 눈앞의 잠재적 위협에 대해 크게 느끼지 못하는 건 한국인들만이 아니다. 러시아의 우크라이나 침공이 임박하기 전까지 많은 유럽 국가의 시민들 또한 유럽 한복판에서 외부의 침략에 의한 전면전이 발생하리라 상상하지 못했다. 2차 세계대전 후 장기간 지속되어 온 평화와 함께 냉전 종식 후 국가들 간의 외교·안보적 대립까지 사라진 탓이 클 것이다. 그리고 에너지 공급 차원에서 러시아에 절대적으로 의존하고 있던 독일 등 몇몇 유럽 국가들의 경우, 우크라이나 쇼크에 대비하지 못한 결과 현재 경제와 산업 측면에서 막대한 대가를 치르고 있다.

한국이라고 과연 다를까? 한 해가 다르게 위기감이 고조되는 대만해협에 여전히 전반적으로 무관심한 국내 분위기를 고려해 보면 '다르다'라고 명확하게 답하기는 어려울 듯싶다.

6장

중국이 하나의 '쇼크'와 같은 이유

지금까지 한국이 마주하거나 곧 마주하게 될 중국 리스크를 역사·외교·경제·산업·문화·안보 등 여러 영역에서 살펴보았다. 이렇게 한국이 여러 영역에서 동시다발적으로 갑작스럽게 중국 리스크를 마주하게 된 근본적인 원인은 무엇일까?

단도직입적으로 말해서, 결국 **동아시아 태평양 지역에서 벌어지는 지정학적 대지진의 여파** 때문일 것이다. 수천 년간 동아시아 질서를 만들고 운영하던 곳은 중원통일왕조로 대표되는 대륙 세력이었고, 역대 한반도 국가 또한 대륙 세력이 만든 질서를 받아들이고 그 안에서 평화를 추구했다.

하지만 대륙 세력이 교체되거나 혹은 해양 세력이 대륙 세력을 밀어내는 지정학적 대지진이 발생할 때마다 한반도는 그 여파에서 오는 충격에 자유롭지 못했다. 앞서 1장에서도 다루었듯 과거 신흥 중국 왕조와의 전쟁이 그러했고, 최근에는 신흥 해양 세력인 일본의 침략과 냉전시대에 해양과 대륙을 대표한 미소 양국의 대리전인 6·25 전쟁이 대표적인 예이다.

그리고 다시 해양 세력에 위축되었던 중국이 과거의 힘을 회복하면서 다시금 대륙 세력으로서 과거 자신들의 지위를 되찾으려는 의지를 실행에 옮기고 있다. 이에 기존 세력인 미국과의 충돌과 주변 국가들과의 마찰을 불사하기 시작하자 다시금 이 지역에 사는 우리가 지정학적 대지진의 발생을 느끼게 된 것이다.

대륙 내 구심력과 원심력의 '지정학적 대지진'

물론 이러한 지정학적 대지진이 한반도에 닥친 것은 처음이 아니다. 그 대지진의 진원지인 중원 대륙 한복판에서는 수천 년간 정치적 지각 운동이 지속되어 왔다. 이 중원 대륙의 정치적 지각 운동에는 일종의 반복되는 패턴이 발견되며, 요약컨대 그것은 **구심력과 원심력의 교대 운동 형태**를 띤다고 할 수 있다. 구심력이 강할 때 중원 대륙은 하나의 강력한 왕조를 중심으로 정치적 통합을 달성하여 강력한 제국이 출현하고, 구심력이 약해지고 반대로 원심력이 강해지면 정치적 분열과 제국의 해체, 즉 소위 군웅할거(群雄割據)의 형세가 만들어진다.[76]

구심력이든 원심력이든 기존의 안정된 질서를 유지시키는 힘이 약화되고 새로운 힘이 작동할 때 정치적 지각 운동이 거세진다. 이렇게 거세진 지각 운동이 지정학적 대지진으로 발전할 때 한반도 같은 주변 지역도 그 여파를 크게 받을 수 있다. 가장 최근의 역사만 보더라도 19세기 후반 청나라가 몰락하고 무너지면서 중원 대륙의 정치적 질서에 원심력이 작동하기 시작하자 한반도는 주변 강대국들의 식민지 전리품을 위한 각축장이 되었고 결국 국권을 상실하는 처지에 이르게 된다. 해체된 제국 이후 약화된 중원 대륙은 한동안 내전과 분열을 반복하였고, 구심력이 다시 작동할 때까지는 또 다른 안정된 질서의 시기가 지속되었다.

그리고 최근 들어 중원 대륙에서는 강력한 구심력이 작동하기 시작했다. 중국의 지도자들이 중앙의 강한 정치력으로 내부 기강을 다잡고,

그 힘을 외부로 투사하여 과거의 제국을 부활시키기로 결정했기 때문이다. 이 새로운 대륙의 정치적 지각 변동과 지정학적 지진의 여파를 가장 먼저 직접적으로 받게 되는 지역에 한반도가 포함된다는 것에는 이론의 여지가 없을 것이다.

대륙에서 쌓이고 있는 구심력에 더해 중국 공산당 정권의 정치적 불안정성과 시진핑의 야심은 정치적 지각 운동을 더욱 격렬하고 불안정적이며 폭발성 있게 만들고 있다. 이제 2부에서 그 구심력의 근원을 살펴보겠지만, 시진핑은 덩샤오핑이 어렵게 구축하고 이후 나름 안정적으로 유지되어 온 후계 시스템을 해체한 뒤 미국의 세계 패권을 향한 도전에 나설 예정이다. 동시에 이러한 목표를 달성하는 과정에서 어떠한 정치적·경제적·사회적 대가도 감수하겠다는 의지에 충만해 있다.

중국의 중대한 변곡점은 이미 성큼 다가온 상태다. 이 책을 집필하고 있는 시점인 2022년 기준, 시진핑은 올해 가을에 진행 예정인 중국 공산당 당대회에서 그동안의 관례를 부수고 3연임을 확정 지으려 하고 있다. 그는 그 어떤 정치적 변수도 차단하기 위해 모든 노력을 쏟아붓고 있는 중이다.

예를 들어, 치명률도 많이 낮아진 오미크론 확산을 억지로 막기 위해 상하이 같은 초거대 국제도시를 완전 봉쇄해 버린 초강경 조치는 어떤가? 이에 대해 외부는 물론 중국 내부에서도 이해하지 못하겠다는 반응이 터져 나왔지만, 시진핑이 코로나 방역 승리를 3연임의 정치적 성과로 내세운 이상 정책적 유연성을 발휘하기란 애초에 불가능했다고 봐야 한다.

더불어 시진핑 정권이 노골적으로 드러낸 패권의 야심은 미국의 경계심을 폭발시켰고, 궁극적으로 미국이 중국을 글로벌 공급망에서 배제시키려는 외교적 노력에 총력을 기울이게 만들었다. 또한 본격적으로 중국을 고립시키겠다는 미국의 전략과 계획에 자유민주주의 진영 국가들을 중심으로 많은 나라들이 적극 동참하면서 중국에 대한 경계심이 미국뿐 아니라 전 세계적으로 확산되는 추세임을 방증해 주었다.

'차이나 쇼크'의 근원을 탐구해야 하는 이유

문제는 이 책을 읽고 계실 독자들이 살고 있는 한국이다. 중원 대륙의 지정학적 대지진이 한반도에 끼칠 차이나 쇼크는 이미 소개한 대로 사드 사태 등을 통해 한국을 강타했지만 문제는 이게 시작에 불과하다는 것이다.

2021년 요소수 공급 대란 사태에 이어 글로벌 공급망에 막대한 충격을 가한 2022년 상하이 전면 봉쇄 사태는 한국에도 또한 전례 없는 인플레이션의 형태로 영향을 미치는 중이다. 또한 미국 바이든 대통령이 주창하고, 한국을 비롯해 14개국이 참여하여 2022년 공식 출범한 IPEF(인도-태평양 경제 프레임워크, Indo-Pacific Economic Framework)는 중국이 맹렬하게 반발하는 것처럼 글로벌 공급망과 사실상 세계 경제에서의 중국 배제, 즉 '차이나 디커플링(decoupling)'을 도모하는 것이 목적인 기구라는 것이 부정할 수 없는 사실이다.

한국의 전체 대외 수출 중 무려 4분의 1인 25%를 소화해 주고 있는 중국이 IPEF의 목적에 따라 미국이 주도하는 세계 경제블록에서 배제되는 것이 본격적으로 현실화될 것을 생각해 보라. 한국 경제가 입을 경제적 충격은 그동안 한국이 겪은 대부분의 경제적 쇼크를 무색하게 만들 것이다. 그러므로 한국을 강타하는 차이나 쇼크는 이미 진행 중이며, 미래에는 더 큰 충격으로 다가올 것을 이제는 상수로 간주하고 대비해야 한다. 다름 아닌 바로 우리가 살고 있는 한국의 생존을 위해서 말이다.

모든 문제의 해결은 먼저 문제 그 자체를 있는 그대로, 또 객관적으로 바라보는 일에서 출발할 것이다. 1부의 서두에 언급했듯, 감정적이고 본능적인 직관에 의한 인지적 오류는 우리가 눈앞에 있는 대상을 있는 그대로 바라보는 걸 방해한다. 인지 회로에서 발생하는 오류를 피하기 위해서는 어떻게 해야 할까? 사태의 현황에서 조금 멀리 떨어져, 전체 맥락을 역사적으로 조망하고, 그 에너지의 근본적인 방향을 가늠하는 것이 좋은 방법이리라.

차이나 쇼크에 대한 접근 역시 마찬가지다. 차이나 쇼크를 야기한 이 지정학적 대지진과 정지적 지각 운동의 기원을 좀더 큰 차원과 넓은 맥락에서 살펴보면, 그에 대해 입체적으로 분석하고 대응 방안을 모색하는 일도 가능할 것이다. 그렇다면 결국 그 지정학적 대지진의 한가운데서 지각 운동을 더욱 격렬하게 만들고 있는 **시진핑이라는 인물의 사상적 기원과 시진핑 정권의 특수성**에 대해서 좀 더 깊이 있게 살펴보아야 한다.

시진핑의 기원과 굴기의 과정은 또한 구심력 운동이 갈수록 강해지던 최근 반세기 동안의 중국 현대사를 관통하는 이야기이기도 하다. 그래서 나는 시진핑의 인생 이력에서 정치적으로 의미심장하고 결정적인 사건들을 중심으로, 그가 살아온 중국 현대사를 찬찬히 되짚으며 거슬러 올라갈 것이다. 나는 그 루트를 차이나 쇼크에 대한 근원적인 대응책을 고민하는 출발점으로 삼고자 한다.

제2부

차이나 리스크의 기원과 축적

1장

2008년과 2012년 사이

> 당신은 나의 스승이었지. 그렇지만 지금 당신네 시스템을 보게. 우리가 더 이상 당신들로부터 배워야 하는지 모르겠네.
>
> — 2008년 금융위기 당시, 왕치산 중국 국무원 경제 부총리가 헨리 폴슨 미국 재무부 장관에게

내가 최근 중국 문제와 관련해 미디어나 온라인, 주위 사람들, 심지어 중국 내 여러 지인들과의 대화에서 흔하게 듣는 공통된 이야기가 하나 있다. 바로 시진핑의 성급함과 조급함에 대한 비판이다. '도광양회', 즉 적어도 50년간 미국에 맞서지 말고 속내를 감추며 힘을 기르라는 덩샤오핑의 유훈을 그가 지나치게 빨리 폐기했던 게 아니냐는 것이다.

굉장한 인내심과 높은 전략적 안목을 갖고 있던 덩샤오핑은 혹시나 세계 패권국 미국의 노여움이나 경각심을 초래하여 중국의 굴기가 중간에 좌절되는 것을 극도로 경계하였다. 그의 이러한 노파심이 만든 정책 기조인 도광양회는 그가 직접 지정한 두 후계자인 장쩌민과 후진타오 시대까지는 그럭저럭 유효했다. 하지만 처음으로 덩샤오핑의 후계자 지정과 무관하게 집권한 시진핑은 집권하면서 대내외에 공개적으

로 **'중국몽(中國夢)'**을 내세웠고 이는 누가 봐도 사실상 도광양회를 폐기하겠다는 선언이나 다름없게 비추어졌다.★

실제로 시진핑은 집권 후 노골적으로 중국의 패권을 추구한 게 사실이다. 그가 주변 국가에 중국의 힘과 의지를 투사하고, 미국 패권에 공개적으로 도전하였으며, 이로 인해 많은 나라들과 끊임없이 외교적 마찰까지 빚어진 것은 분명하다. 특히 미중 간 신냉전 발발로 국제적인 고립과 외교적 위기를 자초했다는 평가가 압도적인 상황이다. 문제는, 중국의 위기와 고립은 중국만의 문제로 끝나지 않는다는 것이다.

중국의 고립을 불러일으킨 내재적 이유는?

세계의 관측과 여러 부정적 평가를 종합해 보자. 이러한 비판들의 요지는 결국 시진핑이 중국 굴기의 성공에 지나치게 도취된 것이 아니냐는 문제의식에 맞닿아 있다. 덩샤오핑의 우려대로 중국은 속마음을 너무 일찍 드러낸 것이 아닌가? 시진핑 정권은 미국의 경계심을 섣부르게 건드려 미국과 미국 중심의 질서에 살아갈 수밖에 없는 여러 국가들의 대대적인 견제와 반격을 자초한 것이 아닌가?

실제로 현재 중국은 고립무원(孤立無援)의 상황이다. 미국은 지역 안보협력체 쿼드(Quad, 미국·인도·호주·일본 참여), 지역 군사 동맹 오커스(AUKUS, 미국·영국·호주 참여), 지역 경제 안보 플랫폼 IPEF(미국·한국·일본·인도·호주·베트남·인도네시아 등 14개국 참여) 등으로 중국을 겹겹이

★ 시진핑은 2012년 11월 제18차 당대회에서 총서기에 취임한 이후, 주요 회의와 행사 때마다 향후 10년간 중국이 나아가야 할 비전으로 '중국의 꿈(中國夢, 차이나 드림) 실현'을 천명했다. 그는 2014년 신년사에서도 "중국 인민은 중화민족의 위대한 부흥이라는 '중국의 꿈'을 추구하고 있다"면서 "각국 인민도 각자의 꿈을 이루기를 기원"했던 바 있다.—문유근, 『시진핑의 차이나 드림』, 북스타, 2021, 223p.

둘러싸며 중국에 대한 포위망을 완성해 나가고 있는 중이다. 물론 이 포위망은 미국 혼자 구축한 게 아니다. 중국을 둘러싼 주변 국가들의 호응이 없었으면 미국이 아무리 중국을 손봐야겠다는 의지에 충만해 있어도 이 정도로 중국을 고립시키는 건 불가능했을 것이다. 대중국 포위망에 협조한 국가들 대다수가 대외 교역량 비중에 있어 미국보다 중국 의존도가 훨씬 크다는 점을 고려하면 중국이 얼마나 국제적 인심을 잃었는지 알 수 있다.[1]

미국의 대중국 포위망 형성에 점차 협조하고 있는 한국 또한 원래 스탠스는 안보는 미국, 경제는 중국에 의존한다는, 소위 **'안미경중**(安美經中)'으로 불리는 '미중 간 양다리 걸치기 노선'이었다. 하지만 이 책의 1부에서 다룬 것처럼, 대한민국 또한 다양한 층위에서 차이나 쇼크를 겪은 게 사실이다. 그래서 양쪽으로 걸쳐 놓은 다리 중 하나를 빼야 한다는 여론이 갈수록 높아지며 한국 정부의 대중국 정책에까지 영향을 끼치게 되었다. 앞에서 지적했듯 한국의 대외무역 비중 1위 국가는 여전히 중국이며 무역 흑자의 많은 비중 또한 중국에서 거두고 있으나, 현재 국내 여론 중 중국과 시진핑에 대해 조금이라도 우호적인 목소리는 거의 찾아볼 수 없다.

심지어 20대 대통령 선거 운동 과정에서는 각 당 유력 대선 후보들이 중국 규탄에 경쟁적으로 나서는 흔치 않은 모습까지 연출되었다. 대선 선거전이 한참이던 시기에 터진 2022년 베이징 동계올림픽 쇼트트랙 편파 판정 논란은 국민들 사이에 반중 감정을 일시에 폭발시켰고, 윤석열 당시 국민의힘 후보 캠프와 민주당 이재명 후보 캠프뿐만 아니라 국민의당과 정의당 대선 캠프까지, 진영을 불문하고 모든 정치권이 일제히 중국 규탄에 한목소리를 내기도 했다. 과거 같았으면 국내 정치권이 국제 이슈에 초당적으로 같은 목소리를 내며 성토한다는 건 일본과의 갈등 정도 아니면 쉽게 볼 수 없는 광경이었을 것이다.

차이나 쇼크가 닥친 후 퍼진 중국에 대한 경계심, 그리고 중국의 오만한 행태에 대한 반감까지 더해진 상황에서, 현재 시진핑 정권의 패권적인 정책에 대한 역풍으로 곤란에 처한 중국을 바라보는 한국의 여론이 지극히 싸늘한 것은 충분히 이해할 만한 일이다. 그럼에도 감정적인 반중과 인과응보식 논리에 기반한 냉소적 비판에 그칠 경우, 향후 더 거세게 불어닥칠 차이나 쇼크를 우리가 과연 잘 대비할 수 있을지에 관하여 나는 상당히 회의적이다.

중국에 대해 한쪽으로 기울어진 분위기와 인식의 위험성은 사드 사태 전후로 극명하게 드러났던 바 있다. **사드 사태 이전까지 우리 사회의 대세였던 '중국에 대한 긍정 일변도의 분위기'가 정반대로 바뀐 지금은, 또 다른 의미에서 지나치게 극단적이다.** 예컨대 중국 내부 상황을 더욱 깊이 이해해야 한다거나, 중국의 정책 입안자들이 갖고 있는 입장과 관점을 냉정하게 살펴야 한다는 유의 주장은 우리 주위에서 거의 찾아보기가 힘들다.

이처럼 방향만 정반대로 바뀌었을 뿐, 과거와 같이 한쪽으로 편향된 분위기와 대중의 인식이 차이나 쇼크의 충격을 흡수할 사회적 체력과 국가적 역량을 키우는 데 과연 긍정적으로 작용할 수 있을까? 그 쇼크가 현실화되고 있는 지금, 우리는 시진핑과 그가 통치하는 중국을 오히려 더욱 중립적이고 객관적으로 파악해야 하는 건 아닐까?

그래서 내가 앞으로 하고 싶은 이야기는 중국과 시진핑에 대한 상투적 비판과 성토가 아니다. 나는 시진핑이 과거와 단절하고 자신의 정책을 결심하고 내세우게 된 동기와 과정을 최대한 그의 입장에서 살펴보고자 한다. 이는 일종의 내재적 접근법이라 할 수 있을 것이다.

그렇지만 나는 물론 시진핑에게 정당화의 핑계와 면죄부를 주겠다는 것이 아니다. 또 그의 옳고 그름을 따지고자 하는 것도 아니다. 나는 다만 그를 좀 더 입체적이고 심층적으로 이해하고자 할 뿐이다. 불멸의 고전 『손자병법』에 나오는 병법의 제1원칙은 바로 그 유명한 '지피지기 백전불태'(知彼知己百戰不殆, 적을 알고 나를 알면 절대 위태롭지 않다)이다. 그

지혜로운 시각에 따른다면, 우리가 만일 시진핑을 적이라고 생각하면 생각할수록 그는 어떤 사람이고, 그는 왜 그런 사람이 되었으며, 그는 왜 지금과 같이 행동하는가를 정확하게 파악하는 일이 더 절실하다고 할 수 있다.

그래서 나는 내재적 접근법의 일환으로 시진핑의 과거로 돌아가, 그의 입장에서, 그가 당시 받은 영향과 환경을 고려하며 그의 동기와 생각을 살펴보려고 한다. 시진핑 시대가 앞으로도 당분간 계속될 것인 만큼 여러 심리적 편향에서 벗어나 시진핑에 대해 최대한 객관적으로 바라보는 것이 향후 차이나 쇼크에 대한 적절한 대비책을 찾는 일에 단서를 제공할 수 있다는 것이 나의 판단이기 때문이다.

'시진핑 세계관'을 확립한 두 개의 결정적 사건

현재 시진핑 정권의 성격과 정책적 방향이 결정된 배경에 대해, 나는 크게 두 가지로 분류하여 설명하고자 한다. 첫 번째는 사건(event)이고, 두 번째는 시진핑 본인의 세계관(outlook)이다. 아마도 사건과 세계관은 양방향에서 서로 영향을 주었을 것이고, 복잡하게 얽혀서 결국 오늘날 시진핑 정권의 방향성을 형성하였을 것이다.

그의 '세계관'부터 말해 보자. 시진핑 세계관에는 두 개의 축이 있으며, 우리는 그 축을 제대로 파악해야만 지금 중국이 보여 주는 위험한 현실을 직시할 수 있다. 그럼 시진핑의 두 축이란 무엇인가? 그는 자신이 생각하는 마오쩌둥 시절의 긍정적 유산을 계승하여 덩샤오핑 시대의 부작용과 부정적인 면을 극복하자는 일종의 신(新)마오주의자이면서 동시에 미국과 서구의 몰락과 중국의 부상을 기정사실로 믿는 반서구적 전통보수주의자이다. **신마오주의와 전통보수주의.** 이게 시진핑 세계관을 가장 핵심적으로 압축한 두 가지 축이다.

이러한 시진핑의 세계관은 시진핑 집권 전 두 가지의 대형 '사건'으로 인해 본인 스스로도 더욱 확신을 갖게 되고, 동시에 외부적으로도 설득력을 얻게 된다. 바로 **2008년 글로벌 금융위기와 2012년 보시라이 정변 위기 사태**다. 중국이라는 거대한 항공모함이 이 두 사건을 계기로 변침(變針)하여 30여 년 동안 항해해 온 항로에서 이탈하게 되었으니, 이 사건들이 이후의 사태 진전에 끼친 영향은 이루 말할 수 없을 정도다.

글로벌 금융위기가 시진핑과 중국 공산당에게 미국으로 대표되는 서구의 몰락과 중국의 굴기 시대가 도래했음을 확신한 계기가 되었다면, 보시라이 사태는 시진핑으로 하여금 덩샤오핑 시대의 유산이 가진 부정적인 면을 그간 홀대받던 마오쩌둥의 유산으로 극복할 필요성을 더욱 절실히 느끼게 만든 계기가 되었다. **시진핑 시대는 2013년부터 시작되었지만, 한국과 전 세계에 차이나 쇼크를 가져올 시진핑 정권의 이념적 노선은 집권 이전 4년 동안의 기간인 2008년부터 2012년 사이에 형성되었던 것이다.**

이 4년 동안의 시간 사이에 두 사건이 시진핑 본인의 세계관과 집권 후 계획을 어떻게 더 확신시키고 더 강화시켰는지를 이해하려면, 우선 시진핑의 인생 역정과 그 시대 중국의 변혁 과정에 대한 대략적인 설명이 필요할 것이다. 즉 시진핑의 세계관이 형성되는 과정, 시진핑이 정권을 잡기 전까지의 중국 공산당 내 정치 상황 위에 저 두 가지의 '빅 이벤트'를 얹힌 구도로 본다면 현재 시진핑 정권의 행태에 대한 이해가 훨씬 더 용이하리라.

2부는 이런 관점을 토대로 구성되어 있다. 나는 먼저 시진핑이 자신의 가장 기본적인 세계관과 정치관을 형성하며 질풍노도의 유년 시절과 청년 시절을 보냈던, 중국 현대사에서 가장 어두웠던 시기인 마오쩌둥 말기 문화대혁명 시대에서 이야기를 시작할 것이다. 이후 시진핑이 본격적으로 정계에 진출한 바로 그 시점에 마침 덩샤오핑의 개혁개방 정책이 시작되었던 것도 중요하다. 나는 개혁개방을 통해 폭발적으로 성장하던 중국 연해안 도시들에서 그가 지방정부 행정가를 두루 거쳐 중앙정치인으로 성장하던 시기에도 주목한다.

나아가 시진핑이 강력한 경쟁자들을 제치고 최고 권력을 장악해 나가던 때에는, 중국은 정치적·사회적으로 심각한 국가 위기 상황과 맞닥뜨린다. 나는 그가 중국 공산당의 권력구조적인 측면에서 어떻게 그 위기를 자신에게 유리한 방식으로 활용할 수 있었는지를, 그가 어떻게 '최고 권력자'에서 '절대 권력자'가 될 수 있었는지를 살펴볼 것이다. 그리고 시진핑의 최종 목표가 무엇이며, 그것이 어떤 의미에서 차이나 쇼크의 기원과 축적, 폭발이라는 현상과 맞물려 있는지를 차근차근 되짚을 것이다.

그럼 우선 중국 대륙 전체가 유토피아적 공산주의 혁명의 열기에 한참 도취되었던 근 반세기 전으로 돌아가 보자. 그곳에서 바로 꿈 많던 소년 시진핑을 만날 수 있기 때문이다.

2장

시진핑 비기닝

굴절 많은 소년 시대와 분투하는 청년 시대를 보낸 시 총서기(시 주석의 당 직책)에게 량자허 7년은 의심할 바 없이 인생 경험 중 매우 중요한 시작점이었다.

—『시진핑, 7년간의 지식청년 세월习近平的七年知青岁月』(공산당중앙당교출판사, 2017) '서문' 중에서

내가 시진핑의 성장 과정을 살펴볼 때, 가장 먼저 떠오르는 키워드는 바로 스톡홀름 증후군★이다. 시진핑은 태자당이라고 불리는 중국 공산당 1세대 최고위층 자녀 출신이라 어린 시절은 비교적 유복한 환경에서 보냈지만, 청소년기에 접어들어 마오쩌둥 실정의 직격탄을 맞게 된다. 즉, 시진핑 역시 마오쩌둥이 일으킨 비극, 문화대혁명의 대표적

★ 스톡홀름 증후군(Stockholm syndrome)은 인질이 범인에게 동조하고 감화되는 비이성적인 심리 현상이다. 피해자가 가해자를 변호하는 현상이며, 인질이나 피해자였던 사람이 자신의 인질범이나 가해자에게 마땅히 느껴야 될 공포, 증오의 감정이 아닌 오히려 애착이나 온정과 같은 감정들을 느끼는 것을 일컫는다. 1973년 스웨덴의 수도, 스톡홀름에서 실제 발생했던 은행강도 사건에서 따온 명칭이며, 인질이 아니더라도 일부 매맞는 배우자나 가족의 일원, 학대받는 아이들도 이와 유사한 심리 상태를 나타낸다고 한다.

피해자 중 한 명이었다는 이야기다.

하지만 놀랍게도 시진핑은 마오쩌둥의 결정으로 인해 본인이 겪은 고통과 고난에서 긍정의 의미를 찾고, 심지어 마오쩌둥을 자신의 정신적 아버지이자 롤모델로서 자신의 세계관의 기초로 삼는다. 그렇기 때문에 나는 시진핑의 성장 과정과 그의 가장 기초가 되는 세계관이 형성되는 과정을 보면서 이 증후군을 떠올렸던 것이다.

집권 후 개혁개방을 더욱 적극적으로 펼칠 것이라는 많은 사람들의 기대 및 예측과 달리, 그가 줄곧 회귀적이고 수구적인 노선을 견지해 온 배경을 추적해 보면 어린 시진핑이 마오쩌둥 사상에 감화되었던 문화대혁명 때까지 거슬러 올라가야 한다. 그리고 거기에는 스톡홀름 증후군을 떠올리게 할 만큼 가해자의 폭력에 길들여지고 심지어 그 폭력을 내면화했던 시진핑의 과거, 그 뜻밖의 이야기와 마주하게 된다.

대약진운동(大躍進運動)과 더불어 중국 현대사 최악의 참사로 평가받는 **문화대혁명**은 일반 중국 인민뿐 아니라 중국 공산당 핵심 간부들과 그 가족들에게도 엄청난 고통과 비극을 안겨 주었다. 그리고 그 핵심 간부에는 시진핑의 아버지인 시중쉰(習仲勳) 국무원 부총리도 포함되어 있었다.[2]

문화대혁명의 참혹한 결과

마오쩌둥은 왜 자신과 함께 대륙의 공산혁명을 성공시킨 혁명 동지들을 사지(死地)로 몰아넣은 문화대혁명을 일으켰던 것일까? 마오쩌둥이 문화대혁명을 일으킨 가장 큰 동기로는 권력욕이 꼽힌다. 대약진운동의 실패 때문에 잃어버린 실권을 되찾으려는 게 주된 이유였다는 것이다. 이와 동시에 다른 주요한 동기로 제시되는 것은 바로 그 자신의 이념적 경계심이었다.

마오쩌둥이 야심 차게 추진한 대약진운동이 3~5천만 명으로 추정되는 아사자를 남기고 끔찍한 실패로 끝나자 중국 공산당 내 비교적 실용주의적 관료 성향의 인물들은 정책 주도권을 쥐고 농촌 생산성 회복에 주력하였다. 순수 사회주의 이념에 기초하지 않고 생산성 향상에 목적을 둔 현실주의적 정책이 중국 전역에 시행되자 마오쩌둥은 점점 초조해졌다. 중국에 사회주의 이상 낙원을 건설하기 위해 죽을 고생을 해서 자본가를 타도하고 공산혁명을 성공시켜 놓았더니 이러다가 다시 자본주의로 서서히 돌아가 버릴 것이라는 게 그의 우려였다. 그것도 반동세력들도 아닌 자신들의 혁명 동지들의 손에 의해서라니, 더욱 기가 막힌 일이었을 것이다.

이렇게 당이 이념적 순수성을 잃고 우경화(右傾化)되어 사회주의 중국을 파괴하는 것을 그는 묵과할 수 없었다. 그래서 자신이 죽기 전에 나서서 이 사태를 바로잡을 필요가 있었고, 그 수단으로 문혁을 일으켰다는 것이 그의 이념적 경계심을 동기로 둔 해석이다. 아마도 마오쩌둥의 심리에는 잃어버린 권력에 대한 집착과 자신과 혁명을 배신한 동지들에 대한 증오심 등이 복잡하게 섞여 있었다고 보는 게 적당할 것이다.

어찌 되었든 마오쩌둥이 남긴 복수와 응징의 결과는 참혹했다. 수많은 중국 공산당 최고위급 지도자들이 자리에서 쫓겨나고 극심한 린치와 박해를 받아야 했다. 이때는 지도자 본인뿐 아니라 그의 가족들까지 반동분자와 우파로 몰려 심각한 탄압을 받았다.

인명 피해도 심각했다. 국가 주석이었던 류샤오치(劉少奇)와 국방부장까지 지낸 펑더화이(彭德懷)처럼 결국 린치와 조리돌림으로 죽은 사람들도 있었으니, 모든 직위에서 박탈당하고 공장이나 농촌으로 쫓겨나 막노동에 몰린 덩샤오핑이나 천윈(陳雲) 같은 사람들은 오히려 운이 좋았다고 할 수 있을 것이다. (물론 덩샤오핑은 개인적으로 자기 장남이 홍위병들의 고문에 못 이겨 투신자살을 시도하다 평생 휠체어가 필요한 장애인이 되는 큰 비극을 겪는다.[3])

문혁 당시 마오쩌둥의 장기 말로 이용되던 4인방과 그들을 추종하는 당내 극좌파들 외에 거의 모든 공산당 당원들은 자신의 가족들과 이런저런 핍박과 박해를 당하게 된다. 덩샤오핑 집권 후 총서기에 올랐던 역대 최고 지도자들도 거의 예외가 없었다. 후야오방(胡耀邦)은 홍위병들에게 끌려가 구타를 당하며 공개 자아비판을 강요당하는 끔찍한 모욕을 당했고, 자오쯔양(趙紫陽)은 4년간 공장에서 육체 노동자로 일해야 했으며, 장쩌민은 2년간 수용소에서 강제 노동에 시달려야 했다. 그나마 수력발전소에서 엔지니어로 일하는 덕에 별다른 고초를 겪지 않은 후진타오가 예외적인 행운을 누렸다고 해야 할 것이다.

그들 모두 젊은 시절부터 목숨 걸고 혁명과 항일 투쟁을 하며, 평생을 조국의 사회주의적 대의를 위해 헌신했다는 자부심에 가득했던 당의 지도자급 인사들이었다. 이들이 갑자기 하루아침에 반동 우파로 몰려 이제 갓 10대 청소년에 불과한 철부지 아이들에게 집단적 린치를 당했으니, 그 육체적이고 정신적 고통은 이루 말하기 힘들 정도였을 것이다. 그들에게 문화대혁명은 개인적으로는 평생 동안 갈 정신적 트라우마였을 것이고, 국가적으로는 중국 전체를 파탄으로 내몰았던 국가적 대참사로 인식되었을 것이다.

그래서 중국 공산당이 마오쩌둥 사후 광범위한 당내 합의를 통해 4인방과 극좌 세력을 숙청하고, 마오쩌둥의 모든 극좌 정책을 뒤집어 개혁개방 정책을 시행하는 것도 비교적 쉬웠을 것이다.[4] 하지만 역대 중국 최고 지도자들 중 모두가 이 시절을 지옥과도 같은 끔찍한 기억으로 간직하고 있는 것은 아니다. 오히려 그 시절을 미화하고 심지어 긍정적인 추억으로 간직하는 예외적인 사람이 한 명 있었으니, 그가 바로 시진핑이다.

시진핑의 하방(下放) 시절

시진핑이 문화대혁명을 긍정적 기억으로 간직할 수 있었던 배경이 있다. 우선 문혁이 불러일으킨 끔찍한 정치적 재앙의 직접적 칼날에서 시진핑 일가는 살짝 비켜서 있었기 때문이었다. 1966년 문혁이 발발하고 나서 마오쩌둥이 응징하려고 한 최우선 표적은 현직에 있는 최고 지도부였다. 당시 국가주석 류샤오치, 부총리 덩샤오핑 등 저우언라이(周恩來)를 제외한 거의 모든 최고 지도부가 자리에서 쫓겨나서 심하면 인민재판을 겪었고, 그렇지 않을 경우 하방되어 고된 노동에 내몰리게 되는 비참한 처지를 맞이한다.

하지만 시진핑의 부친인 시중쉰은 상당히 운 좋게도(?) 문혁 발발 전인 1962년 정치적 사건(소위 '류즈단 필화 사건')에 휘말려 정치적으로 숙청되어 있었다. 시중쉰은 이미 지방으로 쫓겨나 있었기 때문에 막상 문혁 발발 후에는 4인방 등 당내 극좌 세력이 지휘 선동하는 홍위병들의 표적에서 벗어나 있게 된다. 같은 태자당 출신이자 훗날 시진핑의 정치적 라이벌이 되는 보시라이(薄熙來)가 홍위병들로부터 살아남기 위해 몽둥이로 자신의 아버지인 보이보(薄一波)를 직접 구타하도록 내몰리게 된 것에 비하면 매우 운이 좋았다고 할 수 있을 것이다.

하지만 시진핑도 결국 숙청된 아버지에 뒤이어 당에서 축출된 후, 문혁이 절정에 이르던 1969년 산시성 옌안 동북쪽 량자허라는 산속 토굴 마을로 하방을 당한다. 이때 본인 생각에도 자신의 처지가 비교적 운이 좋았다고 생각했는지 훗날 2004년 저장성 당서기 시절 어느 지역 TV 인터뷰에서 당시 시절을 이렇게 회상한다.

> "옌안으로 가는 상산하향(上山下鄉) 전용 열차에서 학생들은 거의 모두 울었다. 내가 탄 객차 칸에 울지 않는 학생들이 하나도 없었다. 그런데 나만 웃었다. 한 친구가 물었다. 너는 왜 울지 않느냐고. 나는 이 기차

에 타지 못했으면 울었을 건데, 만일 내가 베이징에 남는다면 언제 죽을 목숨인지도 모르는데 떠나는 게 이 얼마나 좋은가? 너희들은 왜 우는데? 그러자 훌쩍이던 학생들은 미소를 짓기 시작했다."[5]

중국 공산당이 한때 혁명의 본거지로 삼았던 옌안 산속 토굴 마을에서 보낸 7년은 시진핑 인생에서 매우 중요한 시기가 된다. 평범한 청소년에 불과한 시진핑이 처음으로 정치적 사건에 휘말려 비로소 '정치인 시진핑'으로 최초의 각성을 했던 때라고 할 수 있을 것이다. 이 7년의 시기가 본인 인생에 얼마나 각별하고 의미 있는 시절이었는지는 시진핑 본인 입으로 여러 차례 강조된다.

대표적으로 2012년 푸젠성 성장을 지낼 때《서부대개발》9월 호에 직접 게재한 〈나는 황토땅의 아들이다我是黃土地的儿子〉에서, 시진핑은 이 시절을 '정치인 시진핑'이 각성한 결정적 계기였다고 고백한다. 그는 낯선 환경에서 현지 농민들의 불신과 냉대를 받아 한때 깊은 고독에 빠졌지만, "진실로 농민들과 하나가 되고 고단한 나날의 시련을 견디어 내기로 다짐했다"라고 술회한다.

그리고 자신은 량자허에서 필생의 큰 두 가짐을 배웠다며, "하나는 무엇이 실사구시이며 무엇이 군중이라는 실체인지 온몸으로 깨달았다"는 것, "다른 하나는 칼은 돌 위에서 날카로워지고 사람은 역경 속에서 단련된다는 진리를 실천으로 체득했다"라고 말한다. 자신의 성장과 발전은 산베이 7년 생활에서 출발했다며, 22세 나이로 황토땅을 떠날 때에는 "이미 견고한 인생목표를 가졌고 자신감으로 충만했다"는 것이었다.[6]

물론 베이징에서 부족함 없이 풍족하게 살던 청소년 시진핑이 황량하고 원시적인 산속 토굴 마을에서 처음부터 잘 지낸 건 아니었다. 고달픈 산속 농촌 생활을 견디다 못해 3개월 만에 몰래 베이징으로 도망쳤다가 이모부 내외의 권유로 다시 돌아가기도 했었다. 초기에 잘 적응하지 못해 농촌사회에서 겉돌기만 했던 시진핑은 자신의 회고록에 썼던 그대로 기층 농민들의 삶 속으로 들어가 마오쩌둥이 자신에게 부여한 시련과 고통의 의미를 모색하기 시작한다.

정치적 미화를 감안하고 봐야겠지만, 당시 시진핑을 목격했던 량자허 마을 사람들의 증언에 따르면 청년 시진핑은 어느 순간부터 궁벽한 생활환경을 불평 없이 받아들이고 어려움에 처한 촌민을 기꺼운 마음으로 열심히 도우며 마을 환경 개선을 위해 자발적으로 나섰다고 한다. 확실히 당시 하방 시절 찍힌 사진 속 시진핑의 얼굴은 불평불만에 쌓여 억지로 노동에 투입된 사람의 표정과는 꽤나 거리가 있어 보인다.

마오쩌둥의 유산은 그에게 무엇을 남겼나

내 생각에 시진핑은 마오쩌둥이 자신에게 준 시련을 '철없던 어린 시진핑'을 '인격적으로 성숙한 어른 시진핑'으로 거듭나게 해준 소중한 훈련의 장으로 받아들였던 것 같다. 스톡홀름 증후군에서 피해자가 가해자의 행위와 의도를 긍정하고 내면화하듯이 말이다. 사실 시진핑의 이 결론은 **마오쩌둥이 문화대혁명을 일으키고 혁명 동지들을 하방시켰던 의도**에 정확히 부합하는 것이었다. 마오쩌둥이 자신의 동지들과 가장 가까운 부하들을 산간벽지와 궁벽한 농촌, 공장 등으로 하방시킬 것을 결심했을 때, 그는 권력을 잡은 뒤 혁명정신을 잃어버리고 우경화된 그들이 기층 민중의 삶 속에서 부대끼며 반성하고 다시 혁명화되어 거듭나기를 기대했으니 말이다.

하지만 마오쩌둥의 의도를 궁극적으로 긍정한 시진핑의 이러한 결론은, 비극적 동시대를 겪었던 대다수 다른 이들의 결론에 비하면 비주류라고 할 수 있었다. 실제로 1976년 마오쩌둥의 죽음과 4인방의 체포로 문화대혁명이 종료된 후 중국 공산당이 문혁에 내린 공식적 평가는

"당과 국가, 인민에게 건국 이래 가장 엄중한 좌절과 손실을 겪게 했으며", "이는 마오쩌둥 동지가 발동하고 영도했다"로 정해졌다.* 당내 압도적인 여론은 문혁에 대해 극히 비판적이었으며, 문혁을 비현실적 극좌 이상주의에 대한 마오쩌둥의 집착과 권력욕에 미친 4인방의 부추김으로 인해 발생한 것으로 규정했다. 그 집단 광기가 자신들의 삶뿐만 아니라 중국 전체를 파멸 직전까지 몰고 갔던 참극으로 해석하는 것에 이의를 제기하는 사람은 거의 없었다.

그렇게 당으로부터 공식적으로 부정당한 마오쩌둥 시기의 유산과 가치가 부활하는 모습을 목격하기 위해서는 다시 오랜 기간이 필요했다. 이 시기의 기억을 미화된 채로 내면에 깊이 간직한 청년 시진핑이 우여곡절을 거쳐 최고 지도자로 등극하게 된 기간만큼 말이다.

---

* 1981년 6월 27일 열린 공산당 제11기 6중 전회에서 통과된 중국 공산당 2번째 역사결의로서, 정식명칭은 '건국 이래 당의 약간의 역사 문제에 관한 결의(关于建国以来党的若干历史问题的决议)'이다.

3장

중국 특색의 사회주의 시장경제

마오쩌둥의 죽음 후 4인방이 몰락하고 문혁이 종료되면서 시진핑도 베이징에 돌아올 수 있었다. 대약진 운동과 문화대혁명으로 극도로 피폐해진 중국을 회복시켜야 한다는 광범위한 당내 컨센서스 덕에 덩샤오핑이 비교적 순조롭게 권력을 잡을 수 있었고, 1978년 역사적인 중공 11기 3중전회★를 통해 개혁개방을 당의 공식 노선으로 관철시키는 데 성공한다. 개혁개방이 시작된 후 시진핑이 집권하기 직전인 2012년까지 약 30년간 중국은 인류 역사상 가장 빠른 경제 성장을 경험한다.[7]

하지만 이 시기를 단순히 경제적 고도 발전 시기만으로 규정짓기에는 뭔가 많이 부족하다. 이때 중국의 정치, 경제, 사회 등 거의 모든 영역에서는 중국 공산당의 공식 표현인 **'중국 특색의 사회주의 시장경제'** 만큼이나 온갖 모순과 충돌이 흘러 넘치고 있었다. 그 모순과 충돌을 야기시킨 변화 중에는 이 30년을 디자인한 중국 최고 지도자 덩샤오핑과 그의 측근들이 의도한 것도 있었고 전혀 의도하지 않았던 것도 있었다.

★ 제11기 중국 공산당 중앙위원회 전체회의 중 세 번째 회의를 뜻하며, 보통 이 3기에 지도부 5년 임기 내 시행할 주요 정책을 결정한다.

또한 중국의 이 30년은 경제발전의 결과가 찬란히 빛나는 만큼이나 어두운 그림자도 짙게 드리우게 되는 시기였다. 폭증하는 부의 크기만큼 부패가 사회 곳곳에 뿌리 깊게 뻗어 나갔고, 사회는 지역과 계층으로 균열되었으며, 시장경제의 도입과 경제성장에 따라 새롭게 발생한 심각한 사회 문제들의 해결 방안을 두고 중국 공산당조차 내부적으로 분열되어 갔다. 중국이 세계 경제에 깊숙이 편입되어 글로벌 공급망의 가장 큰 축이 되어 갈수록 중국과 세계가 어떤 관계를 맺어 나가야 하고, 중국이 어떻게 변해 가야 할지에 대한 의견 대립이 더욱 첨예해졌다.

이에 대해 우파는 더욱 진전된 시장화와 심화된 개혁을 주장하였고, 좌파는 국가의 역할 강화를 통해 해결책을 모색했다. 개혁개방과 경제발전의 결과로 중국 사회가 다원화되자 중국에서도 미약하게나마 시민사회가 생겨났기 때문에 당 밖에서 탄압과 처벌을 각오하고 중국에 서구식 대의민주주의 도입을 요구하는 주장도 생겨나기 시작했다. 정반대에서는 중국이 개혁개방 이후 국부인 마오쩌둥 주석의 정신으로부터 너무 많이 이탈하고 변질되었다면서 다시금 마오이즘에 기초한 극단적 국가 통제 시대로 회귀해야 한다고 극좌세력들도 생겨났다.

"중국은 이제 어디로 가야 하는가"

국가 문제 해결과 중국의 미래에 대한 이런 백가쟁명 상황에서 주요 정책의 줄기를 만들고 집행하던 중국 공산당의 테크노크라트(Technocrat, 기술 관료)들은 경제 영역에 한정된 개혁개방과 점진적 시장화를 추진하며 덩샤오핑의 유훈과 노선을 충실히 이행하기 위해 노력하였다. 덩샤오핑이 직접 지정한 후계자들인 장쩌민과 후진타오 두 명의 국가 주석부터 모두 이공계 출신인 테크노크라트일 정도로 개혁개방 시기 중국은 공학에 정통한 기술 관료들이 나라를 이끌었다.★ 하지만 중국의 발전이 계속되고 중국의 국력이 커질수록, 또 중국의 시장화가 진전될수록 정치적·사회적 긴장은 팽팽해져 갔고 그 속에서 균형을 맞춰 안정을 유지하는 것이 점점 더 힘들어졌다.

중국 공산당은 사회주의라는 명목으로 권력을 독점하며 민주주의에 대한 요구를 일축했지만, 경제적으로는 개인 소유와 시장화 원리를 도입하여 경제발전을 추구하고 있었다. 경제발전 초기 단계에는 이런 상충되는 근원적 모순을 현실적인 필요라는 명분으로 어떻게든 끌고 갈 수 있었다. 하지만 급격한 경제발전의 결과 기업들이 사회에 끼치는 영향력이 커지고, 빈부 격차가 상상을 초월할 정도로 커졌으며, 중국 공산당 내부로 깊게 파고든 부패는 명목상 내세운 사회주의 중국이라는 간판을 점점 우스꽝스럽게 만들었다.

마오쩌둥 개인에 대한 일인 권력 집중이 초래한 폐해를 누구보다 절실히 체감했던 덩샤오핑은 집권 후 국가와 당 최고 권력을 9명의 공산당 상무위원으로 분산하는 조치를 취한다. 이는 덩샤오핑 사후 자연스럽게 정치적 파벌들이 등장하는 결과를 초래하였고, 개혁개방의 부작용에 대한 원인과 해결책에 대한 상이한 관점이 더해지면서 당내 분열이 가속화되는 결과를 낳았다. 상무위원 내에서도 정치 개혁을 통한 문제 해결이라는 민감한 주장을 내세우는 인물이 나왔고, 마오이즘의 향수를 자극하는 인물 역시 등장했다.

중국이 거둔 너무 큰 성공으로 인해 이제 **'중국은 그다음에는 어디로 가야 하는가'**에 대한 근본적인 문제에 마주하게 된 것이었다. 그리고 덩샤오핑은 죽기 전 '격대지정'(隔代指定, 자기 후임자와 그다음 후임자까지 지정한다는 뜻)을 통해 장쩌민에 이어 후진타오까지 직접 후계자를 지정

★ 장쩌민은 상하이 자오퉁대학에서 전기공학을 전공했고, 후진타오는 칭화대학에서 수리공정학을 전공하였다. 시진핑 또한 박사학위는 법학으로 취득했으나 학사학위는 칭화대 화학과에서 받았던 이공계 출신이다.

하였기 때문에, 중국이 마주한 이 질문에 대해 답을 내놓아야 할 임무는 후진타오 후임자의 몫이 되어 버렸다. 그 답을 내놓아야 할 중책을 누가 맡을 것인가에 대해 많은 설왕설래가 있었지만 2007년 3월 상하이 당서기에 깜짝 인물이 발탁되었다는 뉴스가 뜨기 전까지 시진핑이 그 주인공이 될 것이라고 예측한 사람은 별로 없었다.

확실히 2007년 3월 시진핑의 상하이 당서기 발탁은 중요한 사건이었다. 그 전까지 별로 주목받지 못했던 시진핑 정치 커리어에서 가장 큰 전환점이었던 것이다. 그 이후 2008년 세계 금융위기와 2012년 보시라이 정치 스캔들까지 터지며, 시진핑은 오늘날 모두가 다 아는 것처럼 마오쩌둥 이후 가장 강력한 중국 최고 권력자로 거듭난다. 2007년 3월 시진핑이 상하이 당서기로 깜짝 발탁한 배경에는 2006년 상하이 당서기인 천량위(陳良宇)의 낙마가 있었다. 2006년 천량위의 실각, 2008년 글로벌 금융위기, 그리고 2012년 보시라이 사태까지, 이 세 가지 사건은 시진핑 시대로 가는 결정적 변곡점으로 꼽힐 수 있을 것이다.

개혁개방이라는 거대한 물결

2007년 3월 상하이 당서기로 발탁되어 대권에 결정적인 우위를 차지하기 전까지 시진핑의 정치적 커리어는 함께 손꼽힌 라이벌들에 비해 크게 특출한 점이 없었다. 특출한 점이 없을뿐더러, 두각을 나타낸 라이벌에 비해 별다른 존재감을 드러낸 적도 거의 없었다. 평범한 차기 지도부 후보자들 중 한 명에 불과했다는 말이 아마 가장 어울리는 수식어였을 것이다.[8]

청소년기에 하방되어 강렬한 체험을 했던 것 때문인지 시진핑은 자신의 정치적 커리어를 황량한 농촌 지역인 허베이성 정딩현 현서기로 시작하는 것을 선택한다. 그리고 개혁개방 정책이 본격적으로 시동을 걸자 그는 개혁개방 최전선 지역으로 이동한다. 개혁개방의 수혜를 가장 많이 받고 제일 먼저 부유해진 동부 연해 지역에 속하는 푸젠성과 저장성으로 말이다. 그가 1982년부터 푸젠성과 저장성 지역에서 조용히 행정직 커리어를 쌓으며 지내는 동안 중앙에서는 개혁파 대표 주자 후야오방의 낙마, 천안문 민주화 운동, 남순강화, 사유재산 권리 헌법 보호 등 정치적으로 민감한 풍파들이 터졌다.

하지만 이 시기 시진핑이 특별히 자기 목소리를 내거나 튀는 주장을 했다는 기록은 거의 없다. 이 당시 중앙에서의 지방 행정 관료들에 대한 평가 기준은 해당 지역 경제성장과 소득 상승이 주요 기준이었기 때문에 시진핑도 여타 지역 관료들처럼 지역 경제 활성화를 위한 외자 유치에 매달렸다. 푸젠성과 저장성은 연해에 위치한 지리적 이점으로 인해 개혁개방 초기부터 수출 가공 무역을 위한 해외투자의 집중 대상 지역으로 주목받았다. 젊은 관료들에게는 손쉽게 업무적 실적을 쌓을 수 있는 인기 있는 지역이었다.

시진핑은 비교적 쉽게 정치적 실적을 쌓을 수 있는 곳에서 지내며 조용하고 무난한 세월을 보냈다. 워낙 존재감이 없었는지 1997년 열린 중국 공산당 당대회인 제15차 전국대표대회에서 공개적인 망신을 당했던 일도 있었다. 그 전해인 1996년 드디어 푸젠성 부성장에 올라 성급 단위 지도부가 되어, 중국 공산당 전국구인 중앙위원회 후보위원단에 출마했다가 150명 정원에 151위를 차지하는 수모를 겪었기 때문이다.

당시 소문에 의하면 이때 시진핑은 국가 주석이자 총서기였던 장쩌민의 배려로 후보위원 정원을 갑자기 한 명 추가하는 편법을 써서 간신히 중앙정치에 정식으로 진입했다고 한다.[9] 결정적인 순간 혁명원로 2세라는 타고난 정치적 자산 덕에 위기를 벗어난 걸 보면, 그의 정치적 수완이나 입지가 정치인 이력 초기에는 결코 탄탄하지 않았다는 걸 암시한다고 볼 수 있다.[10]

시진핑은 곧이어 저장성 당서기로 옮긴 후 마침 2000년 중국의

WTO 가입 후 몰아닥친 외국 자본 중국 투자 붐과 폭발적 수출 증가 붐을 톡톡히 보면서 계속해서 비교적 순탄한 세월을 보낸다. 문혁 한가운데서 청소년기와 청년기를 보낸 그는 중년에 접어드는 시기에 지역 경제 발전을 위한 기업육성과 외자유치 전도사가 되어 여기저기 바쁘게 뛰어다니는 일종의 세일즈맨이 되어 버린 것이었다. 어린 시절에는 농촌으로 쫓겨나 거친 인민복을 입고 기층 민중들에게 혁명정신을 배우라고 강요받다가 이제는 말끔한 정장을 입고 외국 기업인들에게 투자유치를 부탁하는 이 극적인 인생 변화를 시진핑은 어떻게 자기 내면에서 모순 없이 조화해낼 수 있었을까?

물론 시진핑만이 이런 양극단을 오갔던 기구한 삶을 산 건 아니었고, 이는 시진핑 세대 다수가 겪은 역설이기도 했다. 그 역설은 **1978년의 개혁개방이라는 거대한 물결**을 빼놓고는 설명할 수 없다. 중국 현대사의 지난 60년은 개혁개방으로 인해 근원적인 분기점을 맞게 되었고, 개혁개방 이전 30년과 이후 30년은 서로 정면 충돌하는 성격이 짙다. **이처럼 개혁개방 이전과 이후라는 '두 개의 30년' 모두를 긍정하고자 하는 건 시진핑 집권기의 본질적인 특징이라고 할 수 있다.**

훗날 시진핑은 두 시기 모두에 역사적 정통성을 부여하면서 억지가 느껴지는 역사관을 설파하고, 개혁개방 노선을 유지하는 듯하면서도 마오쩌둥 시대의 유산이 강하게 느껴지는 복고적 좌파 정책을 내놓으며 사람들을 깜짝 놀라게 만든다. 그 배경에는 시진핑 스스로 자기 내면에서부터 조화 불가능한 두 가지 가치를 어떻게든 융합시켜 보려는 필사의 시도가 있지 않았나 싶다.

중국 민영 부문의 폭발적인 성장

그리고 시진핑이 아직 중국의 중앙정치에서 두각을 드러내기 전,

1980년대 중반부터 2000년대 중반까지의 중국은 중요한 전환기를 맞고 있었다. 이때 중국 내부에는 향후 첨예한 정치적·사회적 충돌과 갈등을 불러일으킬 근본적인 모순이 싹트고 있던 것이다. 그것은 바로 **민영 부문의 발전**이라고 할 수 있다. 개혁개방 정책의 심화로 중국에서 민영 부문이 생겨나고 줄곧 커지면서 결국에는 전체 경제에 차지하는 비중에 있어서도 국영 부문을 훨씬 넘어설 정도로 성장하고 만 것이다.

중국 경제에서 민영 부문이 본격적으로 날아오르기 시작한 건 1992년 덩샤오핑의 역사적인 '남순강화(南巡講話)' 이후부터이다. 1989년 천안문 민주화 운동이 군대에 의해 진압된 후, 지나친 시장화가 인플레이션과 뒤이은 정치 위기를 불러일으켰다는 중국 공산당 보수파들의 발언권이 강해지게 되었고, 결국 중국 경제의 시장경제화 개혁은 주춤하게 되었다.

지지부진한 개혁개방 속도에 인내심을 잃은 덩샤오핑은 정국을 반전시키기 위해 노구의 몸을 이끌고 시장개혁 최전방에 속하는 동남부 대도시들을 잇따라 순회 방문하며 개혁개방의 중요성을 재차 공식적으로 천명했다. 그리고 군부가 이에 동조하면서 그는 당내 보수파들을 목소리를 제압하고 개혁개방 재추진의 동력을 만들어 내는 데 성공한다. 이 남순강화 후 중국 헌법에 사유재산 보호 규정이 정식으로 삽입되고, 민간 기업가들의 공산당 입당이 허용되었으며, 상하이 주식시장이 공식 개장되는 등 중국 민간 경제가 폭발적으로 성장할 수 있는 제도적 환경이 마침내 구축되었다.[11]

중국 경제의 민간 부문은 주로 경제의 다운스트림('Downstream', 혹은 전방산업), 즉 최종 소비자 판매 산업 위주의 하류 부문을 중심으로 발전하였다. 그리고 오늘날에도 민간 부문은 각종 소비재 중심의 다운스트림 산업에 집중적으로 포진되어 있다. 이는 중국의 국영 부문이 각종 에너지, 원자재 공급 중심의 업스트림('Upstream', 혹은 후방산업) 경제 위주로 구축되어 있는 것과 대비된다.

이렇게 중국 공산당이 민영 부문과 국영 부문을 각각 다른 경제 섹터의 생태계로 구축되게끔 유도한 이유는 다음과 같다. 경제의 다운스트림에 해당하는 소비재 시장의 경우 수많은 민간기업들에게 자유롭게 시장 진입을 허용한다. 그래서 치열한 경쟁을 통해 기술과 서비스 혁신을 장려하고, 제품 경쟁력을 제고하며, 소비자 후생을 높여서 중국 산업의 경쟁력 향상과 지속적인 경제성장을 이끌게 하는 것을 중점으로 둔다. 다른 한편에서는 중국 경제에 대한 최종 통제권을 중국 공산당의 통제하에 계속 두기 위해, 에너지와 필수 원자재 공급 산업 등의 업스트림 영역은 철저하게 소수 국영기업들이 독점하거나 과점하게 하여 국가의 직접 통제 범위 안에 귀속시킨다.

그중에서 1992년부터 본격화된 민영 부분의 발전은 중국의 시장경제 활성화와 잠재적인 경제적 활력을 키워내며 중국 고도성장에 가장 큰 기여를 하게 된다. 하지만 어느새 지나치게 커져버린 민영 부문은 중국 통치세력 입장에서는 몇 가지 새롭고 엄중한 위험과 도전을 마주하게 만들었다. **개혁개방 이후 중국에서 발생한 거의 대부분의 정치적 갈등과 대립 이면에는 이처럼 급격히 성장한 민영 부문과 국영 부문을 둘러싼 상이한 이해관계와 관점의 충돌이 있었다고 말할 수 있을 정도다.**

사회주의와 시장경제의 조화는 가능한가

2007년 시진핑이 베이징으로 돌아와 국가 최고 권력 정점에 오르기 전까지의 중국은 민영 부문이 유례없이 확장되는 질풍노도의 시기를 겪는다. 개혁개방은 다른 말로 '중국 민영 부문의 발생과 폭발적인 성장' 그 자체로 설명될 수도 있을 만큼 말이다.

개혁개방 이후 중국 공산당이 자신들의 체제를 규정하는 정식 명칭인 '중국 특색의 사회주의 시장경제'를 뜯어 보자. 거기서 '중국 특색'

이라는 표현이 중국 공산당의 절대적 영도를 뜻한다면, '사회주의'는 국영 부문을, '시장경제'는 바로 민영 부문을 나타내는 것이라고 볼 수 있다. 중국 공산당의 절대적 영도 아래, 지속적이고 안정적인 경제성장과 산업화의 진전을 위하여 국영 부문과 민영 부문 두 부문을 적절히 통제하고 동시에 활용하는 것이 '중국 특색의 사회주의 시장경제'가 함축하고 있던 의미였다는 해석이 가능한 것이다.

중국이 자신의 경제 규모를 세계 2위까지 키워 미국의 바로 뒤에 바짝 쫓아오던 때까지는, 이 사회주의 시장경제 체제의 균형은 나름의 우여곡절은 있었지만, 어찌 되었든 그럭저럭 유지할 수 있었다. 선부론을 내세우며 민영 부문을 통해 국가의 부를 계속 늘려야 한다는 덩샤오핑의 유훈 통치가 지속되었고, 결정적으로 민영 부문에서 자율적 시민사회 영역의 맹아가 나타날 조짐을 보였다 하더라도 중국 공산당 권력독점을 흔들어 긴장시키기에는 여전히 역부족이었기 때문이었다. 그래서 덩샤오핑의 남순강화 이후 중국에서 민영 부문의 확대에는 거침이 없었다.

그런데 민영 부문의 확대가 중국 공산당 간부들과 그의 가족들에게도 매우 큰 이득이 된다는 걸 깨닫는 데는 오래 걸리지 않았다. 처음에는 이권에 대한 인허가 권한을 이용하여 단순히 뒷돈을 얻는 정도에 머물렀지만, 개혁개방의 심화로 자본시장이 성숙하자 중국 거대 기업집단 주식 및 부동산 투자 거래를 통한 세련된 치부 방식이 중공 최고위층 가족 지인들에게 보편화되었다. 개혁개방과 시장경제, 민영경제 영역이 확대될수록 중국 공산당 간부들과 그의 가족들이 누릴 부의 크기도 자동으로 커졌기 때문에 개혁개방 이래 역대 어느 정권도 시장화와 민영 부문 확대를 마다할 동기가 생길 리 없었다.

어느 순간부터 중국에선 '사회주의 시장경제' 중에서 "시장경제가 사회주의를 넘어서는 건 불가역적(不可逆的)이다"라는 주장까지 등장하게 된다. 이제 과거 중국의 사회주의는 본래의 상태로 돌아갈 수 없다는 것을 단언한 표현이었다. 미국이 중국의 WTO 가입을 도와주고 시장화 관련 정책 수립에 적극적으로 도와준 것은 시장경제가 사회주의를 넘어서서 민간 영역의 확장이 돌이킬 수 없게 흘러간다면, 중국에서도 시민사회가 형성되어 종국에는 정치 영역에서도 권력 독점이 와해되어 중국이 **서구 기준의 '정상국가'가 될 것이라는 확고한 기대**가 있었기 때문이었다.

충칭 당서기 시절 보시라이가 선전한 '충칭 모델'처럼, 국영 부문 주도의 복고적 경제모델이 간헐적으로 주목받기는 했지만 사회주의에 대한 시장경제의 우위가 역전되는 일은 상상하기 힘들어 보였다. 최소한 시진핑이 집권하기 전까지는 말이다.

4장

비상하는 붉은 용

시진핑 정권이 중국을 과거로 되돌리기 전까지 중국의 개혁개방이 후퇴할 것이라고 예상하는 사람들은 많지 않았다. 보통은 미래 예측을 할 때 선형적 사고에 의거하여 과거로부터 지금까지의 추세의 연장선상에서 미래를 추론하는 경우가 많다. 그런데 과거 중국이 어떻게 경제발전에 성공하여 오늘날의 국력을 키워 냈는지를 살펴보면, 그 과정과 추이에서 시진핑 정권의 과거회귀적 정책을 예상하기란 쉽지 않기 때문이었다.

중국의 초고속 경제성장은 극도로 억압되고 통제된 민간 사회의 해방과 미국이 주도하던 세계경제의 통합적 흐름에 올라타지 않고서는 그 성취가 불가능했다. 그렇기 때문에 중국이 자신들의 성공 비결을 거꾸로 거슬러 올라가는 선택을 할 것이라고 예상하기란 쉽지 않았을 것이다. 중국의 역사적 성취와 놀라운 성공에 국제적인 찬사가 쏟아졌고, 미국 등 서방에서는 지금까지의 추세가 이어져 경제에서의 개혁개방이 정치와 사회 분야에까지 확대되기를 기대했다. 하지만 시진핑 정권의 역주행은 이런 기대를 실망으로 바꾸어 놓았고, 이는 차이나 쇼크와 함께 시작된 미국과의 신냉전 발발에 영향을 미친 심리적 배경 중 하나가

된다.

나는 이번 4장에서 **세계경제와 중국경제의 긴밀한 역학 관계**에 대하여 살펴볼 것이다. 이야기는 다시 '2008년과 2012년 사이'로 되돌아간다. 사실 중국의 이러한 '역주행'은 시진핑이 정식으로 집권한 2013년보다 더 이전부터 시작되었다고 봐야 하기 때문이다. 역전과 후퇴가 시작된 결정적 한 해는 베이징 하계올림픽 개최와 글로벌 경제위기가 있었던 2008년이며, 이해를 기점으로 그 이전까지 약 30년간 계속된 중국의 발전 모델에 전면적인 수정이 가해지기 시작한다.

그리고 오늘날의 중국을 있게 한 그 중국의 발전 모델이 시작된 역사적인 해는 바로 1978년이었다. 1978년은 문화대혁명 종식 덕에 하방되었던 시진핑이 베이징으로 돌아와 칭화대학에 입학한 지 3년이 지나 졸업을 기다리고, 정계에 입문을 앞둔 시기였다.

덩샤오핑 시대, 중국 경제발전의 시금석

1978년 최고 지도자로 오른 덩샤오핑은 중국의 가난을 극복하고 강대국으로 성장하기 위하여 개혁개방을 시행해야 한다는 것에 대해선 당내의 절대적 지지와 의견 통일을 이루는 데 성공했지만, 당시 중국의 상황은 처참하기 짝이 없었다. 오랜 계획경제로 인해 중국은 산업 발전을 하기 위해 필요한 자본, 기술, 시장 모두 절대적으로 부족했다.

당시 중국이 가지고 있던 건 엄청난 수의 **노동력** 딱 하나였다. 하지만 노동력마저도 지역 간, 산업 간, 업종 간, 단위 간 이동을 가로막는 극단적으로 경직된 기존의 인구정책과 노동정책으로 활용이 불가능한 상태였다. 그런 면에서 중국의 개혁개방 정책은 자국의 경제발전에 족쇄가 되는 과거의 정책과 제도를 상황에 맞게 끊임없이 뜯어고쳐 가는 과정이었다고 표현할 수도 있다.

하지만 중국 자신의 노력과 분투는 중국 경제 굴기의 반쪽 설명에 해당될 뿐이다. 중국에 결핍된 자본, 기술, 시장에 대해 만약 미국을 중심으로 한 외세가 협조와 지원, 그리고 시기적인 행운이 없었다면 오늘날 세계 2위 경제대국의 위상은 절대 불가능했을 것이다.

중국 공산당은 우선 1980년대 농촌 개혁과 1990년대 초 여러 통제적인 사회정책들의 부분적 완화를 통해 산업화와 경제발전에 필요한 최소한의 제도적 기초를 마련한다. 1970년대 말까지 중국 농촌의 모든 농민들은 '인민공사(人民公社)'라는 집단농장에 강제로 배속되어 공동경작과 공동분배 시스템이 초래한 극도의 빈곤 속에서 살아가야 했다. 공산당 지도부는 그런 집단농장을 전격적으로 해체하고, 농민들에게 개별 경작지를 배분하여 자신의 잉여 생산물을 판매할 수 있게 허용한다. 사실상의 시장주의 인센티브를 허용해서 생산성 향상을 꾀했던 것이고, 이를 통해 산업화에 필요한 최소한의 물적 기반을 마련한 것이다.

이는 농촌의 폭발적인 생산액 증가로 연결되었다. 중국은 이로써 도시 산업화에 필요한 농촌 잉여 노동력을 만들어 냈고, 농촌 소득 증가는 산업화에 필요한 자본 공급의 토대가 되는 저축의 증가로 이어졌다. 산업 생산물을 흡수할 수 있는 초보 형태의 소비시장도 이때 만들어졌다. 일본, 한국, 대만 등 동아시아 각국 경제 기적의 공통된 원동력이 모두 토지개혁에서 시작되었다는 측면에서, **중국 농촌의 개혁개방**은 중국이 동아시아 경제 기적 대열에 동참하는 기초를 마련해 주었다.[12]

하지만 아무리 농촌의 극적인 생산성 향상으로 잉여 노동력을 배출해 낸다 하더라도, 도시에 집중된 2차 산업과 3차 산업 부문으로 인구가 이동을 할 수 없다면 중국 경제의 비효율 상태는 계속되었을 것이다. 그런 면에서 중국의 **후커우(戶口) 제도**는 중국 경제의 가장 문제적인 쟁점에 해당되었다. 중국 공산당은 공산혁명을 일으키고 난 지 얼마되지 않은 1950년대에 세계에서 가장 엄격한 인구 통제 정책을 도입하여 사실상 인민들의 자유로운 이동을 강력하게 금지해 왔다.

마오쩌둥 시대 내내 중국 인민들은 국가의 특별한 허용이 없다면 자신이 등록된 후커우에서만 평생 살아야 했으며, 이는 농촌에서 도시로의 인구 유입을 막아 도시의 생활 수준을 유지하려던 중국 공산당의 의도를 반영하는 정책이었다. (중국 공산당은 농촌을 근거로 농민을 혁명의 주체로 떠받들면서 공산혁명에 성공했지만, 막상 집권하자 농민들에 대한 차별과 착취를 일삼는 아이러니가 계속되었다.[13 14]) 심지어 도시 내에서도 부문과 직장 간의 이동은 불가능했다. 도시민이 학교를 졸업한 뒤 현지 정부가 강제로 배정한 국영 회사 직장에 들어가면 평생 동안 해당 직장에서 근무해야 했고, 주택, 의료, 결혼, 자녀의 학교 등은 자신이 속한 직장이 운용하고 지정하는 곳에서만 이용이 가능했다.

이러한 '도시 속 도시' 역할을 하는 곳은 중국에서 '단웨이'(단위單位, Unit)라고 불렸다. 당시 중국 농촌의 농민들이 인민공사에 속박되어 있었다면, 중국의 도시민들은 평생 단웨이를 벗어날 수 없었다.[15] 중국이 강력하게 산업화와 경제성장을 추구하자 이처럼 극도로 경직된 후커우 제도와 노동제도가 족쇄와 같은 것으로 인식되는 데는 얼마 걸리지 않았다. 중국 공산당은 1980년대와 1990년대 초에 걸쳐 후커우 제도와 노동제도를 수술대 위에 올리고 메스를 가져다 댄다.

우선 중국은 농촌과 도시 간, 도시와 도시 간 이동을 가로막은 후커우 제도를 완화한다. 농민의 도시 이주나 도시 간 이주 같은 타 지역 이주를 허가하여 노동력이 가장 필요한 지역이나 산업 부문 등에 잉여 노동력이 흡수될 수 있는 여건을 마련한 것이다. 또 중국 정부는 농촌의 인민공사를 해체했듯이 국영기업 구조조정과 노동법 개혁을 통해 직장과 노동자의 경직된 관계를 끊고 회사의 해고, 노동자의 자유로운 이직과 전직을 허용한다.

그리고 그동안 국영기업이 제공하던 주택, 의료, 교육, 기타 서비스 제공을 중단함으로써 기업과 노동 간의 경직된 종속 관계를 단절시킨다. 대신 노동자들에게 그간 정부가 임대해 준 도시 주택을 장기간에 걸쳐 저렴한 가격에 매입할 기회를 주고, 연금, 의료, 실업, 상해보험을 국가 통합 서비스로 재편함으로써 일시적으로 붕괴되었던 사회적 안전망을 재구축한다. 주택 민영화는 이후 중국의 엄청난 건설 붐을 일으켜 경제성장에 또 다른 엔진 역할을 했고, 주택 가격 폭등으로 막대한 부를 갖게 된 도시민들이 두꺼운 중산층을 형성하며 향후 거대해진 중국 소비시장의 주역이 된다.[16]

개혁조치의 여러 그림자들

결국 중국 공산당의 이러한 일련의 개혁 조치는 농촌과 사양산업으로부터 새롭게 성장하는 신산업으로 노동의 이동을 촉진하고, 추가로 자본 축적과 소비시장 창출을 유도함으로써 이후 30년간 중국 경제 굴기의 기장 기본적인 여건을 마련해 준 것으로 평가받는다. 하지만 이러한 **개혁 조치의 한계와 부작용** 또한 만만치 않았다. 우선 후커우 제도 완화는 지역 간 이주의 장벽을 완전히 철폐하는 근본적인 조치가 아니었다. 농촌과 낙후 지역 후커우를 가진 사람이 일자리를 얻기 위해 고소득 도시로 이주를 했을 때, 특별히 예외적인 경우가 아니라면 사실상의 외국인 노동자 취급을 당했다.

소위 **'농민공(農民工)'**으로 불리는 '외지 노동자'들은 자신이 새로 이주한 지역에서 잠주증(暫住證, 말 그대로 잠시 거주할 수 있는 증명서)이라 불리는 임시 체류 허가증만 발급받을 수 있었는데, 이러한 임시 체류증으로는 이주 지역의 의료보험, 자녀 교육 같은 가장 기초적인 사회 서비스에서 제외되는 것은 물론이요, 주택 구매, 차량 구매, 창업 같은 영역에서도 제한과 차별을 당했다. 특히 이들의 자녀들이 현지의 교육 서비스를 받을 수 없었던 건 치명적이었다. 농민공들의 자녀는 부모와 떨어져 출신지에 남아 있던 조부모들이 돌봐야 했고, 이는 수많은 가정 문제를 초래했다.

이 농민공 문제는 고소득 도시 출신과 낙후 지역, 농촌 출신 간 소득 격차를 악화시키고 차별을 영속화시키는 등 수많은 폐단을 불러일으켰다.[17] 이 문제를 야기한 중국의 후커우 제도는 결국 한 사회의 계급제도를 유지시키는 것과 다름없었다. 거기에다가 후커우 제도만 문제는 아니었다. 중국의 극단적인 노동유연화 조치 또한 90년대 국영기업에서 대량 해고 사태를 초래하였으며, 과거 단웨이가 제공하던 것에 비해 여전히 부실한 사회적 안전망은 일반 노동자의 생활 수준을 크게 위축시켰다. 다행히 중국 경제가 90년대 이후 초고속 성장을 거듭하며 신산업의 막대한 고용 창출이 유연화로 내몰린 노동력을 거의 그대로 흡수하면서 심각한 사회적 위기는 피해갈 수 있었다.

그러나 중국 경제성장의 거대 엔진을 담당하게 된 국가 소유 주택의 대규모 민간 불하와 주택시장 민영화 조치는 커다란 부작용을 피해갈 수 없었다. 건설 붐에서 재미를 본 중국 정부는 중국 경제가 침체될 때마다 경기 자극을 위해 부동산을 이용하는 임시방편을 택한다. 이로 인한 중국 부동산 거품과 이에 따른 부채 리스크는 수십 년에 걸쳐 차곡차곡 쌓이게 된다. (이 문제는 3부에서 자세히 살펴볼 것이다.) 또한 운 좋게 정부로부터 싼값에 주택을 불하받는 특혜를 누려 벼락부자가 된 소수의 고소득 도시민들과 이러한 혜택에서 원천적으로 배제된 대다수 인민들 간의 자산 격차는 중국의 심각한 빈부 격차 확대 추세에 기름을 붓게 된다.

거기에 더해 천정부지로 치솟는 중국의 주택 가격은 중국 젊은 세대들의 노동과 주택 구매 의욕을 원천적으로 꺾게 함으로써 훗날 중국판 N포세대인 소위 '**탕핑족(躺平族, 평평한 바닥에 누워 아무것도 안하고 지내는 중국 젊은이들을 지칭하는 용어에서 파생된 신조어)**'을 만들어 내고, 중국 시진핑 정부가 공동부유 아젠다를 들고나오는 데 일조한다. 이 모든 부작용들이 중국 사회의 응집력과 사회적 안정성을 크게 약화시켰다는 결론은 불을 보듯 뻔한 일이었을 것이다.

'세상에 공짜는 없다'는 관용구와 한국도 익숙한 초고속 경제성장의 부작용에서 중국도 예외는 아니었던 것이다. 이러한 심각한 빈부 격차를 보며 그 해결책을 과거 중국 공산당이 이념적으로 순수했던 시절의 이념과 정책에서 찾는 사람들과 세력들도 뒤따라 자연스럽게 등장했다. 이는 결국 이후에 다루게 될 시진핑 집권 전후 중국 공산당 내 심각한 권력 투쟁의 단초를 제공하게 된다.

정보화·세계화의 최대 수혜자, 중국

이와 같이 중국 스스로 산업화와 경제개발을 도모하기 위해서 가능한 한 모든 개혁 조치들과 정책 패키지를 도입하는 일은 계속 이어졌다. 그럼에도 자본, 기술, 소비시장의 심각한 결핍은 중국 스스로의 노력만으로는 넘기 힘든 벽이었다. 개혁개방 초기 중국 자체가 워낙 가난하고 자본 부족에 시달리며 산업의 낙후성은 심각했기 때문에 자체적인 개혁 조치의 한계가 뚜렷했기 때문이었다. 냉전 당시 소련을 견제하기 위한 전략적 목적으로 중국에 손을 내밀었던 미국의 여러 지원책과 홍콩 및 해외 화교들의 투자가 없진 않았지만, 중국이란 거대한 사이즈의 나라가 폭발적 성장을 하기에는 여전히 부족했다.

하지만 시대는 마침 중국의 편이었다. 행운의 여신이 발버둥치는 중국에 비로소 미소를 지어 보낸 것이었다. 냉전이 막바지로 치닫던 1980년대부터 전 세계적으로 세계화와 정보화 혁명이 본격적으로 밀어닥치기 시작했고, 이를 대표하는 이념인 신자유주의가 글로벌 시대정신이 되어 가는 중이었다. 정보화의 흐름 덕분에 가속 페달을 밟을 수 있던 세계화의 확산은 신자유주의의 정당성을 탄탄하게 만들어 주었다.

1990년대부터 본격적으로 시작된 정보화는 한마디로 'ICT'

(Information and Communications Technology), 즉 **정보통신기술 혁명**이라고 할 수 있었다. 반도체 집적회로의 성능 향상과 이에 따른 디지털과 인터넷의 기술의 급속한 발전 및 보급으로 지식정보의 유통 비용이 대폭 절감되고 속도와 효율성, 편의성이 폭발적으로 증가한다. PC, 스마트폰 같은 디지털 제품과 인터넷이 존재하지 않던 시절 유선전화기와 팩스, 우편 등 아날로그 방식의 통신에만 의존해 보았던 분들은 이 정보통신 혁명이 얼마나 근본적으로 세상을 바꾸었는가를 생생히 체감할 수 있을 것이다.

ICT 혁명은 선진 공업국들의 인건비의 급속한 증가와 함께 생산 공정의 글로벌 분리와 분산을 초래한다. 소위 **글로벌 아웃소싱과 'GVC'(Global Value Chain, 글로벌 가치 사슬)**라는 신조어가 이런 배경에서 탄생하게 된다. 선진공업국의 기업들은 1970년대 오일쇼크와 뒤이은 스태그플레이션 때문에 높아진 인건비와 그로 인한 경쟁력 악화를 만회하려 대응 방안을 모색하는데, ICT 혁명으로 인해 생산 공정을 분리해서 공간적으로 나누는 것과 그에 대한 원격 관리가 가능해지자 앞다투어 GVC 구축에 나서게 된다.

즉, 인건비가 여전히 저렴한 개발도상국에 기술적 숙련도가 불필요한 단순 공정을 배치하여 원가경쟁력을 유지하는 방법을 채택하게 된 것이다. 제조업 생산에 필요한 도면과 생산 관리 규격, 품질 관리 표준 등이 모두 디지털화되어 손쉽게 공간을 넘나들 수 있었고, 인터넷이 창출한 드넓은 온라인 세계는 수천 킬로미터 멀리 떨어진 자회사와 외주업체에 실시간으로 작업 지시를 하달하고 피드백을 받을 수 있게 해주었다.

이렇게 ICT 혁명이 촉발시킨 생산 공정의 공간적 분리는 자본과 기술의 국가 간 장벽을 점점 무너뜨렸고 경제의 세계화를 촉진했으며, 마침 미국과 영국을 중심으로 크게 유행하던 신자유주의의 이념을 강화시켰다. 자본의 국가 간 자유로운 이동이 세계 경제의 부를 끊임없이 증가시켜 줄 것이라는 신자유주의적 신념은 국가 간의 관세와 무역 장벽의 철폐를 유도한 지역 간 FTA와 WTO 협정 체결의 이념적 토대가 되어 세계화를 더욱더 진전시켰다.

2022년을 살고 있는 우리에게는 수많은 나라에서 공급한 부품으로 구성되고 수많은 지역에서 만들어진 하나의 제품이 너무나 당연하게 느껴진다. 바로 이것이 정보화와 세계화 혁명이 만들어 낸 가장 명백한 결과였다. 그리고 중국은 이러한 정보화와 세계화 혁명에 있어 최고의 승자이자 최대의 수혜자였다고 할 수 있었다.

개혁개방 30년, 찬란한 성공의 축전

중국은 자신들에게 찾아온 천재일우의 기회를 놓치지 않았다. 중국 공산당은 1980년대 시범적으로 몇 개 도시에서 시행했던 경제특구가 저렴한 중국 노동력을 이용하려는 외국인 투자자들 덕에 대성공을 거두자, 1990년대 들어 중국에 공장을 세우려고 하는 선진 공업국의 기업들과 그들의 돈을 열렬히 환영했다.

마침 중국은 당시 글로벌 기업들의 GVC 구축 검토 대상에 가장 이상적인 국가였다. 중국은 저렴하면서도 동시에 성실하며 기본적인 교육을 받은 엄청난 수의 노동력을 갖추었고, 중국 공무원들은 여타 개발도상국들의 공무원과 비교하여 더 성실하고 유능했으며, 중국 정부는 공장 운영과 국제무역에 필요한 인프라 구축에 온 힘을 쏟아붓고 있었다.

돈 냄새를 맡은 중국 공산당 정부는 지역 정부 관료들의 승진 고과에 경제성장 수치와 더불어 외국 기업 유치 실적에 가장 큰 가점을 배분할 정도로 외자 유치에 적극적이었다. 거의 대부분의 선진 공업국 기업들은 핵심 공정과 연구개발 센터 정도만 제외하고 대다수의 생산 공정을 중국 자회사에 구축하거나 또는 중국의 외주업체들에게 아웃소싱을 맡겼다. 중국은 이러한 글로벌 제조업체들의 투자를 통해 경제발전과 산업화에 필수적인 자본과 기술을 획득할 수 있었다.

마침 미국은 중국의 경제발전이 두꺼운 중산층을 형성하고 시민의식을 발전시켜 궁극적으로 이 나라에 민주화와 자유화를 가져다줄 것이라는 정치적 동기를 갖고 있었다. 또 중국의 저렴한 인건비를 경쟁적으로 활용하려는 경제적 동기도 충만했다. 미국은 이 두 가지 동기를 품고 중국에 대한 무역 장벽과 규제 장벽을 해체해 주며 WTO 가입까지 지원해 준다.

세계무역 체제에 완전히 편입된 중국은 미국과 유럽의 소비 시장에 진입을 통해 거대한 수출 시장까지 확보하게 된다. 중국은 중국의 잠재력에 탐을 낸 미국 금융자본의 도움으로 무역과 자본, 기업 관련 법률, 법규, 규정 등을 글로벌 스탠다드에 맞게 정비할 수 있었고, 부실에 빠진 공기업 구조조정, 선진 경영 시스템 도입, IPO 등을 통해 국영기업의 체질 역시 성공적으로 개선할 수 있었다.

이렇게 중국은 미국 정부와 미국 금융 자본, 글로벌 기업 등의 투자와 지원과 자문 등을 통해 단순 저임금 의존형 저부가가치 산업으로부터 점차 기술 의존형 고부가가치 산업으로 자국 산업을 발전시키고 재편성할 수 있었다. **즉, 중국이 1980년대 이후 몰아닥친 세계화와 정보화 혁명과 신자유주의 시대의 최대 수혜자라는 것은 명백하다.** 브랑코 밀라노비치는 『왜 우리는 불평등해졌는가?』에서 지난 30년간 전 세계에서 소득 확대를 가장 크게 경험한 계층 중 하나로 중국과 인도에 집중된 40-60분위 사이의 중위 소득자들을 꼽기도 했다.[18]

중국이 세계화 최고의 승자라는 것은 세계은행 통계에서도 쉽게 확인이 가능하다. 2013년 4월 세계은행이 발표한 자료에 따르면 1981년부터 2010년까지 30년간 하루 1.25달러 미만으로 생활하는 절대 빈곤층이 19억 명에서 12억 명으로 약 7억 명 정도가 감소하는데, 이 7억

명은 같은 기간 중국의 절대 빈곤층 감소 인원과 거의 일치한다(중국 절대 빈곤층은 1981년 8억 3,500만 명에서 2010년 1억 5,600만 명으로 급감했다).[19]

이러한 중국의 빛나는 성취에 전 세계가 감탄했고, 중국 또한 개혁개방 노선의 대성공에 한껏 고취되어 있었다. 이때가 아마 세계와 중국이 가장 평화롭고 우호적으로 관계를 맺던 시절이었을 것이다. 중국 또한 자신들의 성공 원인이 세계에 활짝 문을 열고 미국 등 서방의 제도와 기술을 과감히 도입했던 덕분이라는 것을 의심치 않았다. 세계도 역시 중국의 경제 개혁이 성공했듯, 조만간 그 나라에서 정치 개혁도 뒤따를 것이라 기대했다.

개혁개방 30년 결과 중국의 찬란한 대성공을 중국인 스스로 자축하고 전 세계인들이 축하하는 상징적 행사가 바로 2008년 베이징 하계올림픽이었다. 이 대회 개막식에는 조지 W. 부시 당시 미국 대통령 등 유럽과 일본 정상을 포함하여 약 88개국 111명의 정상급 인사가 참석했다. 2008년 당시 중화 민족의 위대한 성취를 공식화하는 이 중대한 대회의 성공 개최를 당 차원에서 책임지고 있던 인물이 누구였을까? 그 인물은 바로 베이징 올림픽 준비위원회 의장 자리를 맡으며 사실상 차기 최고 지도자 자리를 예약해둔 시진핑이었다.

5장

서구 종말이라는 중국의 자기 예언

올림픽 준비위원장을 맡은 시진핑에게 2008년 베이징 올림픽은 최고 권력자가 되는 과정에서 사실상 마지막 단계에 해당하는 최종 시험대였다. 만약 올림픽이 큰 사고 없이 순조롭게 마무리된다면 시진핑의 차기 최고 권력자 자리는 사실상 확정된 것이나 다름없는 상황이었다.

물론 시진핑에게 여기까지 오는 과정은 많은 최고 지도자들의 사례와 마찬가지로 결코 순탄치 않았다. 어렸을 적부터 다져온 초인적인 참을성과 인내심뿐만 아니라 행운의 여신이 그에게 미소 짓지 않았다면 불가능한 일이었다.

앞에서도 언급했다시피 중국경제는 2008년 이전까지 거의 매년 두 자리 숫자의 성장률을 기록하며 초고속 발전을 이어가고 있었다. 하지만 사람들이 기대하던 정치 분야에서의 개혁이나 발전은 지지부진했다. 중국 공산당의 1당 독재 체제는 굳건하게 이어졌고, 대안세력이나 자율적 시민사회의 발전은 미미했다.

그런 와중에 관심의 초점은 당시 최고 지도자였던 후진타오 주석의 뒤를 이을 후계자가 누가 될 것인지에 집중되어 있었다. 후진타오 주석과 그의 전임자였던 장쩌민 주석 모두 덩샤오핑이 죽기 전 직접 지명했던 후계자라 큰 반전이나 극적인 과정 없이 차례대로 승계되어 집권이 이어지고 있었다. 문제는 2012년에 10년 임기가 끝나는 후진타오 이후에 대권을 누가 잡을 것이냐였다.

당시 전임 주석인 장쩌민과 후진타오 모두 당내 양대 세력인 상하이방과 공청단을 이끄는 당파 수장이었고, 누구도 덩샤오핑만큼 혼자 후계자를 결정할 만큼의 절대적 권위와 힘이 없었기 때문에 다음 대권의 향방은 오리무중이었다. 차기 대권에 대한 이런 불확실성은, 5년 주기의 중국 공산당 당대회가 개최되는 2007년도까지 계속되었다. 중국 공산당 당대회의 정식 명칭은 '전국대표대회'이며, 여기서 중국을 다스리는 9명의 최고 지도부가 형식상 선출되기 때문에 일당독재로 운영되는 중국에서 사실상 대선으로 간주된다.

중국을 다스리는 9명의 최고 지도부의 정식 명칭은 중앙정치국 상무위원이고, 이 상무위원회의 의장이 바로 당 최고 직위인 총서기다. 2007년 전국대표대회 상무위원 중 새롭게 진입하는 사람들의 명단을 보면 2012년 전국대표대회에서 후진타오의 뒤를 이을 총서기에 관한 결정적 힌트를 얻을 수 있었기 때문에 2007년이 가까워질수록 중국 공산당 안팎으로 관심과 긴장이 고조되고 있었다.

중국 공산당 사정에 정통한 소식통에 따르면, 아마 당시 3명 정도가 유력한 차기 지도자로 거론되었던 것 같다. 바로 공청단을 대표하는 리커창(李克强)과 개혁파의 기대를 받고 있던 리위안차오(李源潮), 그리고 이제 막 간신히 중앙정치국 후보위원에 들어온 저장성 당서기 시진핑이었다.[20] 그 외에 왕양(汪洋)과 태자당 출신의 야심가 보시라이 정도가 꼽히고 있었다.

능력과 신망, 인지도 면에서 빅3 중 단연 리커창과 리위안차오가 앞서고 있었고 시진핑은 태자당 출신이라는 아버지의 후광 외에 딱히 돋보이는 게 없었다. 그때까지 시진핑은 아주 과묵했고 자신의 생각과 감정을 드러내는 것을 극도로 꺼리며, 튀지 않게 매우 조심하였으므로 경쟁자들에 비해 주목을 훨씬 덜 받았다. 하지만 이러한 시진핑의 조심성과 인내심, 그리고 '몸 사리기'는 그가 최종 승자가 되는 데 결정적인 요소로 작용한다.

시진핑은 어떻게 중앙정치의 '스타'가 되었을까

당시 표면상 중국 최고 지도자는 후진타오 총서기였지만 그의 권력과 입지는 불완전했고 안정적이지 못했다. 덩샤오핑이 세팅해 놓은 집단지도체제 때문에 후진타오 총서기는 사실상 9명으로 구성된 이사회의 의장 같은 역할을 하고 있었다. (실제로 그때는 국가적으로 매우 중요하고 이해관계가 첨예하게 충돌하는 민감한 문제들의 경우 상무위원회의를 통해 결정되었는데, 의견조율에 실패할 경우 상무위원 9명의 투표를 통해 최종 결정되었기 때문에 기업 이사회와 매우 흡사했다.) 그리고 그 9명의 이사 중 절반 이상은 전임 의장인 장쩌민이 임명한, 사실상 그의 대리인들이었기 때문에 장쩌민은 퇴임 후에도 막후에서 '상왕' 노릇을 즐기고 있었다.

당연히 후진타오는 자신의 후계자로 같은 공청단 출신의 리커창을 밀고 있었다. 중국 공청단은 '공산주의 청년단'의 약자였다. 중국 공산당 1세대 최고위층의 자녀 출신인 **태자당(太子黨)**이 기업 창업자들의 자녀들이라면, **공청단(共青團)**은 평사원 출신 중 능력을 가장 인정받아 임원까지 승진한 조직 내 최고 엘리트로 비유할 수 있었다. 하지만 상하이를 지역 기반으로 모인 **상하이방(上海幫)**의 수장인 장쩌민이 후진타오에 이어 연속으로 공청단 출신의 총서기를 순순히 받아들일 리 없었다. 두 사람을 중심으로 양대 계파가 물밑에서 후계자를 두고 치열하게 대치하고 있었고, 이는 2006년 상하이방의 핵심 인물인 첸량위 당시 상하이 당서기의 부패 사건까지 계속되었다.

첸량위는 상하이방의 세력에 기대어 대놓고 중앙정부와 충돌을 불사하고 있었으며, 심지어 당시 국무원 총리였던 원자바오(溫家寶)와 고성까지 오가는 언쟁을 벌였다고 전해진 인물이다. 결국 참다 못한 중앙정부에 의해 첸량위와 그의 측근들이 상하이시 연금 재원 유용 혐의로 기소되면서 중국 내 최대 정치 스캔들로 발전한다. 역시 당시 공산당 내부 사정에 정통한 평론가들에 따르면 이 첸량위 부패 스캔들 처리를 놓고 후진타오의 공청단과 장쩌민의 상하이방이 여러 차례 충돌과 협상을 반복했다고 전해진다.

상하이는 중국 4대 직할시 중 가장 중요한 최대 경제도시자 상하이방의 근거지였기 때문에 첸량위의 후임자로 누가 될 것인지는 실로 첨예한 쟁점이었다. 권력을 창출하는 정치적 투쟁의 과정이 비교적 투명하게 공개되는 민주주의 국가와 달리 중국 공산당은 자신들의 절대적인 권위와 위엄을 유지하기 위해 모든 당내 정치 과정을 철저히 비공개로 하고 있다. 그러므로 외부인이 실제로 중국 정치의 내부에서 어떤 일이 있었는지 정확히 아는 것은 불가능하다. 다만 공개된 사후 결과와 여러 정황들, 그리고 내부 인사들이 해외 언론을 통해 유출하는 비공식 정보들을 조합하여 베일 뒤의 숨겨진 과정을 추론하고 재조립할 수 있을 뿐이다.

그런 면에서 낙마된 첸량위의 상하이시 당서기 후임자로 시진핑이 임명되었다는 소식이 나오자 많은 중국정치 전문가들과 평론가들은 앞다투어 **장쩌민과 후진타오가 '시진핑 카드'를 통해 정치적 타협을 했다**고 해석했다. 그리고 시진핑이 차기 후계자로 선택된 이유에 대한 대체적 분석은 대체로 단순했다. 즉, 시진핑이 두 사람이 타협하기에 가장 무난해 보였기 때문이라는 것이었다.

평소 시진핑은 민감한 정치적 이슈에 대해 철저하게 침묵을 지키고, 자기 주장을 숨겼으며, 대세를 추종했다. 튀는 걸 극도로 꺼렸기 때문에 특별히 적도, 경계하는 사람도 없었고 누구에게든 위험해 보이지 않았다. 그러니 두 총서기가 전임자 입장에서 보기에는 영향력을 행사하며 조종하기 쉬워 보였을 것이라는 분석이었다. 간단히 말해서, **'무개성'과 '무색무취'가 시진핑이 중국 최고 권력가의 유력한 후계자로 선택된 이유였다는 것**이었다.

아마도 이때 당내 시진핑의 선배들 중에서 시진핑의 진짜 속마음이 무엇이고, 나중에 최고 권력을 잡게 되면 국가를 어떻게 운영할 것이며, 본인은 후진타오와 같은 '바지사장'이 될 생각이 전혀 없다는 걸 눈치챘던 이는 없었던 것 같다. 그렇지 않다면 그가 결정적인 순간 강력한 경쟁자들을 모두 제치고 상하이 당서기로 임명된 것에 이어 그해 가을 중앙정치국 상무위원회 부주석으로 순조롭게 진입할 리 없었을 테니 말이다. 나중의 일이지만, 시진핑은 결국 장쩌민 인생의 최대 적수가 된다.

세계경제의 구원자, 중국

시진핑에게 최종 시험대였던 2008년 베이징 올림픽이 큰 사고 없이 비교적 성공적으로 끝나자 그의 영광스러운 미래는 이제 확정된 것이나 다름없었다. 하지만 시진핑은 여전히 극도로 몸을 사렸다. 당 지도부의 공식 방침과 다른 자신만의 생각이나 의견을 극도로 억제했다.

베이징 올림픽의 성공적인 개최로 중국 공산당은 한껏 커진 자부심에 부풀어 올랐지만, 당의 외교 방침은 여전히 덩샤오핑이 수십 년 전 정해 두었던 도광양회를 따랐다. 중국은 티베트, 신장, 대만, 국내 민주세력 등 내정 문제라 간주한 이슈 외에는 서방, 특히 미국과의 충돌을 신중하게 회피했고 아직 자신들의 때가 오지 않았다고 생각했다.

하지만 그해 가을 이런 당내 분위기와 정서를 급변하게 만들었던 역사적 사건이 미국 월가에서 터지게 된다. 바로 미국 서브프라임 모기지 문제에서 촉발된 **2008년 글로벌 금융위기**였다. 2차 세대대전의 직접적 원인이 된 1929년 대공황 사태 이후 최악의 경제위기로 평가되는 2008년 글로벌 금융위기는 이후의 미중 관계와 중국 공산당의 대외 인식을 결정적으로 바꾸어 놓게 되고, 4년 후 출범하는 시진핑 정권의 대외 정책에 중대한 영향을 끼치게 된다.

물론 글로벌 금융위기가 이후에 끼친 영향의 범위는 전 세계적이었다. 일단 글로벌 금융위기로 위기의 진원지였던 미국의 위신은 크게 흔들렸다. 그리고 미국이 1980년대 이후 전 지구를 대상으로 주창하며 세계를 풍미했던 신자유주의의 이념적 유행이 끝나는 계기가 된다. 2008년의 금융위기는 한 국가 내에서도 세계화가 얼마나 이중적으로 작동하는지를, 세계화가 낳은 (주로 소수 부유층인) 수혜자와 (주로 다수 저소득층인) 피해자의 실체를 노골적으로 드러냄으로써 향후 미국의 트럼프, 영국의 브렉시트, 유럽의 극우 정당 부상 등 글로벌 포퓰리즘의 시발점이 된다.

금융위기 이후 무한히 계속될 것 같았던 세계화의 흐름은 이때부터 극적으로 위축되기 시작하며, WTO와 세계무역 규범이 크게 약화되고 세계 자유주의 질서가 흔들리는 단초를 제공한다. 이는 훗날 각국이 경쟁 국가의 견제를 위해 수출이나 수입 규제 같은 무역 거래 조치를 외교적·정치적으로 활용하게 되는 신냉전시대의 예고편이었다. **그리고 중국에 있어 글로벌 금융위기는 그 무엇보다 '중국의 시대'가 왔음을 확신하는 결정적 징조였다.**

2008년 가을부터 복잡한 파생 상품들의 디폴트에 의한 연쇄 작용으로 미국의 주요 대형 은행들이 하나둘씩 무너지며 미국경제와 세계경제가 붕괴될 위기에 처했다. 그러자 미국의 재무부와 연방준비제도 이사회 등 관련 연방기구들은 긴급 자금 지원, 중앙은행 개입 등으로 파국을 막기 위해 안간힘을 쓰고 있었다. 게다가 당시 미국은 대통령 선거를 치르는 와중에 정권교체가 확실시되는 상황이라 어수선하고 혼란스러운 분위기가 가중되고 있었다. 혼자서는 위기를 진정시키는 데 힘에 벅찬 걸 절감한 미국은 워싱턴에서 G20 정상회담을 최초로 긴급 개최하며 다른 주요국들의 지원과 협조를 요청하기에 이른다.

위기에는 영웅이 필요한 법, 중국은 이때, 훗날 표현을 빌리자면 **'세계경제의 구원자'**로 등장한다.[21] 미국이 한참 여기저기 번지던 불을 끄기 바쁘던 2008년 11월 초, 중국은 경기침체를 막기 위한 당시 사상 최대 규모인 총 4조 위안(약 780조 원)의 재정 정책과 적극적 금융완화 정책을 발표하며 여전히 허우적대던 미국과 자신들을 극적으로 대비시킨다. 중국은 막대한 돈을 풀어 내수 소비와 건설 경기를 진작시켰고, 발빠른 금리 인하와 대출 완화로 중국경제는 미국발 경기침체 영향에서 극적으로 반등하게 된다. 2009년 1분기부터 6.1% 성장에 이어 2분기 7.9%를 달성하더니, 2009년에는 최종 8.9%의 성장률을 기록하며 중국 정부가 목표로 한 8% 이상 성장을 무난히 달성한다.

중국 경제의 반등은 자신들뿐만 아니라 세계경제가 회복하는 데 결정적인 기여를 한다. 특히 미국의 경기부양책이 2009년 2월 말에 간신히 통과되고 미국 금융기관들의 정상화 기틀이 마련되는 스트레스 테스트 결과가 그해 5월 나오기 전까지, 그 기간 동안 세계 경제의 경기침체 하방 압력을 사실상 중국 혼자서 방어하는 형국이었다. 당시 세계 GDP 성장의 절반을 중국이 담당할 정도로 중국의 기여는 절대적이었다. 미국의 경기부양 규모가 여야 간 당파싸움으로 계속 확정이 지연되다가 처음 계획안보다 크게 줄어 간신히 통과한 것에 비해, 중국이 막대한 규모의 경기부양책을 재빠르게 결정하고 집행한 모습은 마치 미국 정치의 비효율성을 상징적으로 보여주며 중국 공산당의 유능함이 더욱 강조되는 듯해 보였다.

글로벌 금융위기 직후인 2009년, 미국의 경기부양책 규모가 전체 GDP의 5%인 데 비해서 중국의 경기부양책 규모는 무려 자국 경제 규모의 20%에 달했다. 확실히 서로 다른 이해관계와 관점을 가진 이들 간의 타협과 절충 등 복잡다단한 민주적 과정을 거치지 않아도 되는, **중국식 권위주의 체제의 장점**이 안팎으로 가장 각광을 받던 시기가 이때였다. 절체절명의 위기 상황에서 이와 같은 중국의 맹활약은 서방의 정치인과 언론으로부터 대단한 찬양을 받았다.

2009년 봄, G20 정상회의 개최국 영국의 당시 외무장관은 중국에 대해 "후세의 역사가들은 2009년 중국이 글로벌 자본주의를 안정시키는 데 믿을 수 없을 정도로 중요한 역할을 했음을 보게 될 것"이라며 "1989년 이후 자본주의가 중국을 구했다면, 2009년 이후에는 반대로 중국이 자본주의를 구했다는 우스갯소리도 있다"라는 표현으로 중국과 후진타오 국가 주석을 극찬했다.[22] 또한 런던 G20 정상회담 종료 후 서구 언론에서는 "지구가 워싱턴을 중심으로 회전하던 시대가 지나고 새로운 세상이 도래하고 있다."(《AFP》)라든가 "이번 런던 G20 정상회담은 실질적으로 'G2', 즉 중국과 미국의 회담이다."(《이코노미스트》)라며 중국을 한층 띄워주는 언론 보도가 쏟아졌다.

위기가 한창이던 시절 헨리 폴슨 당시 미국 재무장관은 세계경제 회복을 위한 중국의 역할을 크게 강조하며, 위기 극복의 모범국으로서 후진타오 국가 주석에 감사를 표하기까지 했다.[23] 미국과 중국이라는 양대 강대국이 세계를 주도한다는 뜻의 'G2'란 용어가 서방에서 널리 쓰이기 시작한 것도 이때부터였다.

2008년, 중국의 세계 인식이 근본적으로 뒤바뀐 해

물론 이러한 과감한 재정 정책을 통한 성공적인 경제위기 극복 경험은 훗날 중국에 큰 부작용을 가져오게 된다. 경기침체 시기 때마다 부동산이나 SOC 투자를 통해 건설경기를 자극한다거나, 국영기업 대상 대출 완화 같은 단기적 경기부양 카드를 꺼내 쓰는 정부 당국의 패턴이 이때부터 형성되어 결국 중국 경제를 막대한 부채의 늪에 빠지게 만드는 결과를 초래하게 했기 때문이다. 하지만 이는 상당히 시간이 지난 후에나 불거질 문제였으며, 어찌 되었거나 이때 중국은 외부의 칭찬과 객관적 성과 지표에 스스로도 크게 고무된 듯싶었다.

중국이 도광양회에서 벗어나 자신들의 생각과 야심에 대해 거침없이 외부에 표출하기 시작한 게 이즈음부터였다. 금융위기 발발한 후 중국은 공식적으로 미국 달러화 패권에 문제 제기를 하기 시작했고,[24] 중국 관영 언론들은 전 세계가 중국과 미국을 대등하게 보기 시작했다는 것을 호들갑을 떨며 앞다투어 보도했다.[25] 중국의 한껏 부풀어오른 자신감은 위기가 한참이던 2008년 가을, 헨리 폴슨 당시 미국 재무부 장관을 만난 왕치산 부총리의 발언에서 가장 상징적으로 드러난다.

헨리 폴슨의 회고록에 따르면, 당시 왕치산은 오랜 기간 많은 자문을 얻던 사이인 헨리 폴슨을 만난 자리에서 금융위기 대응으로 낭패에 빠진 그에게 "당신은 나의 스승이었지, 그렇지만 지금 당신네 시스템을 보게. 우리가 더 이상 당신들로부터 배워야 하는지 모르겠네."라고 말한 것으로 전해진다.[26] 이는 **'경제 건설을 위해 약 30년간 진행된 미국 배우기와 미국에 대한 선망이 사실상 끝났다'**는 중국 공산당의 속마음을 대표하는 발언이기도 했다. 중국은 미국이 내세운 극단적 자유방임의 신자유주의가 무너지는 걸 지켜보며 무조건적인 시장화가 만능이 아니라는 결론을 내린다. 이는 미국 모델의 대안으로 시장경제와 강력한 정부의 적극적 시장 개입의 혼합형인 중국형 경제모델을 세계에 강조하는 것으로 이어진다.

또한 이때를 기점으로 중국은 더 이상 자신들의 속내를 억누르며 조용히 힘을 키우지 않아도 된다고 생각했던 것 같다. 경제가 정치보다 우선이라는 외교 원칙도 이때부터 깨지기 시작한다. 2010년 일본과의 영유권과 역사 문제를 둘러싸고 대규모 외교 충돌이 연이어 발생했고, 뒤이은 대규모 반일 시위로 일본 제품과 상점, 공장이 파괴되어 중일 간

투자와 무역이 위축될 조짐을 보였으나 중국의 대일본 강경 기조는 계속 유지되었다.

중국 공산당 내에서는 30년간 이어진 도광양회 정책에 대한 회의감, 그리고 이제 때가 되었다는 고양된 자신감이 넘쳤다. 이런 정서가 곧이어 최고 권력자가 될 시진핑의 성향과 속내에 부합한다는 건 당시에는 알기 어려웠다. 그가 여전히 민감한 이슈나 자기 생각을 표현하는 것에 침묵을 지켰기 때문이었다. 결국 중국몽으로 대표되는 시진핑의 강경한 대외 정책과 공격적인 외교가 **2008년 이후, 중국의 세계에 대한 근본적인 인식 변화**의 배경에서 나왔다는 해석은 그가 집권한 후에야 가능한 일이었다.

나는 여기에 시진핑의 어린 시절부터 형성된 그의 복고주의적 세계관 또한 무시하지 못할 요인으로 추가해야 한다고 생각한다. 서구적 가치를 부정하고 자력갱생을 내세우며 중국 인민의 자체적 역량으로 세계 초강대국이 되겠다는 국수주의적 발상의 원조는 마오쩌둥이며, 앞에서 살펴보았듯 마오쩌둥의 시대를 긍정한 대표적 인물 중 한 사람이 바로 시진핑이기 때문이다. 하지만 이 당시만 하더라도 마오쩌둥 시대로의 회귀를 상징하는 대표적 인물은 따로 있었다. 바로 차기 최고 지도부 자리를 두고 시진핑 경쟁했던, 같은 태자당 출신이자 정치적 라이벌인 보시라이 충칭시 당서기였다.

6장

보시라이의 난(亂)

2008년 금융위기가 덩샤오핑의 외교 방침인 도광양회에 일격을 가했다면, **2012년 터진 보시라이 정변**(政變)은 덩샤오핑이 만들어 놓은 집단지도체제를 무너뜨리는 데 일조한다. 덩샤오핑이 마오쩌둥 시대의 재앙을 되풀이하지 않기 위해 만든 이 두 가지 외교 원칙과 정치 시스템은 매우 성공적으로 작동하였지만, 시진핑 집권 직전 그 효용을 의심받는 일이 연이어 터지게 된다.

그리고 마오쩌둥 시절을 긍정하던 시진핑에게 이 두 사건은 자신의 생각이 옳았음을 확신시켜주는 계기가 되었을 것이다. 또한 시진핑이 자신의 권력 체제에 대한 구상을 현실화시키는 데 보시라이 정변은 그 어떤 사건보다도 좋은 명분이 되었을 것이다. 그렇기 때문에 2012년 보시라이로 인해 촉발된 중국의 정치 위기는 2008년 경제위기와 더불어 시진핑 정권의 성격을 파악하는 일에 필수적이라고 판단하는 것이다.

그렇다면 중국 정치의 최대 스캔들로 불리면서, 덩샤오핑 이후 30년간 잘 작동해 온 중국의 집단지도체제를 붕괴시키는 결정적 계기가 되었던 보시라이 정변 사태는 도대체 무엇이었고 왜 발생하게 된 것일까? **보시라이 정변 사태는 덩샤오핑이 만든 집단지도체제의 취약점이 극**

대화되어 발생한 정치적 위기이며, 후진타오 계파와 장쩌민 계파 간에 벌어졌던 치열한 권력 다툼의 산물이라고도 할 수 있다.

보시라이가 등장한 배경

앞서 시진핑이 후계자로 낙점되는 과정에서 다루었듯 당시 중국의 최고 권력은 9명의 상무위원이 나누어 가지고 있었다. 명목상 최고 권력자는 후진타오 총서기였지만, 다른 8명의 상무위원 다수가 전임 총서기인 장쩌민 계파 소속이었기 때문에 후진타오가 자신의 의지를 관철시킬 수 있는 영역에는 한계가 명확했다. 장쩌민은 자신의 계파 소속 상무위원들을 통해 국정에 끊임없이 영향력을 행사했고, 당시 중국 내에서 장쩌민은 '실세'라는 의미의 '상왕'(중국 명칭으로는 '태상황')이라 불렸다.

이런 실세와 동거하는 후진타오는 집권 기간 내내 많은 설움을 당했는데, 외부에 공개된 대표적 일화 중 하나는 명목상 군 최고 통수권자로서 그가 정말로 군을 통제하고 있는지에 관한 의문을 갖게 할 만한 사건이었다. 2011년 후진타오와 공식 면담을 하던 미국 국방장관은 면담 직전 접한 중국의 차세대 스텔스 전투기 'J-20'의 시험 비행 소식에 대해 후진타오에게 항의하는데, 그는 후진타오의 반응을 보고 더욱 놀랐다고 전해진다. 왜냐하면 이 중국 최첨단 전투기의 시험 비행 소식을 후진타오도 명백히 처음 듣는 것처럼 보였기 때문이었다.[27]

현재 시진핑에 고도로 집중된 권력을 생각하면 당시 중국의 정치 환경은 흡사 중국이 아닌 다른 나라의 이야기처럼 들린다. 하지만 그때와 지금 중국 정치 상황이 확연하게 다른 점은 이와 같은 중앙의 권력 집중도뿐만이 아니었다. **당시 중국의 각 지방정부는 현재와 달리 매우 높은 수준의 자치권을 행사하고 있었다.** 이 역시 덩샤오핑의 유산 중 하나였다. 개혁개방 초기 덩샤오핑은 어떤 개혁 조치든 전면 시행하기 전에 일부 지역을 선정하여 거기서 시범적으로 시행해 보고, 결과가 성공적인 것으로 확인이 되면 그다음에야 전국적으로 확대하는, 신중하고 사전 검증이 가능한 방법을 애용했다. 개혁개방 초기 연해안 도시들을 위주로 시행된 경제특구가 대표적인 예이다.

심지어 중국 농촌에서 이루어진 시장화 개혁의 첫 단계는 중앙정부가 시행한 것도 아니었다. 안휘성 평양현 샤오강촌이라는 작은 농촌 마을에서 '집체생산' 방식을 '농가별 생산 책임제'라 불리는 '포산도호(包產到戶)'로 몰래 변경했더니 수확량이 폭발적으로 증가한 일이 있었다. 그 결과에 놀란 중앙정부가 사후 승인 후 전국에 확대한 것이 중국 농촌 시장화의 첫 단계로 평가받기 때문이다.[28]

개별 지역에서 진행된 실험적 개혁 조치들의 성공적 결과에 고무된 덩샤오핑은 각 지역들이 자신들의 환경과 조건에 맞게 자체적으로 판단하여 경제개발과 지역 발전에 필요한 정책들을 시행하는 것을 적극 권장하기 시작한다. 각 성(省) 정부의 지도자들은 자신들의 재임 기간 동안 자기 지방의 경제성장률과 소득 향상, 각종 개발지표 결과에만 책임을 지면 되었고, 목표를 달성하기 위한 수단과 방법에 관해서는 고도의 자율성을 누릴 수 있었다.

그리고 성급 지도자들은 자기 지역의 경제성장 결과에 따라 중앙정부의 최고 지도자로 입성할 수 있는 기회를 얻을 수 있었기 때문에 야심 있는 지도자들은 자기 지역의 기업 유치와 도시 발전에 매진할 수밖에 없었다. 장쩌민도 최고 지도자로 발탁되기 전에 상하이의 당서기를 지냈고, 후진타오는 티베트 자치구 당서기를, 시진핑은 저장성과 상하이시 당서기를, 그리고 리커창은 총리가 되기 전 허난성에서 당서기를 거쳤다. 당시 지방정부가 행사한 고도의 자율성은 지방정부들이 중앙정부의 지시만 바라보는 현재의 시진핑 시대와 크게 대비되는 차이였다고 할 수 있다.

중국의 광역행정 단위인 성(省)은 면적과 인구 규모가 웬만한 유럽 국가들과 엇비슷하거나 심지어는 더 크다. 여기에 중앙정부가 강력한 리더십을 발휘하지 못하는 후진타오 정권의 취약성까지 가미되자 당시 권력과의 연줄이나 배경이 있는 일부 성 정부의 최고 책임자는 사실상 지방 영주나 제후에 가까운 권한을 누리기까지 했다. 그랬기 때문에 상하이방에 속한 첸량위 상하이시 당서기가 중앙정부에 맞서며 노골적으로 갈등을 벌이다 숙청된 사건 같은 게 벌어질 수 있었던 것이다. 이렇게 당시 중국의 정치권력은 원심력이 강하게 작용하며 자칫 중심까지 형해화될 수 있는 상황까지 치닫고 있었다.

중국 역사를 살펴보면 이렇게 수도에서 먼 지방에 권력 공백이 생길 때마다 반복적으로 생기는 어떤 패턴이 발견된다. 바로 해당 지역을 장악한 야심가가 강력한 지역 기반을 근거로 약해진 중앙 권력에 도전했던, 역사 속에 '반란' 혹은 '정변'으로 기록됐던 사건들의 반복 말이다.* **후진타오 정권 말기의 중국 정치 상황은 이러한 지역 기반 야심가를 낳기에 최적화된 환경을 제공했고, 실제 그런 야심가가 정말 등장하여 엄청난 정치 스캔들을 일으킨다. 그 야심가가 바로 보시라이 당시 충칭시 당서기였다.**

그는 어떤 인물이었는가

보시라이는 여러 가지 면에서 시진핑과 대조되는 인물이다. 같은 태자당 출신이었지만 문화대혁명 기간에 보여준 모습이나 이후의 정치 스타일에서 시진핑과는 확연히 달랐기 때문이다. 보시라이는 한때 대

* 전한 시대 오초칠국(吳楚七國)의 난, 당나라 시대 안록산(安祿山)의 난, 명나라 때 정난의 변(靖難之變) 등이 대표적인 예시이다. 또 『삼국지』도 사실 약해진 중앙정부에 도전한 각 지역 군벌들의 쟁투를 그린 이야기라 할 수 있다.

표적인 중국식 포퓰리즘 정치인이자 음험한 권모술수(權謀術數)의 화신으로 여겨졌다. 보시라이는 스스로 시끄럽게 튀는 걸 즐겼고 자신에 대한 포장과 선전에도 능했기 때문에, 당시까진 전면에 나서는 것을 꺼리고 과묵하고 온건한 성향으로 알려졌던 시진핑과 곧잘 비교가 되었다. 사실 권모술수 면에서 보시라이는 시진핑의 상대가 되지 않는다는 것을 시진핑 집권 전에 간파한 사람들은 거의 없었다.

보시라이는 또 권력 욕구와 인정 욕구가 매우 강렬했는데, 그의 이런 성향은 문화대혁명 시기였던 그의 청소년 시절 일화에서 잘 드러난다. 시진핑 아버지인 시중쉰처럼 보시라이의 아버지 보이보 또한 문혁 기간 반동으로 지목되어 고초를 겪는다. 그런데 문혁이 광기에 치달을 무렵 보이보뿐 아니라 보시라이 또한 "반동분자의 아들"이라며 아버지와 함께 린치를 당할 위기에 처하자, 보사라이는 자기라도 살기 위해 경악할 만한 반인륜적 행위를 저지른다. 문화대혁명 당시 파괴와 폭력의 주체였던 홍위병들이 보는 앞에서 자신은 반동이 아님을 증명하기 위해 아버지를 무지막지하게 구타했던 것이다.

그 결과 그의 부친은 갈비뼈가 몇 개나 부러지는 부상을 입는다. 더 놀라운 건 보이보의 반응이었다. 그는 자신의 아들을 원망하기보다는 다음과 같이 오히려 큰 인물이 될 것이라고 만족해했다고 전해진다.

> "문화대혁명때 목숨을 건질 수 있었던 것은 나의 아들 시라이(보시라이)가 나를 심하게 때렸기 때문이다. 나는 맞고서 눈앞이 새카매져서 땅바닥에 쓰러졌다. 이 독한 녀석은 다시 발로 내 가슴을 몇번 밟았다. 당시 늑골 3개가 부러졌다. 그가 이렇게 육친불인(六親不認), 수독심한(手毒心狠)하여 애비조차도 죽음으로 내모는 모습을 보니, 이 아이는 우리당 미래의 후계자가 될 좋은 자질을 가졌다."[29]

문혁이 끝난 후 베이징대에 입학한(비슷한 시기 시진핑은 청화대에 입학한다) 보시라이는 졸업 후 화려한 출신 성분과 비상한 두뇌, 뛰어난 업무 성과로 정치인으로서 승승장구하게 된다. 그리고 다롄시 시장과 랴오닝성 성장을 거쳐 2007년 충칭시 당서기에 부임한다. 충칭시는 단순한 도시가 아니라 웬만한 나라 규모를 능가하는 인구 4천만 명의 초거대 도시이며, 베이징, 상하이, 톈진과 함께 기본 행정구역인 성(省)급과 동일한 중국 4대 직할시 중 하나이다.

앞서 언급했듯 당시 성급 지방정부 수장은 단순한 행정 책임자가 아니었다. 더더군다나 보시라이같이 태자당 출신이라는 막강한 정치적 배경이 있을 경우 지방정부 수장은 사실상 준(準)독립 지방 영주처럼 지낼 수 있었다. 보시라이는 충칭시 당서기로 내려가며 준(準)국가나 다름없는 인구 4천만 명 지역의 실질적 통치자로서 권력을 마음껏 행사하기로 결심했던 듯싶다. 시진핑을 비롯해 자신의 동년배 라이벌들이 정식 후계자가 되기 위한 수순으로 중앙의 상무위원이 된 것에 비해 그가 지방 당서기에 임명된 건 어떤 의미에서는 좌천이자 사실상 후계 구도에서 탈락했음을 의미했지만, 야심가 보시라이는 포기하지 않았고 '충칭의 별'[30]로서 자신의 근거지와 권력을 자신의 재기를 위하여 적극적으로 활용하기 시작했기 때문이었다.

중국 최대 직할시 충칭시 당서기로 온 보시라이는 소위 **'충칭 모델'**로 불리는 몇 가지 정책 패키지를 추진하며 세간의 큰 관심을 받게 된다. 충칭 모델은 경제적 측면에서는 농민들에게 도시 후커우를 개방하고, 공공 임대주택을 대대적으로 건설하며, 국영기업을 통한 대대적인 정부 투자로 도농 간 균형 발전과 빈부 격차 완화를 추구하는 모델이다. 그리고 정치·사회적 측면에서는 지역 조직폭력 집단 등을 강력한 공권력으로 소탕하며 공공질서와 치안을 강화하고, 마오쩌둥 찬양과 과거 홍군 혁명가 부르기, 문혁 시기 하방 체험하기 등을 통해서 미화된 과거의 정치적 추억을 자극해 복고적 유행을 불러일으키는, 한마디로 말해서 '관 주도 사회 기강 잡기 캠페인'이었다.

수치적으로 충칭 모델은 큰 성공을 거두는데, 보시라이 집권기 충칭시는 집중적인 공공투자에 힘입어 매년 10퍼센트가 넘는 고속 성장을 거둔다. 이는 글로벌 경제위기 후 저성장에 시달리던 상황에서 확실히 주목받을 성적이었다. 충칭의 가난한 서민들은 당연히 보시라이를 영웅으로 간주하고 열렬한 지지를 보냈으며, 전국적으로 충칭 모델은 중국 내 좌파 세력에게 극단적인 서구식 시장 중심 자본주의의 강력한 대안으로까지 받아들여지게 된다.[31] 분위기가 한참 뜨거울 때는 원자바오 총리, 시진핑 당시 부주석 등 중앙정부 최고 지도부가 차례로 충칭을 방문하여 보시라이의 업적을 치하했고, 충칭 모델은 미래 중국 발전의 대안이라는 극찬까지 듣게 된다.[32] 충칭 모델의 대성공으로 좌천되었던 보시라이는 2012년 중국 공산당 대표대회에서 다시 한번 '차기 상무위원 진입'이란 역전 찬스를 손에 쥘 수 있는 것처럼 보였다.

2012년, '보시라이 사태'의 발발

하지만 2012년 2월 6일 전 세계로 긴급 타진된 충칭시 미국 영사관발 깜짝 뉴스는 보시라이의 기대를 산산조각 나게 만든다. 바로 보시라이의 최측근이었던 전 충칭시 공안부장 왕리쥔(王立軍)이 미국 영사관에 몰래 잠입하여 망명을 타진한 것이었다.

왕리쥔은 보시라이의 대표 정책인 '조폭과의 전쟁'을 성공적을 이끈 보시라이의 최고 공신이었다. 그는 보시라이가 다롄시 시장일 때부터 함께하며 수십 년을 그의 측근이자 심복으로 일해 왔고, 보시라이를 대신해서 온갖 지저분한 일도 처리했을 가능성이 매우 큰 인물이었다. 그랬기 때문에 이 사건이 막 터졌을 때 그 배경을 두고 온갖 추측과 소문이 난무하기도 했었다.

민감한 사안인 만큼 공식적으로 확인이 되지는 않았지만, 여러 정황과 사후 보도를 종합해 볼 경우 왕리쥔의 미국 망명 시도 동기는 다음과 같다. 2011년 겨울, 충칭 어느 호텔에서 영국인 닐 헤이우드란 사람이 사망한 채로 발견된다. 전직 영국 정보국 요원이었던 닐 헤이우드는 보시라이의 아내 구카이라이(谷開來)와 매우 긴밀한 관계에 있는 사람으로서 영국에 유학 중인 두 사람의 아들의 후견인이자 보시라이와 구카이라이의 해외 재산 관리를 하는 사람으로 알려져 왔다. (심지어 구카이라이의 불륜 상대라는 소문도 있었다.)

또한 닐 헤이우드는 보시라이 가문의 해외로 재산 반출 및 돈 세탁, 그리고 해외 재산 관리를 할 정도로 보시라이 집안과 밀접한 관계를 맺었다. 하지만 닐 헤이우드는 어떤 모종의 사안으로 구카이라이와 사이가 매우 악화되었으며, 죽기 직전 주변 사람들에게 자신의 신변이 위험하다는 말도 했다고 전해진다. (결국 나중에 구카이라이는 닐 헤이우드 독살 사건 혐의로 정식으로 중국 사법 당국의 재판을 받는다.) 그리고 닐 헤이우드 살인 사건을 직접 조사하고 사건 은폐에 깊숙하게 개입한 왕리쥔이 모종의 이유로 자신의 윗사람(보시라이)과 큰 갈등 관계에 빠졌으며, 신변의 위험을 느낀 왕리쥔이 미국 영사관으로 탈출을 도모했다는 것이다.

또 다른 추측성 기사에 따르면, 범죄와의 전쟁, 그리고 부패와의 전쟁으로 여기저기 정적이 많았던 왕리쥔에 대해 중앙정부가 비밀 감찰과 내사를 시작하자 처음에는 적극 왕리쥔을 보호하던 보시라이가 본인도 부담을 느끼고 왕리쥔을 버리기로 결정했다고 한다. 보시라이가 꼬리 자르기를 시도하자 이에 엄청난 배신감을 느낀 왕리쥔이 자신이 모신 윗사람의 비리까지 모두 폭로하려고 시도했다는 것이다. 이에 보시라이는 왕리쥔을 은밀히 처치하는 것으로 문제를 해결하려 결정했지만 심상치 않은 낌새를 눈치챈 왕리쥔이 도망치기로 결심한다.

당시 충칭시는 사실상 보시라이의 왕국이었고, 지역 경찰 등 현지 공권력까지 보시라이 통제하에 있었기 때문에 고속도로나 공항 모두 탈출 루트로는 극히 위험했다. 충칭시에서 보시라이의 통제력이 미치지 않는 곳을 찾던 왕리쥔이 미국 영사관 외에 다른 대안을 떠올리기는 쉽지 않았을 것이다. 왕리쥔이 미국 영사관에 진입하여 망명을 요청하자 워싱턴과 베이징은 깜짝 놀랐고, 보시라이는 즉시 왕리쥔의 신병을 확보하기 위해 충칭 무장경찰 장갑차까지 동원해 미국 영사관을 포위하는 극단적인 조치를 취한다.

미국의 해외 외교 공관이 장갑차에 포위되는 황당한 사태에 경악한 미국 정부는 베이징에 강력하게 항의했다. 베이징의 중앙정부 역시 왕리쥔의 신병을 확보하기 위해 즉시 국가안전부(한국으로 치면 국정원)를 충칭에 급파하고, 동시에 현지 인민해방군을 미국 영사관으로 파견한다. 미국 영사관을 둘러싸고 충칭시 무장경찰과 인민해방군, 즉 한 나라의 경찰과 군대가 대치하는 대단히 기이하고 위험한 상황이 벌어지게 된 것이다.

사태가 걷잡을 수 없게 커지게 되자 결국 보시라이는 중앙정부에 굴복하고 미국 영사관을 포위했던 무장경찰을 철수시켰다. 중앙정부는 워싱턴과의 협의를 거쳐 국가안전부 요원들이 미국 영사관에 있던 왕리쥔의 신병을 인도받아 체포하고, 베이징으로 압송시키게 조치한다. 왕리쥔의 신병 인도는 당시 미국이 중국 내부의 정치 갈등에 전면 개입하는 것을 부담스러워한 결과이기도 했다. 가혹한 심문 끝에 왕리쥔은 자신의 상관이었던 보시라이의 비위 사실과 정치적 야심, 그리고 하극상으로 해석되는 행위 등을 털어놓게 되고, 이를 보고 받은 베이징의 최고 지도부는 보시라이에 대한 처벌 수위로 격론을 벌이게 된다.

보고 내용에는 각종 부패, 살인교사, 불법행위 등이 망라되어 있었지만 그중에서도 최고 지도부를 가장 격분시킨 것은 보시라이가 왕리쥔을 시켜 후진타오를 비롯한 상무위원들에 대해 도청을 시도한 혐의였다.[33] 평소 보시라이의 포퓰리즘 선동과 마오쩌둥 시절의 향수를 자극하는 위험한 정치 캠페인에 대해 못마땅하게 생각했던 후진타오와 원자바오 등 공청단 계열에서는 이 기회를 통해 보시라이를 끝장내려 결심하게 된다.

정치적 사망 선고

그러나 중국을 공동 통치하는 상무위원 9명 중에는 보시라이의 대표적 후견인이자 공안황제로 불리는 저우융캉(周永康)처럼 보시라이에 대한 가혹한 처벌에 끝까지 반대하는 이들도 있었다. 마침 3월 초에는 중국 최대의 연례 정치 행사인 양회(兩會, 한국의 정기국회에 해당)가 열리게 되는데 이해 양회는 보시라이에 대한 처리를 둘러싼 이슈로 유독 최고조에 달한 긴장 속에서 개최된다. 그리고 3월 3일부터 3월 14일까지의 양회 기간 동안 물밑에서 벌어진 치열한 권력 투쟁은 내전 직전까지 갈 정도로 파국으로 치닫게 된다.

원래 중국의 양회는 매년 3월 그해 중국 거시 정책의 방향을 제시하고 사전에 결정된 법률을 형식적으로 통과시키는 정치 행사에 가까웠다. 전체적으로 중국 공산당의 단합과 결속을 과시하는, 이벤트적인 성격이 강한 행사였던 것이다. 하지만 그해 양회는 보시라이 처리를 둘러싼 물밑에서 벌어지던 격론과 충돌의 긴장을 완전히 감춰두는 것이 불가능했다.

후진타오와 원자바오는 각 지방 대표단 중 오직 충칭시 대표단에 대한 접견을 보이콧함으로써 자신들의 불편한 심기를 드러냈다. 반면 보시라이 지킴이 저우융캉은 혼자 참석한 충칭시 심의에서 보시라이의 "창홍타흑(昌紅打黑, 과거 공산혁명 시절 캠페인 부활과 조직 폭력과의 전쟁을 지칭하는 구호)" 정책의 성과를 높이 평가하며 충칭 모델을 칭찬하면서 보시라이에 대한 지지를 공개적으로 드러낸다.

보시라이 또한 그냥 앉아서 조용히 처분을 기다리는 유형의 정치인이 아니었다. 그는 공개 기자회견을 열어 자신의 잘못은 사람을 제대로 쓰지 못한 것뿐이라고 강조했다. 논란이 있는 '창홍타흑' 같은 정책은 반드시 필요한 정책이었고, 당 중앙 정법위의 정책 조율을 거쳤으며, 당 중앙기율 검사위에 정책 과정과 집행 결과를 모두 보고했음을 강조하며 자신을 적극 변호한다.

보시라이는 여기에 그치지 않고 추가적인 도발을 한다. 해명 과정에서 후진타오 국가 주석까지 언급하며 그도 과거에 충칭 모델을 적극 지지했고, 충칭 모델에 대한 지지의 뜻으로 곧 충칭을 방문할 것이라는 주장을 일방적으로 발표하기에 이른다. 사전 조율도 없이, 그것도 최고 지도자와 관련된 일방적인 주장을 하는 것은 중국 정치 관행에서 금기시되는 일이었기 때문에 보시라이의 발표는 베이징의 긴장된 분위기를 한층 고조시킨다. 이러한 그의 말은 지방정부 지도자가 당 중앙 최고 지도자를 공개적으로 압박하는 것으로 해석되기에 충분한 발언이었기 때문이었다.

그날 보시라이의 기자회견 보도는 충칭 지역의 언론 매체 외에는 중국의 어느 언론에서도 보도되지 않았다. 이는 당 중앙에서 이 보시라이 기자회견에 대해 매우 불편해한다는 신호로 받아들여졌다. 이처럼 보시라이가 국제적으로 이슈가 될 만큼 큰 물의를 일으켰음에도 반성과 자숙보다는 자기변호에 이어 당 최고 지도부에 대한 노골적인 압박까지 가하자 상무위원 사이에서는 보시라이를 강력하게 처벌해야 한다는 분위기가 한층 더 강해졌다.

중앙정법위(中央政法委) 서기이자 서열 9위인 저우융캉이 보시라이에 대한 가혹한 숙청에 끝까지 반대했지만 소용없었다. 양회 기간 내 수많은 회의를 거쳐 결국 공청단과 상하이방, 그리고 시진핑 부주석의 태자당까지 상무위원 내 모든 계파가 보시라이에 대한 가장 높은 수준의 처벌에 합의하였다. 마침내 양회가 끝나는 마지막 날인 3월 14일, 원자바오 총리가 내외신 기자회견을 통해 공식적으로 보시라이에 대한 정치적 사망 선고를 내리게 된다.

이날 원자바오의 기자회견은 그간의 중국의 정치적 금기를 깨는 파격적인 내용으로 가득 차 있었다. 원자바오는 이례적으로 공개적인 장소에서 문화대혁명의 재앙적 결과를 언급했으며, 보시라이와 충칭시 정부의 창홍타흑 정책을 문혁과 연결하여 그 위험성과 정치적 실수에 대한 경고와 비판을 가한다.[34] 기자회견 다음 날 보시라이는 충칭시 당서기와 기타 직무에서 면직되었고, 그에 대한 조사가 본격 시작되었기 때문에 이때쯤엔 누구에게나 보시라이가 사실상 정치적으로 끝난 것으로 보였다.

보시라이 사태가 '차이나 쇼크'와 연결되는 이유

하지만 이게 끝이 아니었다. 진짜 큰일은 이제부터가 시작이었다. 보시라이와 저우융캉은 당이 최종 결정한 보시라이에 대한 심판을 순순히 받아들일 생각이 없었다. 그리고 저우융캉은 비록 9명의 상무위원 중 서열상 가장 낮은 위치에 있었지만, 그가 가지고 있는 **정법위**라는 기관은 당시 저우융캉에게 매우 특별하고 막강한 권력을 부여했다.

중국 공산당 정법위는 정치, 법률 부분을 지휘, 통제, 영도하는 공산당 기구로서 정법(政法) 계통에 속하는 사법, 공안, 행정 안전 분야 정부 기관인 사법부, 법원, 검찰원, 당내 감찰을 담당하는 중앙기율검사위, 경찰 등 공안 기관, 국가안전부, 무장경찰부대를 모두 관할하는 기구였다. 한국 상황에 대입하면 대법원 산하의 모든 법원, 감사원, 대검찰청 산하의 전국 모든 검찰 기구, 공수처, 경찰청 산하의 전국 모든 경찰 조직, 국가정보원, 대테러부대 등이 모두 한 기구에서 관할, 통제된다는 이야기다.

저우융캉은 원래 어떤 집안 배경도 없이 석유 공기업의 일반 평사원으로 출발하여 공기업 최고위직까지 오른 입지전적인 인물이었다. 그리고 석유 공기업 부문의 최고 수장으로 일하다가 당시 총서기였던 장쩌민의 눈에 띄어 중앙정부 기관으로 자리를 옮긴 후, 장쩌민의 낙점을 통해 마침내 2007년 당대회에서 정법위 서기로 중앙정치국 상무위원에 진입한다. 가장 막강한 권력기구 수장에다가 '태상황' 장쩌민이 뒤에 버티고 있으니 당시 저우융캉의 권세가 얼마나 대단했을지 쉽게 짐작할 수 있는 대목이다.

그리고 당시까지 철저하게 분산된 중국의 권력 구조는 저우융캉에게 더욱 막강한 권력을 부여해 주었다. 9명의 중앙정치국 상무위원은 상무위원 자리와 함께 각자 자기 분야의 권력기구 수장을 겸임하고 있었는데 예를 들어 후진타오 총서기는 중앙군사위 주석, 원자바오 총리는 국무원, 우방궈(吳邦國)는 전인대 의장, 자칭린(賈慶林)은 정협 주석, 저우융캉은 정법위 서기 등과 같은 식이었다. 문제는 아무리 권력 서열이 높아도 상무위원 간에는 상대방의 권력기구에 대한 어떠한 간섭이나 영향력도 행사할 수 없었다는 점이었다. 설사 후진타오 총서기라도 정법위 산하의 법원과 검찰, 경찰 기구에 별다른 지휘나 결정 명령을 할 수 없었던 구조였다.

이는 지속적으로 중앙 정치에 영향력을 행사하고 싶어했던 장쩌민 전 총서기가 후진타오에게 권력을 승계하는 과정에서 '양 계파 간 상호 권력 분점과 영역 분할'을 합의한 데 따른 기형적 결과라 할 수 있었다. 이러한 권력 분점과 영역 분할은 권력기구들이 각 상무위원들의 개인 영지화(領地化)가 되는 것을 부추겼고, 이러한 상황에서 저우융캉은 정법위를 자신의 소왕국처럼 만들어 나갔다.

장쩌민이 정법위에 자기 사람을 넣은 것은 가장 강력한 권력 기구를 통제하여 자기 영향력을 극대화하고, 혹시나 있을 자기 친족, 자기 계파 사람들에 대한 사법적 문제를 원천 봉쇄하려는 의도로 해석되었다. 하지만 그것은 결과적으로 저우융캉에게 권력 서열을 무시하고 폭주할 수 있는 무기 또한 쥐어 준 것이었다.

저우융캉의 손에 쥐어진 무기 중엔 사실상의 군대까지 있었다. 중국의 무장경찰은 말이 경찰이지 사실상의 군대나 다름없는 화력과 장비를 갖추었다. 체제 유지와 신장, 티베트 같은 분리 독립 지역에 대한 탄압과 통제를 위하여 막대한 예산을 쏟아부은 결과 후진타오 정권 말기에는 무장경찰에 투입된 예산이 중국 인민해방군 예산을 넘어섰고,[35] 병력 규모 또한 150만 명에 달했다.

군 최고통수권자가 명백히 중앙군사위 주석 후진타오임에도 불구하고 정치 시스템 내부에 그가 전혀 통제할 수 없는 막강한 무력 집단이 존재한다는 사실은 당시 중국 정치 시스템의 취약성을 노골적으로 드러냈다. **중국 정치 시스템에 내재되어 있던 이러한 취약점은 그 시점이 되자 여러 정치적 충격이 가져오는 한계를 버텨내지 못하고 파열에 이르게 된다.**

권력 분점 모델에 기초한 중국 공산당의 과두제는 덩샤오핑의 개혁개방 모델에 의한 경제발전 시절에는 성공적으로 작동하였지만, 중국이 자신의 성공을 대외적으로 과시하는 순간 중대한 결함을 폭로하며 작동 불능 상태에 빠져버린 것이다. 그리고 다음 장에서 자세히 살펴보겠지만, **이렇듯 정치시스템의 작동 불능 상태가 이제 곧 대권을 손에 쥐게 될 시진핑에게 자신의 이상을 실현할 명분과 기회를 제공해 준 걸 생각한다면, 지금부터 이야기할 '보시라이 정변'은 차이나 쇼크의 진정한 기원과도 직접 맞닿는다고 할 수 있다.**

7장

시진핑의 적폐 청산

보시라이, 저우융캉이 2012년 3월 19일 밤 전격 시도했던 '정변' 즈음의 중국 분위기를 내가 여전히 생생하게 기억하는 이유는, 당시 모 한국기업 현지 법인 주재원으로 일하면서 중국 현지에 머물러 있었기 때문이었다. 얼마 뒤, 대략 3월 말 정도가 되자 나는 중국 지인들로부터 자기 나라에 정치적으로 심상치 않은 일이 생긴 것 같다는 이야기를 지속적으로 들을 수 있었다. 그들은 그 일이 보시라이와 관련이 있는 것 같다고 덧붙였지만, 그들 중에서 구체적이고 확실한 정보를 갖고 있는 지인은 한 명도 없었다.

TV나 신문을 비롯해 어떠한 중국 공식 매체에서도 관련 뉴스를 전혀 보도하고 있지 않으니, 평범한 중국 사람들이 그 구체적인 내막을 모르는 건 당연한 일이었다. 정확한 정보로부터 차단되어 있는 건 나도 마찬가지였지만, 그래도 중국의 지인들보다 형편이 나았던 건 인터넷을 통해서 한국 뉴스를 접할 수 있었다는 점이었다. 한국의 언론을 통해 한 달 전 터진 왕리쥔 미국 영사관 망명 시도, 그 사건의 처리를 두고 보시라이와 중앙정부의 최고 지도자들 사이에 갈등이 빚어지고 있다는 뉴스를 접한 덕에 나는 중국의 핵심 권력 집단 내에서 무엇 때문에 심각한 내분이 벌어지고 있는지 대강이나마 감을 잡을 수 있었다.

그래서 도대체 무슨 일이 벌어지고 있는지를 궁금해하는 중국 지인들에게, 외국인인 내가 오히려 짐작되는 바를 훨씬 더 구체적으로 설명해 줄 수 있었다. 언론 자유가 없는 권위주의 독재국가의 국민들이 외부로부터 정보가 차단되는 일을 겪게 될 때 어떤 갑갑함을 느껴야 하는지, 얼마나 '정확한 사실'에 목말라 하는지를 나는 이때의 경험으로 생생히 체감할 수 있었다.

보시라이 정변, 그후 10년

정변이 발생한 지 10년이 넘었지만 중국 정부는 정변의 주동자들만 '반역을 모의했다'는 죄목으로 처벌했을 뿐 당시 벌어진 사건에 대한 구체적인 내용은 단 한 번도 공개한 적이 없다.[36] 공산당의 절대적 권위와 정치적 안정을 최우선시하는 중국 공산당이 자신들 내부의 다툼과 치부를 공개해서 득이 될 게 전혀 없다고 판단했기 때문일 것이다. 그래서 당시 발생한 정변에 대한 구체적인 내막을 살펴보려면 오로지 해외에 서버를 둔 반중 매체들, 베이징에 대한 정보 접근이 가능하며 상대적 언론의 자유를 누려 온 홍콩 매체들, 그리고 홍콩 매체들을 소스로 외신들이 보도한 내용에 기댈 수밖에 없다.

당시 가장 먼저 베이징 쿠데타설을 공식적으로 첫 보도한 매체는 미국 샌프란시스코에 본사를 둔 중화권 매체《대기원시보大紀元時報》였다.《대기원시보》의 보도에 따르면 저우융캉 정법위 서기가 원자바오 총리와 보시라이 신병 처리를 둘러싸고 격하게 대립한 끝에 결국 자신의 휘하의 무장경찰 부대를 동원해 베이징 중난하이 포위를 감행했고, 이에 후진타오 주석과 원자바오 총리는 즉각 인민해방군을 동원해서 3월 19일 밤과 20일 새벽 사이에 군사적 대치와 충돌이 발생하게 되었다고 전해진다. 또한 당시 대치하고 있던 양편은 각자의 병력으로 상대편의 유력 인사를 체포하느라 베이징이 극한 혼돈에 빠졌다고 보도하였는데, 이 기사는 중국 현지의 인터넷과 SNS상의 괴소문들과 함께 중국 전역에 퍼진 흉흉한 소문들의 소스로 지목되기도 했다.

홍콩 월간지《명경월간明鏡月刊》의 보도 내용은 더욱 구체적이다. 3월 14일 원자바오 총리가 보시라이 실각을 공식 발표한 날, 보시라이의 비자금 관리자로 세간에 알려진 다롄스더 그룹의 쉬밍 회장이 갑자기 실종된다.《명경월간》의 보도에 따르면 쉬밍 회장의 신병 확보를 둘러싸고 저우융캉의 공안국 요원들과 원자바오 측의 중앙기율검사위 관리들이 충돌하였는데, 이 충돌이 확대되어 결국 무장경찰 부대와 인민해방군 사이의 무장 대치로까지 번졌다는 것이다.[37]

그리고 홍콩의 월간지《전초前哨》와 대만 국방부 산하 군사정보국의 전 부국장 웡옌칭 예비역 중장의 저서『중공정보조직과 간첩 활동』의 내용에 따르면, 보시라이와 저우융캉의 쿠데타 시도를 막을 수 있었던 결정적 요인은 바로 현 미국 대통령 바이든과 시진핑 간의 긴밀한 협조와 소통이었다고 한다. 왕리쥔이 미국 영사관에 진입하여 망명 시도를 할 무렵 미국 정부에 넘긴 자료에는 보시라이와 저우융캉의 쿠데타 시도에 관한 구체적 계획이 포함되어 있었고, 바이든 당시 부통령을 통해서 마침 미국을 방문 중이던 시진핑 부주석에게 해당 내용이 전달되어 후진타오와 원자바오가 사전에 쿠데타를 대비할 수 있었다는 것이다.[38] 정변 이후 10년이 지나 현재 벌어지고 있는 미중 간 신냉전을 진두지휘 하는 두 인물이 바이든과 시진핑이라는 걸 생각하면, 참으로 아이러니한 인연이 아닐 수 없다.

세부적인 내용에서는 약간의 차이가 있지만, 종합적으로 내릴 수 있는 결론은 3월 19일과 20일 밤 사이 베이징 내부에서 군사적 대치가 있었고, 하마터면 내전에 이를 뻔한 무장 충돌의 위험도 있었다는 것이다. 그리고 반란 모의 혹은 무력 저항 시도는 군에 의해 진압되어 실패했고, 정치적 이유로 판결은 늦어졌지만 모두 처벌받았다는 것이다.

저우융캉은, 상무위원에 올랐던 인물은 어떠한 정치적 잘못이나 비리가 있더라도 사법적 처벌을 하지 않는다는 중국 공산당의 정치적 불문율을 깨고 처음으로 사법 처리 대상이 된다.[39] 보시라이 또한 태자당이라는 막강한 정치적 배경이 있었음에도 불구하고 역시 특별 교도소에서 말년을 보내게 된다. 보시라이와 저우융캉의 정변 사태는 중국 현대사에서 1971년 당시 국방부장이었던 린뱌오(林彪)의 마오쩌둥 암살 계획 이후 근 40여 년 만에 처음 터진 정치적 쿠데타였다.

그러니 이 사건의 여파가 중국 공산당 내에서 얼마나 심각했을지 쉽게 상상할 수 있을 것이다. 게다가 중국은 선거를 통한 정당 간 민주적 정권 교체가 아니라 일당독재를 하고 있으므로 권력을 둘러싼 갈등과 충돌이 전면적인 내분으로 격화될 경우 체제 붕괴 위험성에 더욱 취약하다고 할 수 있다. **자칫하면 체제까지 흔들 뻔했던 쿠데타 사태에 대한 구조적 원인으로는 명목상 최고 지도자의 허약한 리더십과 계파 간 권력 분점이 지목되었을 것이다. 그리고 이런 취약함을 노출시켰던 집단지도체제는 그 효용을 다한 것으로 보였을 것이다.**

실제로 집단지도체제는 그해 가을 전국대표대회에서 정법위 개혁을 필두로 수술대에 오른다. 우선 의사결정 효율성을 높인다는 명분으로 9명의 정치국 상무위원 숫자는 7명으로 축소되었고, 폐지 대상 상무위원 자리에는 당연히 저우융캉이 권세를 누리던 정법위 서기가 포함되었다. 정법위 서기에게 있던 무장경찰 부대의 지휘권도 공산당 총서기가 겸임하는 중앙군사위원회 주석 산하로 넘어간다. 그리고 명목상 최고 지도자에 대한 권한 강화 조치로 군 통수권을 보유하고 있던 중앙군사위원회 주석 자리의 임기를 총서기 임기와 통일시켜 새로 취임하는 시진핑에게 한꺼번에 넘겨주게 된다.

이는 오랜 기간 태상황 노릇을 하며 국정에 개입하여 명목상 최고 지도자의 권력을 약화시키고 궁극적으로 내분의 단초를 제공한 장쩌민의 잘못을 되풀이하지 않겠다는 후진타오의 의지이기도 했다. 장쩌민은 2002년 후진타오에게 총서기 자리를 물려주면서 계속 국정에 영향력을 행사할 의도로 군 통수권이 있는 중앙군사위 주석 자리는 물려주지 않고 2004년까지 계속 가지고 있었는데, 이는 후진타오가 집권 내내 겪었던 허약하고 취약한 리더십 문제의 단초로 지목되었다. 후진타오는 자신이 겪은 어려움을 후임자인 시진핑이 동일하게 겪지 않길 원했던 것 같고, 이 덕에 시진핑은 **취임과 동시에 명목상의 권력과 실질적 권력을 동시에 누릴 조건**을 확보한다.

마오쩌둥과 덩샤오핑을 넘어서

하지만 이제 막 최고 지도자 자리에 오른 시진핑은 이 정도 조치로는 절대 충분하지 않다고 생각했던 것 같다. 그가 보기에 집단지도체제를 조금 손본 것으로는 병의 외부적 증상만 완화시켰을 뿐 병인(病因)에는 손도 못 댄 걸로 비춰졌던 것 같다. 지금 와서 시진핑의 전체 행적을 돌이켜 보면, 그는 그때 이미 훨씬 더 근본적인 개혁을 마음에 품고 있었던 것으로 보이기 때문이다.

시진핑 집권 후 '정변의 수괴'인 보시라이와 저우융캉에 대한 처벌은 단지 정치적 숙청의 시작이었을 뿐이었다. 이후 수많은 당, 군, 정부의 전현직 고위 관료들이 시진핑의 칼 끝에서 사라졌다. 시진핑은 원래 각자 담당한 영역에서 전결권을 갖고 있던 상무위원들이 자신에게 정기적인 의무 보고를 하는 체계를 만들었고, 이로써 집단지도체제는 사실상 붕괴되었다. 거기다 마오쩌둥 사후 중국에서 완전히 자취를 감추었던 최고 지도자 개인 숭배까지 등장하면서 시진핑 일인천하와 권력 집중의 정도는 중국의 국부인 마오쩌둥 시대를 방불케 하는 수준에 이르게 된다.[40]

또 그는 '중국몽'과 '일대일로(一帶一路)' 등을 전면에 내세우며 그동안 쌓아 온 경제력을 대외 영향력으로 전환하고, 동아시아와 서태평양에서 미국 패권과 정면 충돌도 불사한다. 이로써 덩샤오핑의 유훈인 도광양회는 폐기된다. 이와 함께 '먼저 부자가 되라'는 덩샤오핑의 선부론도 '함께 부자가 되자'는 공동부유로 교체되었다. 사실상 사라졌던 민영기업 내 공산당 당 조직이 부활되고, 시장경제를 위축시키는 각종 규제와 처벌은 강화되고 있으며, 대중문화에 대한 검열과 규제는 완화되기는커녕 더욱 심각한 탄압을 받으며 제2의 정풍운동(整風運動, 중국 공산당의 당내투쟁을 효과적으로 전개하기 위하여 마오쩌둥이 주창한 당원활동 쇄신운동)이나 문화대혁명이 발생했다는 과장 섞인 우려까지 나오게 된다.

시진핑이 집권한 뒤 이렇게 정치, 외교, 경제, 사회, 문화 등 전 방면에 걸친 방향 전환의 공통점은 바로 **덩샤오핑 시대부터 시작된 '개혁개방 30년 시대'에 대한 대대적 수술 작업**이라는 것이다. 사실 시진핑은 집권 초기에 이미 개혁개방 이후 30년의 방향을 바꿀 것임을 암시하는 듯한 발언을 하기도 했다. 시진핑이 총서기에 선출된 직후인 2013년 2월, 당 중앙위원회 학습 토론회에서 그는 〈중국 역사의 '두 개의 30년'을 어떻게 정확히 평가할 것인가〉라는 주제로 다음과 같은 발언을 남긴다. 나는 이 발언이 시진핑의 정치적 관점과 향후 정책 노선을 가장 포괄적으로 요약한 말이 아닐까 생각한다.

> "우리 당은 인민을 사회주의 건설로 이끌었고 개혁개방 이전과 개혁개방 이후 두 개의 역사적 시기가 있어 서로 연결되고 중대한 차이가 있는 시기이지만 본질적으로는 모두 인민사회주의 건설의 실천적 모색이었다. 중국 특색 사회주의는 개혁개방 역사의 새로운 시기에 시작됐지만, 이미 신(新)중국 사회주의 기본 제도를 만들어 20여 년 동안 진행해 온 토대 위에서 시작되었다. 따라서 개혁개방 이전의 역사적 시기에 대해서는 정확히 평가해야 한다. 개혁개방 이후의 역사적 시기로

개혁개방 이전의 역사적 시기를 부정할 수 없고, 역시 개혁개방 이전의 역사적 시기로도 개혁개방 이후 역사적 시기를 부정할 수 없다. 개혁개방 전 사회주의 실천 탐구는 개혁개방 후 사회주의 실천을 위한 조건이 마련됐고, 개혁개방 후 사회주의 실천 탐구는 이전 시기에 대한 견지·개혁·발전이었다."[41]

여기서 개혁개방 이전은 마오쩌둥 시대를 뜻하는 것이며, 개혁개방 이후는 덩샤오핑부터 후진타오 시기까지를 뜻한다. 시진핑이 보기에 마오쩌둥 시대와 덩샤오핑 시대는 서로 충돌하는 게 아니다. 두 시대는 긴밀히 연결되어 있고 중국은 마땅히 두 시대의 유산 모두를 받아들여야 한다는 게 시진핑의 생각이다. 자신은 개혁개방으로부터 30년이 지난 후 집권했으니, 사실상 그동안 푸대접을 받아 온 개혁개방 이전 마오쩌둥 시기를 재평가하겠다는 이야기이기도 하다.

그리고 시진핑이 개혁개방 전후 30년 모두 계승해야 한다면서 **마오쩌둥의 유산을 재평가해야 한다고 강조한 저의**(底意)를 정확히 파악하는 것이 중요하다. 이 발언이 나온 맥락에는 물론 자신의 집권 전에 공산당이 맞이했던 정치적 위기를 극복할 필요성이 있다는 판단도 있겠지만, 무엇보다도 그 재평가의 의지는 그의 진짜 신념일 가능성도 매우 크다고 본다. 시진핑 집권 직전 중국 공산당은 전례 없는 위기 상황을 맞이했고, 정파와 이념과 노선에 따라 심각하게 분열되었으며, 내부 분열 심각도에 따라 통치에 안정성까지 위협받을 수 있다는 위기감이 팽배했다.

시진핑은 이 모든 정치적·경제적·사회적 위기가 개혁개방 30년 시기의 후유증 및 부작용과 당의 지속적이고 지나친 우경화 때문이라고 생각했을 개연성이 크다.[42] 그리고 해이해진 당의 군기를 다시금 잡고 고삐를 쥐어야 하며, 그 작업을 위한 수단으로는 자신의 정치적 아버지이자 본인의 정치적 정체성을 만들어 준 마오쩌둥 사상과 마오쩌둥 시기를 다시금 소환할 필요가 있다고 생각했으리라.

시진핑 본인은 물과 기름처럼 절대 섞이지 않는 '마오쩌둥 30년'과 '덩샤오핑 30년'을 하나의 통일된 서사로 묶어서 당내 좌우파 및 여러 계파를 하나의 사상으로 다시 통합하고, 당내 분열을 극복하여 당이 맞닥뜨린 대내외적 위기를 극복한 뒤 중화 민족의 역사적 사명을 성취하려고 했을 것이다. 덩샤오핑이 만들어 놓은 여러 가지 전통과 노선을 하나둘씩 무너뜨리고 무력화시킨 건 이러한 결론에서 출발했을 것이다.

처음에는 정치에서부터 출발해 사회, 문화, 외교, 그리고 이제는 경제 영역까지, 시진핑 정권이 내놓는 여러 방침과 정책에 따라 개혁개방 후의 중국은 점점 개혁개방 전의 중국과 만나게 된다. 어쩌면 자칭 마르크스주의자인 시진핑은 마오쩌둥이 정(正), 덩샤오핑이 반(反)이면 자신이 합(合)이라고 생각했을 수도 있을 것이다. 아니면 전통적인 동양의 사고관에 따라 양극을 지양한 중용(中庸)의 도를 추구한다고 생각했을지도 모르겠다.

10년째 이어진 대숙청과 발본색원

이렇게 어릴 적 자신의 강렬한 체험에서부터 비롯된 정치관과 세계관에 집권 전 중국을 뒤흔든 대형 이벤트들이 합쳐지면서, 시진핑은 총서기에 오른 후 본격적으로 자신만의 노선과 집권 아젠다를 밀어붙일 모든 환경과 힘을 갖추게 된다. 우선 그는 개혁개방 시대 30년 동안 누적된 적폐 청산을 하겠다는 심산으로 집권 초부터 **'부패와의 전쟁'**이라는 이름의 당내 숙청을 개시하는데, 그 결과 처벌된 관료와 공무원 규모가 2021년까지 9년간 누적 374만 명에 이른다.[43]

이 대숙청을 통해 공청단은 유명무실한 계파가 되어 사실상 와해되었으며, 사정의 칼날은 최종적으로 적폐의 본산이라고 할 수 있는 상하이방에 겨누어지면서 10년간 치열한 권력투쟁을 이어오고 있다. 상하이방은 중국의 시장화 개혁 기간 대부분을 집권한 계파였으므로 개혁개방 30년간 가장 많은 이권을 누렸던 집단이며, 그 뿌리가 중국의 이익집단 곳곳에 깊이 뿌리내리고 있다고 할 수 있다.

현재 중국의 거의 모든 대표적 대기업들이 상하이방 집권 기간 동안 창업되거나 고성장을 했고, 대표적 국영기업 역시 이때에 대규모로 상장되었다. 그 시기 동안 온갖 인허가와 대출, 정부 사업 수주 등이 상하이방 정권을 통해 이루어졌기 때문에 이 계파가 각종 비즈니스와 관련된 이권과 뿌리 깊고 강력하게 연결되어 있다는 건 당연한 일일 것이다. 그렇기 때문에 어느 순간부터 중국의 각종 민영기업 사주가 조사받거나 구속되는 사건이 발생하면, 십중팔구 상하이방에 대한 공격 작업이라 추측해도 큰 무리는 아니었던 것이다. 여러 재벌 기업 회장들이 구속당하거나 실종되는 사건이 연이어 발생했고, 해당 그룹의 산하 기업들은 하나둘씩 국영화되어 정권의 손아귀에 쥐어지게 된다.[44][45]

상하이방도 앉아서 가만히 당하고만 있지는 않았다. 상하이종합주가지수가 1년 만에 절반 가까이 폭락하고, 매달 수백억 달러가 중국 밖으로 빠져나가 중국 외환보유고가 무려 1조 달러 가까이 감소하며 중국을 외환 위기 직전까지 가게 했던 2015년, 2016년 중국의 금융위기를 기억하는가? 그 배후에는 상하이방의 공작이 있었다는 것이 중국 시사평론 전문가들의 설득력 있는 해석이다.[46] 상하이방에서는 자기들과 연결된 큰손과 '쩐주'들을 통해 외환 거래가 자유로운 홍콩을 거쳐 고의적으로 중국 내 자산과 돈을 해외로 빼돌리며 주가 폭락과 외화 유출을 유도하였고, 이를 통해 시진핑 정권을 정치적으로 흔들려고 기도했다는 것이다.

배후 색출에 나선 시진핑 정권은 상하이방을 발본색원하기 위하여 상하이방 집권 시절 만들어진 민영기업들에 대한 대대적인 조사와 통제, 규제를 강화하기 시작했다. 이러한 민간기업들에 대한 군기 잡기는 보험, 항공, 건설, 부동산, 금융 등의 산업을 거쳐 마윈과 알리바바 같은 인터넷 테크 기업 규제에까지 이르게 된다.

그리고 시진핑의 적폐 청산 작업이 10년째 계속되고 있는 와중에 국가 주석 연임 제한 규정을 철폐하고, 2022년 전국 대표대회에서 세 번째 집권을 사실상 확정했으며, 여러 견제에도 순조롭게 종신집권을 도모하는 것을 보면, 마지막 도전 세력인 상하이방에 대한 해체 작업 또한 거의 마무리 단계에 왔다고 해석할 수 있을 것이다. 물론 당내에서 시진핑에 대한 저항 세력이 완전히 분쇄되었다고 보기는 힘들기 때문에 시진핑의 절대 권력이 미래에도 계속 이어질 것이라고 완전히 확언하기는 힘들겠지만 말이다.[47]

일각에서는 집권 직전 터진 정치적 스캔들을 명분으로 삼고 권모술수를 적극 활용하여 권력의 절대 반지를 손에 움켜쥐려는 시진핑의 행위를 그의 탐욕스러운 권력욕 때문이라고 설명하기도 한다. 하지만 시진핑이 걸어왔던 전체 삶의 궤적과 그의 과거 언행들을 살펴보면, 이러한 주장은 지나치게 주관적이고 단편적인 해석이라는 느낌을 피하기가 힘들다. 권력욕의 화신으로만 단순히 치부됐던 다른 많은 정치가들처럼, 시진핑 또한 그의 집요한 권력 집착의 근본적 동기에 대해서 많은 오해를 받아왔다는 게 나의 생각이다.

그는 젊은 시절부터 최고 권력자가 되기 전까지, 자신이 거쳐 온 각각 다른 시기들과 여러 환경들의 영향을 받아가며 자신만의 정치적 이상을 형성하고 다듬어 왔다. 그 과정을 거치면서 그는 **'한때 위대했던 조국, 중국'이 다시 위대해지기 위하여 마땅히 추구해야 할 중국은 어떤 모습이고 그 모습을 어떤 방식으로 이룰 것이며, 그 과정에서 중국 공산당은 어떻게 변해야 하는지**에 대한 자신만의 확고한 소신과 신념을 가지게 되었다. 집권 후에 계속된 '시진핑식 적폐 청산' 작업은, 이러한 시진핑의 정치적 이상과 공적인 야심을 고려하지 않는다면 단지 상투적인 권력 투쟁으로만 보일 것이 분명하다.

권력이 강화될수록 시진핑은 자신의 정치적 이상을 구체화시키게 된다. 그리고 이는 대내적으로는 과거회귀적 국가 통제 강화로 표출되었고, 대외적으로는 차이나 쇼크의 형태로 발현되었다. 국제뉴스의 중국 관련 보도에 '마찰'이라는 단어가 익숙하게 등장했던 시기가 바로 이때부터였다. 바야흐로 마오쩌둥 시대와 덩샤오핑 시대에 이어, 시진핑이 이끄는 중화인민공화국 제3기 시대의 막이 주변국을 강타한 지정학적 지진과 함께 본격적으로 열리게 된 것이었다.

8장

모순의 제국, 황제의 꿈

작가나 각본가들은 소설이나 드라마, 혹은 영화 등 픽션에 등장하는 인물들의 내면세계를 묘사하는 데 굉장히 공을 들인다. 만약 해당 캐릭터들 행동의 동기가 되는 내면이 지나치게 일관되고 단순하게 묘사될 경우, 독자나 관객들은 해당 캐릭터를 현실성이 떨어지는 가공의 인물이라 느끼기 쉽기 때문이다. 우리들 대다수는 인간의 내면이 온갖 충돌되는 생각과 가치관의 모순된 집합들로 구성되어 있음을 본능적으로 알고 있다.

지금까지 묘사된 시진핑의 세계관과 정치적 이념을 보고 혼란스러움을 느꼈다면, 그도 현실에 실재하는 인물이기 때문일 것이라고 나는 말하고 싶다. 시진핑이 지나온 시대가 중국 전체 역사에서도 손꼽힐 만큼 거대한 모순으로 가득 찬 시기였다는 걸 고려해 보면, 나는 그가 가장 '중국적인' 인물이 아닌가 하는 생각까지 하게 된다. 시진핑은 현대 중국이 통과했던 수많은 모순과 역설을 온몸으로 품고 있는 문제적 인물이며, 이러한 그의 아이덴티티는 '차이나 쇼크'의 가장 직접적인 원동력이 되고 있다는 것을 부정할 수 없다.

2부의 내용을 다시 한번 요약해 보자. 1970년대 후반 개혁개방으로 시작된 중국 시장경제의 만개는 지역 간 격차, 도시와 농촌 간 격차, 소득 격차와 자산 격차를 불러일으켰다. 그로 인해 중국 내부의 사회적 긴장감은 걷잡을 수 없이 강해졌고, 사회주의 이념의 설득력이 떨어지면서 체제적 긴장은 물론 기존 사회주의적 가치 상실에 기인한 정신적 공허감이 확산되었다. 민간 부문의 폭발적인 성장은 필연적으로 중국 공동체와 체제의 이완을 낳게 되고, 사회에 대한 국가의 통제력은 점차 약화되어 갔다. 그렇지만 중국 공산당은 정치적 권력 독점을 포기할 생각이 전혀 없었다.

중국이 시장경제를 도입하고 운영하는 과정에서 모델이자 스승으로 삼았던 미국의 경제 시스템은 과도한 자유지상주의 이념 자체의 문제로 커다란 실패를 맞이했다. 허나 그 2008년의 국제금융위기는 너무도 순식간에 일어난 까닭에, 중국에 대안적 모델을 만들 시간적 여유는 주어지지 않았다. 일인 권력 집중의 폐해를 막기 위해 고안된 집단지도체제는 경쟁하는 여러 파벌들을 만들어 냈지만, 새로운 권력을 만들어 내는 안정적인 제도적 시스템을 끝내 만들어 내는 데까지는 이르지 못했다.

이 충돌하는 모순들의 더미 위에서, 시진핑은 위대한 제국의 부활을 꿈꾸며 집권한다. 기존 권력 시스템이 강력한 국가의 위용을 떨치기에 미흡하다고 생각한 시진핑에게, 강렬한 파열음을 내면서 마침 수면 위로 올라온 온갖 모순들은 시스템을 대대적으로 손볼 훌륭한 명분을 제공했다. 앞서 서술한 것처럼 그는 이 기회를 놓치지 않았다.

동승서강(東昇西降)이라는 강력한 확신

안타까운 건 시진핑이 선택한 방식이다. 그는 자기가 겪어 오고 자신의 내면에 쌓여 있는 그 모순들을 조화롭게 풀어내기보다는 터지지 않게 억지로 찍어 누르는 방법을 택했다. 그리고 그 찍어내는 방식은 자신에게 가장 익숙하고 친숙한 세계관에 기초한 것이었다.

시진핑의 신마오이즘과 반서구적 전통보수주의는 지금까지 서술한 대로 중국 내부를 향해선 사회적 반동을, 중국 외부를 향해서는 패권적인 외교 전략을 불러일으키게 된다. 그리고 외부로 투사된 중국발 쇼크의 강도는 시진핑식 적폐 청산의 진행 속도에 맞춰 점차 커지게 될 참이었다. 적폐 청산 작업을 통해 내부적으로 자신의 권력 기반을 공고히 한 시진핑 정권은 그 자신감의 칼날을 외부에 겨누었기 때문이다.

우선 시진핑 정권은 **일대일로 프로젝트**를 야심 차게 추진한다. 이 프로젝트는 현재 미국의 해상 전력이 제해권을 갖고 있는 남중국해와 인도양 루트를 우회하는 공급 루트를 개발하기 위한 것이었고, 이는 미국의 시야에 중국이 본격적으로 미국이 수립한 세계 체제에 도전하는 것으로 비쳐졌다. 즉, 중국이 대만 사태로 인한 미중 무력 충돌 같은 유사시 상황을 대비하고 자신들의 독자적 세력권을 구축하기 위한 게 아닌가 하는 미국의 의심을 불러일으켰던 것이다. 이로 인해 오바마 정권 후기부터 시작된 미국의 대중 견제는 트럼프 집권 후 구체화되었고, 미국은 무역전쟁을 통해 중국과 시진핑 정권을 압박한다.

동시에 시진핑은 국내의 민족적 자긍심을 부추기고, 이러한 에너지를 모아 중국의 대외적 위상을 강화하기 위해서 주변국과 주요국에 중국의 영향력을 시험해 보기 시작한다. 그러나 자신의 힘을 확인하기 위한 이러한 중국의 시도는 곧 커다란 역풍과 맞닥뜨린다. 한국, 일본, 인도, 호주, 동남아시아 같은 주변국들과의 발생한 각종 외교·안보적 마찰뿐 아니라 중국이 관계 강화를 위해 오랜 공을 들였던 EU까지 중국의 거친 외교에 등을 돌리기 시작했기 때문이었다. 거기에 홍콩, 신장, 티베트 등에서 나오는 시진핑 정권의 강압 통치에 대한 고발과 폭로는 시진핑 정권과 중국의 국제적 이미지를 더욱 악화시켰다.

하지만 그럼에도 '중화제국의 귀환'에 대한 시진핑의 집착은 조금도

줄어들지 않은 듯싶다. 미국과의 무역전쟁이 격화되고, 주변 국가의 외교적 마찰로 인해 국제적 고립의 위기에 몰리자 시진핑 정권의 대외정책도 강경 일변도에서 벗어나는 것처럼 보였다. 하지만 2020년 2월 중국 우한에서 시작된 코로나19 전염병이 세계적 팬데믹으로 확산된 후 시진핑 정권은 다시금 자신감을 찾는다. 미국과 유럽이 초기 코로나 통제에 실패하면서 엄청난 사상자가 발생하고 사회적 혼란이 발생하자, 코로나 방역과 통제에 비교적 성공한 시진핑에게 **'동승서강(東昇西降)'**, 즉 **'서양은 몰락하고 중국이 떠오른다'**라는 **자기 예언**이 실제로 벌어지고 있음을 더욱 확신하게끔 만든 듯하다.[48] 이 책의 1부에서 열거한 중국 리스크의 근원을 쫓아가 보면 그 과정에선 동승서강이라는 신념, 그에 대한 시진핑과 중국의 공통된 자신감도 발견하게 된다.

시간은 과연 중국 편인가?

그러나 최근 들어 한국인들이 체감하는 차이나 쇼크가 이렇게까지 갑자기 격화된 건 중국과 시진핑의 자신감 때문만은 아니라고 나는 생각한다. 어쩌면 거기에는 자신감보다 더욱 강력하면서도 더욱 절박한 어떤 심리적 요인이 작용하고 있는 것인지도 모른다. 그건 바로 **중국 사회 저변에 깔려 있는 불안감이다**. 이러한 불안감의 배경에는 누구보다도 중국인 자신들이 잘 알고 있는 중국 내부의 리스크가 있다. 즉, 중국 내부의 치명적인 리스크들이 차이나 쇼크의 폭과 강도를 키우고 있다는 해석이 그것이다.

과거에는 사람들이 이구동성으로 "시간은 중국 편이다"라면서 중국인들은 절대 조급하거나 서두르지 않을 것이라고 했던 말이 유행했다. 하지만 중국 내부를 들여다보면 더 들여다볼수록 **'시간은 중국 편이 아니다'**라는 걸 확신할 수 있다. 이렇게 시간에 쫓긴다는 느낌은 지금

베이징을 더욱 조급하고 서두르게 만들고 있는 것이 분명하다. 한국 앞에 닥친 '차이나 쇼크'를 더욱 입체적인 관점으로 이해하고 파악하기 위해서, 이제 중국인들, 그중에서도 시진핑 본인을 아주 깊숙한 지점으로부터 불안하게 만드는 중국 내 리스크를 들여다볼 차례이다.

제3부

쫓기는 제국, 잠 못 이루는 황제

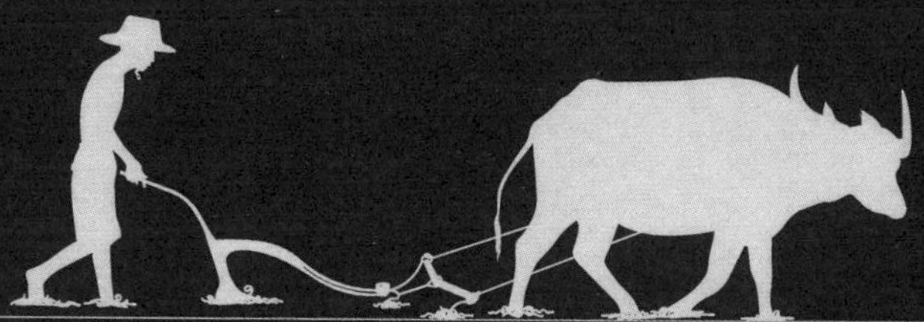

1장

잠 못 이루는 제국

> 역사는 이미 정점을 찍은 중국이 앞으로 10년 동안 자신의 운(運)이 사라지기 전에 그토록 원했던 전략적 성취물을 얻기 위해 더 대담하고 심지어 더 변덕스럽게 행동할 것을 예상해야 한다고 경고한다.
>
> — 할 브렌즈 존스홉킨스대 석좌교수, 마이클 베클리 터프츠대 교수[1]

한때 한국에서는 기존 패권국인 미국과 떠오르는 패권국인 중국을 명·청 교체기에 빗대는 유행이 불었다. 미중의 패권 경쟁에 관해서 미국을 저물어져 가는 명나라에, 중국을 떠오르는 청나라에 비유하는 설명이었다.

17세기 동아시아 정세는 만주지역 거점으로 급부상한 신흥 세력 청나라와 기존 패권국인 명나라, 이 두 신구 세력이 대치하는 형국이었다. 이때 조선은 광해군과 인조 집권 시기를 거치면서 청나라의 국력이 얼마나 커져 가는지를 제대로 인식하지 못한 채 혈맹인 명나라와의 전통적 의리 관계에 집착한다.

결과는 참혹했다. 조선은 청나라와의 새로운 외교관계 재정립에 실패하며 병자호란이라는 최악의 치욕을 겪는다. 그런 자극적인 측면 때문인지, 과거를 교훈으로 삼아서 21세기의 한국은 미중 간 국력 변화를 지속적으로 살피는 동시에 결정적 순간이 되기 전까지 양국 사이에서 최대한 중립적 포지션을 유지해야 한다는 결론이 제시되기 일쑤였다.

일단 나는 '역사는 반복된다'는 상투적 명제에 동의하지 않는다. 현재의 상황을 역사 속의 유사한 사례에 대입하여 기계적이고 도구적인 교훈을 구한다는 것은 어불성설(語不成說)에 가깝다. 설사 과거에서 교훈을 찾는다 하더라도, 우리는 당시의 역사적 상황과 맥락들을 모두 고려하여 섬세하게 이를 분석하고 최대한 제한적으로 현재에 적용해야 한다. 그러나 각각의 역사적 사건들이 갖고 있는 당대의 복잡하고 고유한 맥락들과 시대적 상황들을 모두 매끈하게 발라내서 지금 우리 현실에 가져다 놓는 사람들이 얼마나 많은가?

백 보 양보하여 21세기 대한민국의 외교안보 문제를 풀기 위한 힌트나 교훈을 과거 역사 속에서 찾는다 하더라도, 17세기 조선의 외교안보 상황이 지금 우리가 되돌아보아야 할 가장 좋은 선택지인지는 의심스럽다. 17세기와 21세기는 달라도 너무 다르다. 과거 전근대 시기의 전통적 농업 기반 경제의 명·청 교체기와 지금 전 세계와 맞물린 두 초국가적 산업국가 미국과 중국의 패권 경쟁 시대를 비교한다는 건 어지간해서는 의미를 찾기 힘든 일이다. 더욱이 17세기의 과거를 통해 지금 이 복합적인 전 지구적 세계 질서와 거기다 미래까지 전망한다니…. 나에게는 우리가 중요하게 고려해야 할 디테일들을 다 무시한 채 아예 차원이 다른 두 시국을 병렬해 두는 것으로밖엔 보이지 않는다.

한 가지만 더 첨언하고 싶다. 청나라는 결코 단 한 번도 명나라의 국력을 넘어선 적이 없으며, 군사적으로도 명나라를 단 한 번도 우세를 점한 적도 없다. 명나라는 내부 정치 시스템의 취약점과 함께 마침 발생했던 소빙기(小氷期)라는 기후변화로 인하여 장기간 이어진 대기근 같은 자연재해, 그리고 암군(暗君, 어리석고 우매한 군주)의 통치가 연이어 이어진 각종 불운들이 겹쳐서 스스로 무너진 것일 뿐이었고, 청나

라는 운 좋게 이 틈을 타서 무주공산이 된 중원제국의 자리를 차지했을 뿐이었다.★

미래는 중국의 시대가 될 것인가

아무튼 중국을 청나라에 빗대며 향후 미국이라는 구 패권 세력을 대체할 신흥 패권 세력으로 간주하는 설명이 한때 유행할 정도로 중국의 기세가 대단했던 것은 사실이었다. 나 역시도 미래가 중국의 시대가 될 것이라는 점에 대해 강하게 확신했던 적이 있었으며, 지금도 그럴 개연성을 완전히 무시하지는 않는다.

그럴 만도 한 게, 일단 국력을 나타내는 수치 면에서 중국은 미래의 세계 패권국 후보로 손색이 없다. 여전히 전 세계 1위 인구대국인 중국의 경제력은 PPP(Purchasing Power Parity, 구매력 평가지수) 기준으로 이미 2014년 미국을 초월하여 전 세계 1위에 올랐고,[2] 2020년에는 명목 기준 미국 GDP의 71%까지 쫓아왔으며, 명목 GDP로 따졌을 때 빠르면 2028년에는 미중 간 역전이 발생한다는 예측 연구 결과도 나온 상태다.[3] 중국의 무역 규모 또한 미국을 추월했고, 2015년 중국의 자동차 시장 규모가 이미 미국을 추월했다. 또 휴대전화와 전자상거래 분야에서도 중국은 이미 세계 1위이며, 산업 경쟁력 지표인 특허 건수에서도 역시 2015년에 미국의 2배 규모에 이른다.[4]

1995년 미국 GDP의 70% 수준까지 갔던 일본이 끝내 미국 추월에 실패한 여러 이유 중 하나가 바로 당시 미래 산업인 ICT(Information and Communication Technologies) 산업에서의 경쟁력을 상실한 탓이었다.[5]

★ 명나라는 청나라와의 전쟁에서 패배해서 멸망한 게 아니라 이자성(李自成)의 반란이라는 내부 민란에 의해 멸망하였으며, 청나라는 명나라가 내부적으로 붕괴하기 전까지 명나라에 의해 계속 수세적으로 몰리는 상황이었다.

1980년대는 일본 경제의 최전성기였으며 전통 제조업에 기반한 일본산 가전제품들이 전 세계를 석권하고 있었다. 그러나 자신감에 찬 일본 기업들이 안주하고 있는 동안 마이크로소프트, 애플, 인텔, 구글 등의 미국 기업들은 다가올 정보통신 시대를 대비하여 조용히 글로벌 ICT 표준들을 정립해 나가고 있었다. 1990년대를 거쳐 2000년대에 들어서며 정보화로 대표되는 제3차 산업혁명 시대가 본격적으로 열리게 되었고, ICT 산업이 글로벌 경제의 핵심으로 떠오르자 한때 일본에 의해 위협받던 미국의 세계 경제 패권 지위는 다시 확고해지게 된다.

이러한 일본의 과거 사례를 현재 4차 산업혁명 분야에서 중국이 보여주는 현황과 비교해 보자. 현재 중국은 빅데이터, AI, 사물인터넷, 플랫폼 경제, 공유경제, 5G, 전기차 등의 분야에서 미국과 함께 가장 선두에 서서 기술혁명을 주도하고 있는데, AI를 비롯해 빅데이터나 공유경제, 5G, 플랫폼 비즈니스 등 일부 분야에서는 미국을 추월했다는 평가까지 나오고 있는 상황이다.[6] 첨단산업에 대한 기반 인프라와 시장이란 측면에서 중국의 인터넷과 모바일 인터넷 이용자는 미국의 3배를 넘었으며, 모바일 결제의 경우엔 거의 10배에 이르고 있다.[7]

중국은 이미 글로벌 데이터의 흐름에 있어서도 미국의 2배를 넘어서며 전 세계 데이터 슈퍼파워로 등극했고,[8] 5G 분야에서는 화웨이에 대한 미국의 제재 결정 요인 중 하나가 중국의 기술력에 대한 심각한 우려 때문이었다는 평가가 지배적이다. 차세대 첨단산업 분야에서의 향후 경쟁력 지표로 볼 수 있는 글로벌 500대 유니콘 기업 리스트(2020년 기준)를 봐도 중국은 총 227개를 차지하며 233개를 차지한 미국과 거의 양분하다시피 하고 있다.

3부의 6장과 7장 「제국이 갈고 있는 단 하나의 칼 1, 2」에서 자세히 후술하겠으나 AI나 사물인터넷, 자율주행 등의 엄청난 데이터를 연산처리하는 데 필수적인 반도체 산업에서의 높은 대외 의존도가 중국의 약점으로 취급받는 것은 부정할 수 없다. 그러나 중국이 1990년대 정보통신 혁명 조류에 제대로 대응하지 못해 경쟁력을 잃어가며 점차 존재감을 상실해 가던 일본의 사례와는 다르다는 점은 명백해 보인다. 결론적으로, 현재 산업과 기술 영역에서 보여주고 있는 중국 굴기의 지표는 장래 패권을 빼앗길 수 있다는 미국의 긴장과 이에 대한 각종 대응 조치가 결코 엄살이 아님을 충분히 보여주고 있다.

예정된 전쟁의 덫?

이렇게 여러 지표상에서 중국의 커져가는 존재감에 미국은 본격적으로 진지하게 반응하게 된다. 일찍이 일본의 위협이 가시화되기 전인 1970년대 후반 하버드대 에즈라 보걸 교수가 『재팬 애즈 넘버원Japan as Number One』이라는 책을 통해 일본 경제가 곧 미국을 추월할 것이라고 경고했던 것처럼, 이번에도 먼저 경고 신호를 보낸 이들은 미국의 석학들이었다.

대표적으로 피터 나바로 캘리포니아 얼바인(UCI) 경영대학원 교수의 저서 『중국이 세상을 지배하는 그날Death by China』이 있다. 그는 2011년 출간된 이 책에서, 미국 내 분위기가 여전히 대중 협력 쪽으로 기울고 있던 시기에 일찍이 선도적으로 중국의 위협을 경고했다. 이 책은 훗날 그가 트럼프 행정부 시절 국가무역위원회 위원장을 맡은 뒤 발발한 미중 간 무역전쟁의 이론적 토대가 된다.[9]

시진핑 정권이 들어서고 중국몽을 내세우며 대외 팽창의 야심을 노골적으로 드러내자, 중국 위협론은 점점 영향력을 키워 갔다. 이와 함께 오바마 정권에서 트럼프 정권으로 이어지는 과정에서는 미국의 중국 견제 수위도 더욱 높아져 갔다. 한국에서 차이나 쇼크를 본격적으로 실감하기 시작하던 시기가 바로 이때다. 또 미국 입장에서 중국의 도전은 과거 냉전 시기 체제 경쟁을 벌였던 소련의 위협과, 1980년대 세계 경제를 주름잡던 일본의 위협을 능가한다는 평가가 나온 것도 이때쯤이다.

이런 흐름에서 한 발 더 나아가, 미중 간의 첨예한 대립이 미래 세계평화에 가장 큰 위협이 될 것이라는 심각한 우려까지 나온다. 미래의 패권을 둘러싼 두 나라의 경쟁은 최악의 경우 전면적인 전쟁으로까지 치달을 수 있다는 경고였다. 하버드대학교의 그레이엄 앨리슨 교수의 『예정된 전쟁Destined For War』이라는 책이 이러한 주장을 대표한다.

이 책에서 저자가 주장의 요지는 다음과 같다. 기원전 5세기 그리스의 역사학자인 투키디데스는 신흥 강국 아테네와 패권국 스파르타 간의 펠로폰네소스 전쟁을 기술하며 "아테네의 파워가 점점 커지면서 스파르타는 놀라게 되고, 결국 전쟁은 불가피했다"라고 설명했다고 전해진다. 그레이엄 앨리슨은 이 점에 착안하여 기존 강대국이 신흥 강국의 부상을 견제하기 위해 전쟁의 함정에 빠지는 것을 **'투키디데스의 함정(Thucydides Trap)'**이라고 불렀다.

투키디데스 함정론의 여파는 상당했다. 많은 사람들이 중국의 패권과 전쟁 위험을 진지하게 걱정하기 시작했다. 이후 미국에선 **"패권국 미국은 이런 '권력 이양기'에 떠오르는 중국이 국제사회에서 할 수 있는 폭을 좀 더 허용해 전쟁의 위험성을 낮춰야 한다"**라는 유의 조언이 많이 나오게 된다. 전면적 대중 압박을 주장한 나바로 교수가 대표적인 대중 강경파라면, 중국과의 점진적 타협을 주장한 앨리슨 교수는 온건파의 생각을 대표한다고 할 수 있다.

중국을 다루는 방법에 있어 양측의 주장이 충돌하지만, 한 가지만큼은 같은 생각을 공유한다. 바로 **중국의 국력이 미국을 초월할 정도로 계속 성장할 것이며, 이 추세가 계속될 경우 미국은 중국에 패권을 넘겨줘야 할지도 모른다는 것**이다. 그러니 압박이든 타협이든 어떠한 방법을 쓰든 간에 중국의 도전과 위협에 적절히 대처하지 못할 경우 미국은 물론 전 세계가 큰 위기를 맞이하게 될 것이라는 게 이들의 공통적인 결론이다.

'쇠퇴하는 중국'이 문제의 핵심이라면

하지만 이러한 미국을 능가할 중국 굴기의 역사적 필연이라는 그간의 주류적 관점과 전혀 상반되는 분석과 주장이 나와서 커다란 주목을 받은 바 있다. 2021년 9월, 국제정치학자인 할 브렌즈 존스홉킨스대 석좌교수와 마이클 베클리 터프츠대 정치학 교수는 외교 전문지《포린 폴리시Foreign Policy》에 **'쇠퇴하는(a declining power) 중국이 문제'**라는 제목의 글을 기고한다.

그들은 이 기고문에서 "투키디데스 함정 이론은 실제 펠로폰네소스 전쟁의 원인을 정확히 설명하지도 않았고, 발전 궤적에서 이미 정점을 찍고(peaking) 있으며 곧 수그러들 위기에 처한 중국의 현 위치도 잘못 진단했다"라고 주장했다. (이 장 서두에 등장하는 문구의 인용 출처가 바로 이 글이다.) 두 학자는 이어서 "강대국들 간 전쟁은 더 이상 발전 확대를 기대할 수 없는 신흥국이 '도전의 창(窓)'이 닫히기 전에 패권국에 덤비면서 일어난다"라며 "1914년 1차 대전을 일으킨 독일이나 1941년 무모한 줄 알면서 태평양 전쟁을 일으킨 일본, 지금의 중국이 모두 같은 처지"라고 서술한다.

즉, 이들에 따르면 신흥 강대국은 파워가 계속 확장할 때에는 중국 덩샤오핑의 '도광양회'처럼, 패권국에 맞먹을 수 있을 때까지 '대결'을 미룬다. 그러나 성장이 한계에 부딪히고, 패권국과 동맹 세력에 포위되어 쇠퇴기를 앞둔 시점에 이르면, 신흥 강대국은 더 늦기 전에 현재 움켜쥘 수 있는 것을 확보하려 들어 **'전쟁의 함정'**에 빠지기 쉽다는 것이다.

사실 이러한 '쇠퇴하는 중국'에 대한 이야기는 과거부터 수차례 제기되어 왔다. 그렇지만 중국의 성장이 40년 넘게 안정적으로 지속되고 중국의 국력이 미국의 패권에 공개적으로 도전할 정도로 커지자 이러한 중국 쇠퇴론에 대한 사람들의 관심도 거의 사그라지는 듯해 보였다. 그렇다면 이번《포린 폴리시》의 기고문도 과거부터 꾸준히 제기되었다가 시간이 지나면 묻혔던 상투적 중국 쇠퇴론의 반복에 불과한 것일까? 아니면 이번엔 정말 다른 것일까?

나는 차이나 쇼크를 제대로 대응하기 위해서는 중국을 최대한 객관적으로 관찰하는 것이 무엇보다 중요하다고 생각해왔다. 그래서 중국에 대한 상충되는 지표와 충돌하는 신호들을 인지적 편향 없이 받아들이고, '있는 그대로의 중국'을 최대한 균형 잡힌 시각으로 포착하기 위해 노력해 왔다. 중국에 대한 다양한 시각을 습득하며 스스로 체험한 중국을 정확하게 파악하기 위해서 부단히 애를 썼다. 하지만 그런 균형을 잡으려는 노력과 별개로, 나는 한동안 중국 굴기 필연론에 보다 중점을 찍었던 것도 사실이었다. 이 글의 서두에 소개했던 '명나라를 대체한 청나라'까지는 아니더라도, 최소한 중국 경제와 국력이 미국을 초월하는 건 기정사실이라고 간주해왔다.

이러한 관점은 무엇보다도 나의 직접적 체험에 기인한 것이었다. 과거 6년 넘게 중국 현지에서 거주한 경험과 수없이 많은 중국 출장을 통해서, 나는 중국의 발전을 몸소 느껴왔다. 나는 업무상 필요에 따라 중국 대륙 전역에 걸쳐 다수의 주요 대도시들을 방문할 기회가 있었는데, 방문했던 대부분 도시들이 규모와 도시 발전의 측면에서 이미 글로벌 수준에 올라섰다는 걸 직접 눈으로 확인할 수 있었다.

그뿐만 아니라 업무적으로 협력관계였던 미래 첨단산업 분야 중국 기업들의 인력과 기술 수준이 시간이 지날수록 향상되는 걸 현장에서 피부로 느낄 수 있었다. 앞서 언급했던《포린 폴리시》의 '중국 쇠퇴론' 특집 기고는, 최소한 나의 경험적 판단에 따를 경우 직관적으로 크게 와닿는 이야기는 아니었다. 내 눈에 차이나 쇼크는 중국의 임박한 굴기, 그로 인한 중국과 미국과의 패권 경쟁 때문이라는 게 명백해 보였기 때문이다.

한쪽 면으로 지나치게 치우쳐져 있던 나의 시야를 교정하는 데 있어, 이 책을 준비하는 기간에 출간된 책 한 권이 큰 도움이 되었다. '중국 농촌행동프로그램(REAP)'을 이끄는 두 사람의 연구원이 공저한 책 『보이지 않는 중국』은 내가 그동안 간과했던 중국 최대의 문제에 대한 주의를 환기시켜 주었다. 특히 아래의 구절을 읽었을 때 나는 머리를 한 대 맞은 듯한 느낌까지 들었다.

> "얼마 전까지 도시의 중국인들은 지역들을 가로질러서 출장을 가거나 고향을 방문하기 위해 버스나 완행 기차를 이용했었는데, 정류장을 멈출 때마다 창문 밖으로 '보이지 않는 중국'을 볼 수 있었다. 오늘날 도시 사람들은 고속철도를 타고 시간당 300km가 넘는 속도로 가난한 농촌 지역을 지나쳐 가거나, 저가 항공사의 보잉 여객기를 타고 그 위를 넘어가기 때문에 '보이지 않는 중국'에 전혀 눈길을 주지 않는다."[10]

코로나 팬데믹 전, 중국을 수없이 방문했던 나 같은 사람들의 정곡을 찌르는 지적이다. 나는 중국 방문 후 중국 내에서 이동할 때마다 대도시와 대도시를 촘촘하게 연결한 고속철도와 국내선 항공기만을 이용했고, 내가 대도시에서 만나 대화하고 교류하는 대부분의 사람들은 주로 고학력 출신의 대기업 재직자들이었다. **어느 순간부터 내가 직접 보고 느낄 수 있는 중국은 '절반의 중국', 즉 '선진국 중국'이었을 뿐이었다. 나머지 절반인 '개발도상국 중국'은 나의 시야에 비껴 나 있었다.**

중국의 과도한 자신감 이면에는

이러한 깨달음 덕에 나는 다른 각도의 차이나 쇼크에 대해 본격적으로 고찰해 볼 수 있었다. 그것은《포린 폴리시》에서 두 학자가 지적했던 '중국의 쇠퇴', 혹은 '중국의 실패'가 초래할 수 있는 차이나 쇼크였다. 그리고 중국의 쇠퇴를 가져올 수 있는 중국 내부의 리스크를 하나 둘 짚어보면서 그간 주목하지 못하거나 소홀하게 생각했던 부분에 대한 수많은 단서들도 찾을 수 있었다. 바로 **시진핑 정권의 자신감 이면에 있는 조급함**이었다.

중국 내부의 문제를 들여다볼수록 '중국에 시간이 없다'는 것이 뚜렷하게 다가왔고, 브렌즈와 베클리 두 교수의 지적, "쇠퇴하는 중국이 진짜 문제"라는 말이 타당할 수도 있겠다는 생각이 들었다. 중국 공산당은 외부에 공개된 모호하고 부분적이며 불완전한 데이터보다 자국에 대한 훨씬 더 정확한 데이터를 가지고 있다. 그렇다면 시진핑이 '성급히 미국에 도전하지 말라'는 덩샤오핑의 유훈을 어긴 건 자국 굴기에 대한 과도한 자신감도 있었겠지만, 그 동기에는 미래에 대한 불안감도 중요하게 작용한 건 아니었을까?

이런 관점에서 출발하여, 나는 3부에서 중국의 취약점을 집중적으로 다루고자 한다. 중국 내 리스크를 하나하나 짚어 보면서 차이나 쇼크가 앞으로 어떻게 닥칠지에 관해 지금까지와는 다른 각도에서 그 위험성과 양상을 살펴볼 것이다. 그리고 중국 내 리스크들이 시진핑 정권의 강경한 대외 정책에 어떤 영향을 끼치게 되었고, 어떻게 차이나 쇼크를 추동하는 힘들로 전환되어 작동하는지를 살펴보려 한다.

중국의 '사각지대'가 분명히 존재한다는 깨달음이 3부의 집필 동력으로 크게 영향을 미친 만큼, 내가 그동안 중국에 대해서 간과하곤 했던 장소에서 그 챕터를 시작하는 것이 합당할 것이다. 바로 오늘날 중화인민공화국을 존재할 수 있게 해준 장소이자 동시에 현재 중국의 가장 큰 아킬레스건이라 할 수 있는 **중국의 농촌**이 그곳이다.

2장

보이는 중국과 보이지 않는 중국

2021년 기준, 중국의 1인당 명목 GDP는 약 1만 2천 달러이며 미국의 6분의 1 정도로 집계된다. (참고로 같은 해 한국의 1인당 GDP는 3만 5천 달러로 중국의 약 3배 정도이다.)[11] 중국의 인구가 미국의 인구보다 약 4.6배 많기 때문에(일반적으로 중국이 14억 명, 미국이 3억 명 정도로 추산된다), 중국의 1인당 GDP가 현재의 6분의 1 수준에서 4분의 1 수준으로만 가도 중국의 경제력은 미국을 추월하게 된다. 지난 40년간 중국의 경제성장률은 지속적으로 미국을 앞질렀고 미래에도 마찬가지일 것이라고 예상되기 때문에 그동안 많은 연구기관과 전문가들이 중국이 미국을 추월하는 것을 단지 시간문제로 보았다.

하지만 최근 들어 중국이 경제규모가 미국을 끝내 추월하지 못하거나 설사 추월하더라도 다시금 재역전당할 것이라는 연구들이 등장하여 주목을 받고 있다. 2021년 2월 《월스트리트저널WSJ》은 투자은행 노무라 증권의 보고서를 인용하며, 2026년~2028년 즈음 중국이 미국을 추월할 수도 있겠지만 다시 미국에 재역전당할 것으로 보인다고 보도했다.[12] 또 같은 해 7월 경제 전문지 《블룸버그》는 여러 가지 요인으로 인해 중국이 영원히 미국을 추월하지 못할 수도 있다고 전망을 내놓

는다.[13]

이와 관련하여 최근에 매우 의미심장한 신호가 등장한다. 2022년 미국의 경제성장률이 무려 46년 만에 중국을 추월할 것으로 예측된 것이다.[14] 중국이 미국을 추월하기 직전 그 코앞에서 주저앉는다는 것은, 결국 중국의 성장 잠재력이 하락하여 특히 경제력의 측면에서 미국을 넘어서는 데 실패한다는 이야기다.

사실 현재 중국 경제발전 수준을 자세히 살펴보면 의외로 갈 길이 멀다는 걸 알 수 있다. 중국의 1인당 GDP는 2021년 기준 이제 막 1만 달러를 넘어서며 세계은행 기준 세계 순위 60위권으로, 정확히 중진국 수준에 해당한다. 1980년대 수백 달러 미만에서 시작하여 지금까지 수십 배 이상의 소득 증가를 성취한 건 확실히 아무도 부인할 수 없는 역사적 성과임이 분명하다. 하지만 최빈국에서 중진국까지 진입한 국가는 생각보다 많다. 정말 어려운 건 중진국에서 선진국으로의 진입, 즉 **중진국 함정을 탈출할 수 있느냐**의 여부다.

중진국 함정에 관한 세계은행 소속 경제학자들의 연구 결과에 따르면, 1960년대 중진국에 속한 101개 국가 중 2008년까지 소득 기준 선진국에 진입한 국가는 단지 13개국에 불과했으며 나머지 국가들은 정체되어 있거나 심지어 더 가난해진 국가들도 있었던 것으로 밝혀졌다.[15] 대표적인 예시는 지금은 실패한 국가로 꼽히는 멕시코, 브라질, 아르헨티나 등의 중남미 국가들이다. 이 나라들도 한때 급속한 경제성장을 통해 소득 1만 달러를 돌파하며 곧 선진국에 진입할 것이라는 기대를 한 몸에 받던 시절이 있었다. 하지만 중진국 함정에서 헤어나지 못하여 수십 년째 소득이 정체되어 있거나 심지어 소득이 감소하는 일까지 벌어지고 있다.

'중진국 함정'에 갇힌 중국

세계은행의 연구 조사 결과는 명백하다. **중진국에서 선진국으로 진입하는 문이 최빈국에서 중진국으로 가는 문보다 훨씬 더 비좁다는 것**이다. 앞서 언급했듯 미국의 1인당 GDP는 중국의 6배에 달한다. 그러므로 인구 차이 등을 고려했을 때 중국이 소득 기준 선진국에 진입하지 못하면 미국의 국력을 초월하는 것은 불가능하다. 중국이 총 경제력에서 미국을 앞지르지 못한다면 시진핑의 '중국몽'이 말 그대로 꿈에 불과하다는 것은 그 누구보다 중국 공산당이 가장 잘 이해하고 있을 것이다.

사실 이 책의 2부 4장「비상하는 붉은 용」에서 서술된 중국의 경제 기적 과정은, 그 놀라운 성과와 별개로 내용 자체에서 중국만의 특별한 비법이 있었던 건 아니었다. 중국뿐 아니라 많은 개발도상국들이 자신들의 값싼 노동력을 이용하여 세계화와 정보통신 혁명의 흐름에 올라타서 경제성장을 도모하려고 시도해 왔다. 선진국의 기업들은 제조·생산 부문에 투입되는 노무비 절감을 위해 여러 나라로 진출했다. 그 아웃소싱 유치 경쟁에 많은 저소득 국가들이 뛰어들었고, 이를 통해 많은 제3세계 국가들이 최빈국 상태를 탈출할 수 있었다. 중국이 이 나라들과 다른 점이 있었다면, 이런 표준화된 중진국 진입까지의 경제성장 모델을 그 어느 나라보다 효율적이고 우수하게 수행하여 최고의 성과를 냈다는 것에 있다.

하지만 중진국에 진입한 많은 국가들은 동일한 문제들에 봉착한다. 한 국가가 제조업 유치와 그와 연쇄된 건설업, 광공업 같은 2차 산업들을 일으키고 경제가 어느 수준까지 발전하게 되면 자연스럽게 자국 노동자들의 임금 인상, 그에 따른 제조업 경쟁력 상실을 경험하는 것이다. 경제성장 초기에는 도시의 공장에서 필요한 노동력을 농촌에서 충분히 공급하며 장기간 임금을 낮게 유지할 수 있지만, 농촌에서 공급되는 노동인구가 고갈될 즈음에는 노동력 수요·공급 관계가 역전되며 그간 낮은 수준으로 유지되던 임금이 폭발적으로 증가하는 추세에 접어들게 된다.

소위 생산가능인구의 지속적 증가로 인해 비교적 손쉽게 경제성장을 누리는 **'인구배당 효과'**가 끝나는 시점에 이른다는 것이다. 때마침 동일한 경제성장 모델을 도모하려는 최빈국들이 훨씬 낮은 임금 수준으로 높은 가격 경쟁력을 누릴 수 있는 제조업에 뛰어들면서 후발 주자들에게 쫓기는 상황에도 처하게 된다. 이 과정에서 중진국에 올라선 다수의 국가들이 제조업 경쟁력을 상실하며 추락을 경험한다. 1990년대 미국과의 자유무역협정과 저렴한 인건비를 통해 많은 해외 기업들의 제조공장을 유치하며 높은 경제성장률을 달성하다가, 후발 주자인 중국의 추격에 경쟁력을 상실하고 선진국 문턱에서 주저앉은 멕시코가 대표적 사례라고 할 수 있다.

그렇다면 어떻게 하면 중진국 함정을 빠져나올 수 있을까? **좁고 좁은 선진국 문턱을 통과한 대만과 한국이 대표적인 성공 사례로 꼽힌다.** 대만과 한국 또한 경제발전 단계 초기에는 여타의 국가들처럼 저렴한 인건비를 통한 단순 수출 제조업 육성으로 중진국에 진입한 후 가격 경쟁력 상실로 중진국 함정에 빠질 뻔했던 바 있다. 하지만 두 나라는 저부가가치 산업에서 반도체, 전자기기, 첨단 IT 제품 등 고부가가치 첨단 제조업으로, 단순 해외 브랜드 아웃소싱에서 자국 육성 브랜드 기업 위주로 국가 산업 구조를 재편하는 데 성공함으로써 중진국 함정을 탈출한 매우 드문 사례에 이름을 올릴 수 있었다.[16]

보이지 않는 중국, 농촌

중국이 과연 멕시코와 브라질의 전철을 밟는 걸 피하고 한국, 대만과 같은 '기적의 사례'를 재현해 낼 수 있을까? 시진핑 정권도 이 중진국 함정 문제가 얼마나 중차대한지 너무도 잘 알고 있기 때문에 그 해결에 총력을 기울여 왔다. 첨단산업 분야에서 독일, 일본, 한국 등 제조 선진국을 2025년까지 따라잡겠다는 **'제조2025' 정책**은 이러한 고민에서 나왔으며, 국운을 걸 정도로 총력을 다해서 육성하고자 하는 **'반도체 굴기'** 정책 또한 마찬가지라 할 수 있다.

일단 표면적으로만 봐서는 중국의 고부가가치 첨단산업으로의 산업 전환 정책은 상당한 성과를 거두고 있는 것으로 보인다. 앞서 1부에서 소개한 것처럼 일부 첨단산업에서는 이미 한국을 맹렬히 추격하며 거대한 압박을 가하고 있고 화웨이, 샤오미, CATL, 레노버처럼 글로벌 시장에서 경쟁력을 입증한 자국 브랜드 기업들도 속속 등장했으니 말이다.

그렇다면 중국은 중진국 함정의 도전을 무사히 이겨내고 미국을 추월하는 데 성공하며 이 장 서두에서 소개한 예측들이 틀렸음을 증명할 수 있을까? 최근 중국의 경제성장률 하락은 단지 일시적인 추세일 뿐이며, 다시 미국을 앞지르는 높은 경제성장률을 회복할 수 있을까? 내가 중국이 두 개의 세계로 나뉘어 있다는 걸 깨닫기 전엔 분명 이 두 질문에 긍정적으로 답했을 것이다. 하지만 지금은 중국이 자신의 가장 큰 아킬레스건을 해결하지 못한다면 결코 긍정적인 결론을 내릴 수 없다는 게 내 생각이다. 바로 농촌 문제이다.

단언컨대 시진핑 정권이 농촌 문제를 해결하지 못한다면, 중국은 중진국 함정에서 빠져나오는 데 실패할 것이다. 물론 중국의 잠재적인 리스크에 있어 이후에 소개할 문제들, 즉 인구 문제, 부채 문제, 사회 양극화 문제, 권력 리더십 문제 등도 하나하나 심각하지만, 농촌 문제가 특별한 이유는 농촌 문제가 이들 각각의 리스크들과 다 긴밀하게 연결되어 있는, **'모든 문제들의 중심에 있는 문제'**라는 점이다.

중국의 도시들의 경쟁력은 이미 세계적 수준에 도달해 있다. 선전이나 상하이, 베이징 같은 대표적 도시들의 소득 수준은 이미 선진국 기준에 도달했으며, 높은 교육 수준과 소비 수준, 고가의 부동산 가격 시장 역시 마찬가지이다. 또 중국의 고부가가치 산업들과 첨단 제조업 역시 대도시들을 중심으로 벨트가 형성되어 있다. 상하이, 항저우, 쑤저우, 난징 등을 중심으로 한 '장강 삼각주(長江三角洲)' 지역을 중심으로 형성된 미래 자동차 산업 클러스터나 선전, 광저우, 동관, 푸저우 등에 걸쳐 형성된 '주강 삼각주(珠江三角洲)' 지역의 첨단 ITC 산업 클러스터가 대표적이다. 현재 미국에 이은 세계 2위의 경제대국이자 선진국 산업을 위협하는 강력한 경쟁자로서 외부에 비치는 중국의 이미지는 이러한 '도시 중국'의 투영 그 자체라고 할 수 있다.

하지만 2020년 기준 중국 농촌에는 여전히 전체 인구의 36%에 가까운, 약 6억 명의 농민들이 살고 있다.[17] 그리고 이 수치에는 사실상 농촌과 비슷한 생활환경이지만 행정구역상 도시로 분류된 인구가 제외되어 있기 때문에, 실제 농촌 거주 인구 비율은 중국의 도시화율을 살펴봐야 한다. 2019년 중국 통계공보에 따르면 중국의 도시화율은 이제 갓 60%를 넘어선 60.6%에 해당한다. 이는 전체 인구의 40% 정도가 여전히 농촌에 거주하고 있다는 뜻이다. 한국, 미국, 일본, 프랑스 대다수 선진국들의 도시화율이 80%를 넘는 것과 대비된다.

도시 중국이 중진국과 선진국 사이라면, 농촌 중국은 최빈국과 개발도상국 사이라고 할 수 있다. 2021년 농촌 주민의 1인당 가처분소득은 1만 8,931위안으로 약 355만 원에 불과하다.[18] 중국 도농 간 소득 격차는 약 2.5배에 달하며, 소득 수준이 가장 높은 지역인 상하이와 농업 위주의 산업 구조를 갖춘 간쑤성의 소득 격차는 3배가 넘는다.[19] 이러한 소득 격차는 한국과 말레이시아, 스웨덴과 그리스 간 소득 격차와 비견된다. 경제적 소득으로만 따지면 중국은 다른 세계에 존재하는 각각의 국가들이 인위적으로 합쳐져 있는 것에 가깝다. 또 중국 농촌 지역의 저소득은 낮은 생산성, 그리고 낮은 소비력과 같은 의미이다. 상하이, 선전 등이 아무리 첨단 제조업과 고부가가치 서비스 산업 등을 통해 높은 부가가치를 창출하고 높은 소비 수준을 보인다 하더라도, 광대한 농촌 중국의 저부가가치와 낮은 소득을 상쇄하기에는 역부족이다.

그렇다면 과거처럼 중국 초기 경제발전 단계처럼 농촌 지역의 낮은 소득과 저임금을 활용하여 경제성장을 도모하는 건 어떨까? 이 또한 쉽지 않다. 아무리 저부가가치 산업이라 하더라도 해당 산업 기업들이 제조업 인프라가 전무한 농촌에 가서 공장을 짓고 생산활동을 하는 것도 어려울뿐더러 도시와 농촌의 물가 격차를 감안하면 도시로 온 농민들에게 농촌 지역의 낮은 소득 수준으로 급여를 책정하여 고용하는 것도 불가능하기 때문이다.

게다가 현재의 성장 잠재력을 유지하기 위해 중국은 정책적으로 저임금의존형 단순 제조업에서 고부가가치 제조업을 향한 전환을 추진하고 있다. 그러므로 농촌의 낮은 소득 수준을 활용한 경제성장 전략은 중국 정부의 고려 대상이 될 수 없다. **결국 농촌 지역 자체가 높은 부가가치를 창출하는 고소득 도시 지역으로 전환되지 않는 한 중국의 중진국 탈출은 궁극적으로 요원한 상황이다.**[20]

중국판 카스트, 후커우 제도

사실 같은 동아시아권에 해당하는 한국이나 대만의 경제발전 모델에 따르면, 낙후된 농촌 문제 해결은 다음과 같은 자연스러운 과정을 통해 이루어진다. 도시의 제조업과 서비스업이 발전함에 따라 노동력 수요가 계속 발전하고, 저소득 농촌 지역의 인구가 끊임없이 도시로 공급되고 흡수됨으로써 자연스럽게 사회구조에서 농촌의 비중이 급속도로 쪼그라든다. 이런 과정을 거쳐 전체 인구의 대다수가 고부가가치 산업으로 옮겨 감으로써 고소득 국가로 진입하게 된다.

그런데 중국은 이런 모델이 불가능하다. 지금까지 몇 차례 언급했던

'후커우 제도' 때문이다. 후커우의 사전적 의미는 한국의 호적 제도에 해당하지만, 앞서 2부 4장 「비상하는 붉은 용」에서 소개했듯, 실질적 의미는 이와 전혀 다르다. 스콧 로젤과 내털리 헬이 『보이지 않는 중국』에서 쓴 표현을 빌리자면, 후커우 제도는 **사실상의 중국판 카스트 제도**다. 앞서 소개한 대로 1980년대 개혁개방 과정에서 후커우 제도를 완화하는 방향으로 한 차례 개혁을 하긴 했지만 후커우 제도가 농민들에게 가하는 족쇄는 여전하다.

태어날 때 부모의 후커우에 따라 정해진 후커우는, 소수의 예외적 사례를 제외하면 평생 바뀌지 않는다. 한번 농촌 후커우로 태어나면 죽을 때까지 농촌 후커우이며 자녀들에게 자동적으로 세습된다. 교육, 취업, 사업, 복지 등의 영역에서 후커우 제도가 가하는 차별은 여전히 심각하다. 후커우 제도는 고소득 지역의 도시 중국이 저소득 지역의 농촌 중국을 흡수하는 데 가장 큰 장애물이며, 이 제도가 남아 있는 한 중국이 대만과 한국의 중진국 탈출 모델을 모방하는 것은 불가능할 것이다.

결국 중국 정부는 중진국 탈출을 위해서 후커우 제도를 완화하는 방식의 제도 개혁을 시행해야 한다. 중국 공산당도 후커우 제도 개혁의 필요성을 당연히 오래전부터 잘 인식하고 있었다. 시진핑 정권은 코로나 팬데믹이 터지기 직전인 2019년 12월 후커우 제도에 대한 점진적 개혁 조치로 우선 인구 300만 이하 중소도시에 대한 후커우 제한을 철폐하는 정책을 내놓기도 했다.[21]

하지만 고소득의 좋은 직장들이 가장 많이 만들어지고, 높은 소득 수준과 양질의 인프라로 삶의 질이 높아 중국 젊은이들이 가장 선호하는 베이징, 상하이, 선전, 광저우 등의 1선 도시들에 대한 후커우 제한 철폐 계획은 요원하다. 그뿐만 아니라 거주 선호도에서 1선 도시 아래인 1.5선, 2선 도시 또한 후커우 제한 완화 조짐은 전혀 보이지 않는 상황이다.* 후커우 문제의 심각성이 어제오늘 일이 아님에도 해결이 지지부진한 원인으로는 기득권을 지키려는 고소득 도시 후커우 소유자들의 저항과 과포화된 도시 인프라의 부작용에 대한 우려 등이 꼽히고 있다. 그래도 시간은 걸리겠지만, 궁극적으로는 후커우 제도의 철폐로 개혁이 진행될 것이라는 의견이 일반적이다.

그러나 설사 후커우 제도가 언젠가 결국 해결된다 하더라도 중국이 중진국 함정을 탈출하는 데 있어 더욱 심각한 장애물이 여전히 남아 있다. 그것은 바로 『보이지 않는 중국』의 핵심 주제이자 중국 농촌 문제의 가장 심각한 문제로 손꼽히는 **중국 농민 자녀들의 심각한 인적자원 개발 수준**이다. 현재 중국 농촌 지역 아이들의 매우 저조한 평균 학력과 학업 성취율은 중국 농촌의 발전과 농민 계층 소득 향상을 가로막는 주요 요인으로 꼽히고 있다.

앞서 언급한 중진국 탈출의 성공 사례와 실패 사례를 극명하게 나눈 차이점은 **인적자원의 수준과 그 중요한 요소로 손꼽히는 고등교육 이수 비율**이다. 중진국 함정에서 탈출하지 못한 국가들의 전체 인구 중 고등교육 이수 비율이 공통적으로 30~50%대에 머무는 데 비해, 중진국 탈출 국가들이 중진국에서 탈출하던 시점의 해당 비율은 72%에 달한다. 그리고 이 조사 결과의 기준 시점인 2015년 기준 중국의 고등교육 이수 비율은 불과 30%에 머물렀다.[22]

한국을 능가할 정도로 극심한 중국의 교육열을 다룬 뉴스들은 우리에게 익숙하다. 또 중국의 유학생들이 한국의 대학교들을 먹여 살린다는 말까지 나올 정도로 대학가 근처 어디서나 우리는 그 나라의 학생들을 쉽게 접할 수 있다. 그래서 우리에게는 이 중국의 고등교육 이수자 관련 데이터가 직관적으로 잘 와닿지 않을 수 있지만, 이 또한 **'두 개의 분리된 중국'**을 반영한다. 도시 중국의 고등교육 이수 비율과 인적자본 개발 수준은 이미 선진국 수준을 육박한다. 도시 중국의 학부모들은

★ 중국에서는 각 도시들을 크기, 인구, 집값, 도시 발전수준, 생활 수준, 1인당 소득, 인재 흡입력, 도시 인프라 등의 기준에 따라 1선에서 5선 도시까지 등급을 구분하는데, 숫자가 낮을수록 등급이 높다.

자신들의 자녀들의 교육 상황을 수시로 체크하고 필요한 사교육을 쏟아부을 수 있는 사회적 자본과 높은 소득 수준을 갖추고 있다. 도시 중국의 아이들 대다수는 고등교육을 무사히 통과하고 사회에 나옴으로써 부모의 사회적 자본과 지위를 물려받는다.

농촌 자녀들은 세심한 교육적 돌봄은커녕 후커우로 인해 부모의 기본적인 보살핌에서 배제되어 있다. 거기에 **중국 농촌 지역의 열악한 교육 인프라**는 문제를 더욱 악화시킨다. 가정 내 교육 돌봄과 지원이란 측면에서 이미 도시 아이들과 농촌 아이들 간의 격차는 심각한 수준이고, 이는 학교에 가서 훨씬 더 크게 벌어진다. 농촌 지역 고등교육기관의 커리큘럼, 교사, 교수법 모두 도시에 비해 크게 뒤떨어져 도시 아이들과 농촌 아이들 간의 격차를 줄이는 데 실패하고 있기 때문이다.[23]

실제 나 또한 과거 10여 년 전 중국에서 현지 공장을 관리할 때 이런 도농 간 교육 격차 문제를 직접 극명하게 경험하기도 하였다. 공장에 필요한 직원을 채용하기 위해 지원한 이력서를 살펴보면, 관리직 지원자와 생산직 지원자에 따라 후커우가 정확히 갈라졌다. 극소수의 예외를 제외하면 농촌 후커우 출신은 대부분 직업학교나 중졸 이하 학력으로 생산직에 지원했고, 관리직에 지원한 이력서들에는 하나같이 대졸 이상의 학력과 도시 후커우가 기재되어 있었다. 당시에는 의식하지 못했지만, 이미 나 또한 그때에 '보이는 중국'과 '보이지 않는 중국'을 몸소 체험하고 있었던 것이었다.

도시와 농촌의 심각한 양극화

물론 중국의 정부 당국도 손 놓고 가만히만 있었던 것은 아니다. 뒤늦은 감이 있기는 하지만 후진타오 정권 당시인 2000년대부터 낙후된 농촌을 중심으로 고등교육 인프라를 급속도로 확충하였고, 2015년에 들어와서는 고등학교 진학률을 80%까지 끌어올리는 데 성공한다. 하지만 한국과 대만은 현재 중국과 비슷한 소득 수준일 때 이미 거의 모든 시민들에게 고등학교를 졸업하게 했다. 중국의 조치가 너무 늦었다는 것이며, 현재 중국은 농촌 지역 노동력의 질적 전환을 이루어내는 데 실패하고 있다는 이야기이다.

이처럼 '도시와 농촌으로 나뉜 두 개의 중국'은 이 나라의 중진국 함정을 더욱 깊게 만드는 데만 그치는 것이 아니다. 미국의 경우 '고소득의 세계화된 도시, 미국'과 '저소득의 소외된 농촌, 미국'으로의 분열이 양 지역 간 문화와 가치관의 차이를 심화시켜 결국 심각한 정치적인 분열과 대결로 진화되고 있다. 미국 도시 지역과 농촌 지역은 각각 민주당과 공화당을 지지하는 쪽으로 양극화가 심각하게 진행되는 중이다.

이처럼 도시 지역과 농촌 지역을 경계로 분열된 미국의 정치적 분열은 심지어 지난 대선 당시 미국을 내전의 위기로 빠뜨릴 뻔했다. 민주당의 바이든 후보가 최종 승리했던 대선 결과에 끝까지 불복한 몇몇 트럼프 지지 폭도들은 워싱턴의 국회의사당을 급습해 미국뿐 아니라 전 세계를 경악에 몰아넣었다. 이는 극단적으로 분열된 정치가 얼마나 위험한지를 극명하게 보여주는 대표적인 사례로 남게 되었다.

미국의 사례에서 보듯 '두 개의 중국'이 향후 중국이 겪을지도 모르는 정치적 분열의 도화선이 될 개연성 또한 존재한다. 2부에서 소개한 '보시라이 쿠데타'의 주역인 보시라이가 정변 이전 가난한 농민공들과 농민들에 대한 포퓰리즘을 통해 정치적 기반을 구축했던 걸 고려해 보면, 두 개의 중국이 장차 정치적 위기의 단초가 될 수 있다는 게 단순한 기우(杞憂)가 아님을 알 수 있다.

도시와 농촌으로 양극화된 '두 개의 중국'이란 문제는 미국을 반드시 넘어서려는 시진핑 정권에 있어 현재 당면한 가장 시급하고 절박한 문제임이 틀림없다. 그런데 만약 **'두 개의 중국'을 '하나의 중국'으로 수렴시킬 충분한 시간**이 있다면, 그래서 중진국 함정을 뛰어넘은 중국의 국력이 미국을 앞지르는 게 다만 '시간문제'로 귀결될 수 있다면 어떤 결론이 나올 수 있었을까?

그랬다면 시진핑 정권이 중국몽의 노골적 색채를 좀 흐리게 하고 도광양회 노선을 좀 더 가져갈 여유를 가질 수도 있지 않았을까? 이를 통해 현재 발생한 차이나 쇼크의 강도와 신냉전의 시기가 더 약해지거나 늦어질 수도 있지 않았을까? 그러나 결과적으로 두 개의 중국 문제를 해결할 시간이 중국에는 없는 것으로 판명되었다. 아마 이러한 결론은 외부에서 분석된 것보다 중국 공산당 내부가 훨씬 더 일찍 파악했을 것이다.

중국에 시간이 그리 많지 않다는 가장 결정적인 신호는 바로 인구 문제이다. 그 나라의 인구가 줄어들기 시작했고, 중국의 인구 구조가 급속도로 노령화의 길로 들어섰다는 것은 두 개의 중국을 해결할 충분한 '시간'과 '동력'을 잃어버리고 있다는 뜻이기도 하기 때문이다.

3장

제국의 황혼

2020년에 우리나라 인구는 계속 증가했으며, 구체적인 데이터는 제7차 전국인구조사공보서에 발표될 것이다.[24]

— 2021년 4월, 중국 국가통계국의 공식 발표 내용 전문(全文)

중국 북동부 지린성의 한 읍·면 정부가 인구 지표를 거의 3분의 1로 줄인 후, 중국의 가장 최근의 국가 인구조사에 대한 진실성에 의문이 제기되고 있다.[25]

— 《South China Morning Post》 2021년 10월 기사 중에서

최근 중국이 심각한 인구 문제, 그것도 저출산에서 비롯된 인구 감소 문제를 겪고 있다는 뉴스를 접했을 때 나의 머릿속에는 상전벽해(桑田碧海), 격세지감(隔世之感)과 같은 단어가 먼저 떠올랐다. 내가 10여 년 전 중국에 체류하고 있을 당시 전 세계에서 가장 강력하고 악명 높던 중국의 산하제한 정책을 옆에서 생생히 지켜볼 기회가 있었기 때문이었다.

2010년대 초반, 나는 중국 산동성에 위치한 현지 한국 공장 본사 파견 주재원으로 일하고 있었다. 그러던 어느 날 공장 생산설비 엔지니어

중에서 성이 쑹(宋)이었던 중국 현지 직원 한 명이 퇴근 시간이 되어도 귀가하지 않고 회사에서 숙식하려는 것을 알게 되었다. 더 놀라운 건 집에 가지 않고 회사에서 숙식하며 지낸 게 이미 꽤 오래되었다는 것이었다. 이유가 궁금해 물어보니 대답이 걸작이었다. 자기 아내가 셋째를 임신해서 회사에 숨어 지낸다는 것이었다.

당시 중국에서는 **'1가구 1자녀 정책'**이 강력하게 시행되고 있었고, 둘째를 임신한 부부에 대해서는, 지역에 따라 다르지만 경우에 따라 심각한 처벌도 가하고 있었다. 도시 후커우일 경우에는 해당 도시 지역 근로자 몇 년 치 평균 연봉 수준의 벌금을 부과하는 정도로 끝났지만, 이 미스터 쑹처럼 농촌 후커우일 경우에는 처벌이 더 심각했다.

당시 한국 미디어에서도 간혹 보도되기도 했지만, 중국에서는 임산부에 대한 강제 낙태가 비일비재했다. 만삭의 임산부에 대한 강제 낙태는 심지어 중국 내에서도 사회적 공분을 사며 심각한 문제가 된 적도 있었다. 당시 산아제한 정책의 실무를 담당하는 각 지역 계획생육국(計劃生育局)의 악명은 중국 내에서 자자했다. 만약 임산부가 잠적할 경우 그의 남편이나 시부모님, 친정 부모님을 구치소에 가둬 두고 임산부가 나타날 때까지 풀어주지 않는 인질 수법까지 사용했다. 그래서 쑹은 계획생육국 공무원을 피해 자기 아내는 다른 안전한 곳에 보내고, 자기는 회사에 숨어 지냈던 것이었다.

이들 부부의 고된 도피는 아내가 셋째를 출산할 때까지 계속되었다. 당시 나에게 쑹의 이 도피 에피소드는 중국이 정치와 사회 시스템이란 측면에서 한국과 얼마나 다른지에 대해 온몸으로 체감할 수 있었던 충격적인 일화였다. 그런데 만삭의 임산부까지 잡아서 마구잡이로 낙태하던 중국 정부가 이제는 자기 인민들에게 **'제발 아이들 좀 낳아 달라'** 라고 사정하고 있다니…. 그것도 단 10년 만에 그렇게 바뀔 수가 있다니…. 이 짧은 기간의 중국의 격변에 대해 개인적으로는 깊은 씁쓸함을 느끼지 않을 수 없었던 것이었다.

부자가 되기 전, 너무도 빨리 늙어버린

2022년 현재 중국에서 미스터 쑹의 도피 같은 에피소드는 더 이상 등장하지 않을 것이다. 중국 정부는 이미 2016년 두 자녀를 허용한 데 이어 이도 부족했는지, 5년 만에 세 자녀를 허용하며 사실상의 산하제한 정책을 폐기했다.[26] 미스터 쑹처럼 다자녀를 낳아 엄청난 벌금을 내고 한때 사회적 지탄의 대상이 됐던 중국 대표 영화감독 장이머우(張藝謀) 감독의 부인은, 당국의 3자녀 허용 정책 발표 후 개인 SNS에 자신은 '임무를 사전에 완성했다'는 소회가 섞인 글을 올려 중국 네티즌들의 큰 반향을 불러일으키기도 했다.

그렇지만 갑작스러운 3자녀 허용에 대한 중국 네티즌들의 반응은 싸늘했다. 환영보다는 비아냥과 조롱, 욕설같이 부정적인 반응이 압도적이었다.[27] 급격한 정책 변동에 대한 커다란 논란이 있었지만, 현재 중국의 인구구조와 출생률 관련 데이터를 보면 중국 정부가 왜 이렇게 수년 만에 인구정책을 180도 뒤집었는지 쉽게 이해할 수 있다.

우선 중국의 심각한 고령화 상황부터 살펴보자. 보통 한 사회의 고령화 수준을 평가할 때 전체 인구 대비 65세 인구의 비율을 따지는데, 전체 인구 대비 7% 이상을 고령화사회, 14% 이상을 고령사회, 20% 이상을 초고령사회라고 규정한다. 중국의 고령화 속도는 중국의 경제성장과 산업화만큼이나 역대 어느 나라보다 빠르게 진행되고 있다.

서구의 선진국 주요국 중 하나인 프랑스가 고령화사회에서 고령사회로 진입할 때 걸린 시간은 무려 115년이고, 미국이 73년, 영국이 46년, 독일이 40년, 일본이 24년이 걸렸는데, 중국은 일본을 추월해서 22년이 걸렸다. (우리는 17년을 기록했다.) 그리고 고령사회에서 초고령사회에 진입하는 시간으로 비교했을 땐 프랑스가 39년(1979년→2018년), 미국이 21년(2015년→2036년), 일본이 12년(1994년→2006년)이었던 것에 비해 중국은 10년(2022년→2032년) 정도 걸릴 것으로 예측되고 있다. (우리나라는 2017년부터 2025년까지, 8년이 걸릴 것으로 예상된다.) 그나마 서구 선진국들의 경우 최소 수 세대에 걸쳐 고령화의 충격을 완화하고 어느 정도 경감시킬 대책을 세울 시간이 있었지만, 중국에는(물론 동아시아 전체가) 그럴 시간이 전혀 주어지지 않는 셈이다.

청소년층부터 은퇴 연령까지 국가 경제를 떠받치는 노동인구 감소를 살펀다면, 중국은 이미 2015년도부터 년마다 천만 단위로 감소하기 시작해서 그 추세가 이미 6년째 이어져 오고 있는 중이다. 중국이 2022년 올해 진입할 것으로 예상되는 고령사회(즉, 65세 이상 고령 인구가 14% 되는 시점)의 경우 한국이 2017년 고령사회에 진입한 걸 비교해 보면, 중국과 한국은 불과 4년 차이밖에 나지 않는다. 중국의 1인당 소득 수준이 한국의 3분의 1에 불과한 걸 생각해 보면 경제 수준 대비 중국의 고령화 속도가 상상을 초월하는 수준임을 알 수 있다.

중위연령으로 대비했을 때, 실제 중국은 2021년을 기점으로 패권 경쟁국인 미국보다 이미 더 늙은 국가가 되었다. (한국은 2017년도부터 미국보다 더 늙은 국가로 진입했다.) 중국 대도시의 인구 상황은 더 심각하다. 베이징이나 상하이 등 1선 도시들은 인구 감소가 이미 시작되었다. 베이징에서는 은퇴 연령을 넘어선 노령 인구가 17.2%에 달한다. 중국 사회과학원 통계에 따르면 2027년경에 '총인구 감소'[28]를 예측하고 있지만 이조차도 매우 낙관적인 전망이라는 분석이 지배적이다. 자세한 건 후술하겠지만, 사실상 중국 인구는 중국 정부의 공식 발표한 내용과 달리 2020~2021년 즈음 이미 실질적으로 총인구 감소세에 돌입한 것으로 해석된다.

중국사회의 초고속 고령화는 우선 국가 재정 측면에서 재앙적 문제를 야기시키게 될 것이다. 이미 중국의 최고 싱크탱크인 사회과학원에서는 10여 년 후인 2035년 즈음에 한국의 국민연금에 해당하는 양로보험이 고갈될 것으로 예상하며, 복지 및 연금 등 사회보장 체계의 대조정이 이뤄지지 않을 경우 붕괴를 우려해야 한다는 경고장을 날렸다. 또한 사회의 초고령화는 공공 서비스와 모든 경제 수요 자체를 급격히 감소시키며, 이를 통해 사회 및 경제의 동력 자체가 상실될 수 있다는 것도 자명하다. 이는 현재의 한국이나 과거 일본이 지난 세월 동안 고통스럽게 겪어 온 경제 수축을 중국도 마주할 것이라는 뜻이다.

게다가 중국이 한국이나 일본보다 문제가 더 심각한 건 아직 중국은 선진국이라 하기엔 너무나 소득이 낮고 상대적으로 가난한 국가라는 점이다. 최근 유행하는 말을 빌리자면 일본이 늙기 전에 부자가 되었고, 한국이 늙으면서 부자가 되었다면, 중국은 부자가 되기 전에 늙어버린 것이다. 한국과 일본 양국이 국민소득 1만 달러를 찍은 시점은 한국은 1994년도, 일본은 1983년도였다. 그해에 두 나라의 중위연령은 한국은 28~29세, 일본은 33세 정도였다. 그런데 이제 막 1인당 GDP 1만 달러에 돌입한 중국의 중위연령이 38.4세이다.

앞서 언급했듯, 미국의 1인당 GDP는 중국의 6.5배가 넘는다. 그런 미국의 현재 중위연령이 38.1~38.4세인 걸 감안한다면, 베이징이 인구 문제에 대해 얼마나 걱정하고 있을지 상상하기 어렵지 않다. 아메리칸 드림을 꿈꾸며 지금도 전 세계에서 사람들이 몰려들고 있는 미국은 세계적 이민 유입국이고, 그에 반해 중국은 대표적 이민 유출국인 걸 생각하면 앞으로 그 격차는 더 확대될 것으로 예상된다. 이런데도 시간은 중국 편이라고 단언할 수 있을까?

중국의 가장 큰 아킬레스건, 인구 문제

중국의 이런 악화된 인구구조에는 물론 소득 성장과 삶의 질 향상에 따른 평균수명 증가의 요인도 영향을 미쳤을 것이다. 그렇지만 가장 결정적인 요인은 당연하게도 출산율의 급격한 하락이다. 중국도 현재 한국과 다를 바 없이 젊은 사람들이 더 이상 결혼과 출산을 원하지 않고 있다는 것이다.

중국의 출산율 하락 속도 또한 드라마틱하다. 2020년 기준 중국의 합계 출산율은 1.3명으로, 30년 전과 대비해 무려 4분의 1토막이 나버렸다. 신생아 숫자로 따졌을 때, 2021년도 기준으로 20년 대비 무려 138만 명이 감소했다. (1,200만 명 →1,062만 명) 소득 수준이 높은 동부 연해안 대도시의 경우 이미 한국처럼 합계 출산율 1명 이하로 내려간 상황이다.

초저출산율로 인한 인구 감소는 한 국가의 미래를 암울하게 만든다. 경제성장률은 자본 투자 증가와 생산성 증가, 그리고 노동 증가 이렇게 3요소로 구성된다. 그러므로 인구 감소는 경제성장률을 떨어뜨리는 직접적인 요인이 될 수밖에 없다. 급격히 쪼그라드는 내수 규모로 인한 소비 위축은 경제불황을 가져오고, 중국경제를 지속적으로 수출 등 대외 경제에 의존하게 만든다. 또 줄어든 출생아 수는 인적자원 규모 자체를 감소시켜 미래 첨단산업에 종사할 엔지니어 풀과 국방력을 지탱해 줄 병력 자원의 질을 떨어뜨린다. 낮은 경제성장률과 위축되는 경제 규모는 중국 내부에서 자원 배분을 둘러싼 지역 간, 계층 간, 세대 간 긴장과 갈등을 격화시켜 중국이 지불해야 할 사회적 비용을 치솟게 할 것이다.

물론 중국이 겪고 있는 이러한 초저출산과 고령화, 인구 감소 문제는 일본, 한국, 대만 등 동아시아 국가들 모두가 공통적으로 겪는 문제이긴 하다. 하지만 앞에서도 언급했듯이 다른 동아시아 국가들은 비교적 고소득 상황에서 인구 감소 문제를 맞닥뜨렸고, 결정적으로 중국처럼 지구적 패권 국가에 대한 야심이나 욕심이 전혀 없다. 중국은 자신들보다 젊어지고 있으면서도 훨씬 더 부유한 미국을 넘어서려는 국가적 야심을 가진 상태에서 국가가 급속히 늙고 있는 중이다. **요컨대, 인구 문제는 제국의 귀환을 연출하고 있는 중국에 있어 가장 큰 아킬레스건이라 할 수 있다.**

시진핑과 베이징도 인구 문제의 심각성을 알았는지 이 문제에 대해 극도로 민감하게 반응하는 것으로 보인다. 심지어 중국 정부가 2020년 인구조사를 조작했다는 의혹도 강하게 제기되는 중이다. 2020년 이미 중국의 인구는 확실히 감소로 돌아섰는데 소폭이나마 증가한 것처럼 발표했다는 것이다. 소식통에 따르면 코로나 팬데믹이 터졌던 2020년 인구조사는 그해 12월에 이미 완료가 되었으나 모종의 사유로 다음해 4월 초로 발표가 예정되어 있었다. 하지만 발표가 예정되어 있던 4월 16일 류아이화(劉愛華) 국가통계국 대변인이 돌연 "더 많은 준비 작업"이 필요하다는 이유로 인구조사 공개를 연기한다고 발표한다.[29]

그리고 4월 29일 드디어 그 결과가 발표되는데 이 발표 내용이 사람들을 무척이나 당황스럽게 만들었다. 바로 이 장의 서두에 인용했던, "2020년도에도 전체 인구가 증가했다"라는 딱 한 줄짜리 문장이 발표의 시작이자 끝이었다. 수차례 연기한 끝에 발표한, 거기다가 정확한 수치도 근거도 없는 한 줄짜리 문장은 누가 봐도 정상이 아니었다. 사람들은 외신들이 예상한 대로 2020년 중국 인구가 실제로 감소했을 것이라고 수군거리기 시작했다.

이 건에 대해《보원사博問社》라는 중화권 독립 매체가 이번 발표와 관련된 내부자의 인터뷰를 폭로했는데, 주요 내용은 다음과 같다. 2020년 중국의 실제 인구는 2019년 대비 14억 미만으로 크게 감소하였고, 이를 보고받은 뒤 충격을 받은 시진핑이 상무위원들을 소집하여 자료를 공유하고 대책을 논의하려고 했다. 상무위원들도 처음에는 이를 믿지 못했다고 한다. 결국 중국의 실제 상황과 관련된 너무 민감한 내용이라 국가통계국에 비공개로 수정하라 지시하였고, 수정하여 재보고된 결과가 몇 차례 반려되면서 발표 일정이 차일피일 미뤄졌다는 것이었다.

약 한 달이 지난 5월 11일, 드디어 자세한 데이터가 정식 공개된다. 여기서는 중국의 총인구가 14억 1,178만 명으로, 2010년에 비해 7,206만 명 늘어난 것으로 발표되었다.[30] 이 발표가 나오고 나서 중국이 인구

조사 통계를 조작했다는 의혹은 더 커졌다. 일단 2020년 인구를 바로 전해가 아니라 10년 전인 2010년과 비교해서 발표하는 것부터가 터무니없는 일이었다. 거기다가 2019년의 출생률과 사망률까지 비교할 경우 논리적으로 앞뒤가 전혀 맞지 않는 결론이 나왔기 때문이었다.

이날 함께 명시되지 않고 각각 따로따로 발표된 2019년과 2020년의 중국 총인구를 대비해 보면, 2020년에는 2019년 대비 인구가 약 1,173만 명 늘어난 수치를 기록했다. 2019년의 인구 증가 수치는 출생 인구 1,464만 명에 사망 인구 998만 명을 제외한 467만 명이었다. 한데 중국 정부가 발표한 2020년 출생 인구는 1,200만 명이었다. 그리고 2020년 인구는 2019년 대비 1년 만에 약 1,173만 명이 증가했다는 것이니, 2020년 중국 전체 사망자 수는 무려 27만 명밖에 되지 않는다는 이야기다! 그것도 코로나 팬데믹으로 사망자가 급증했을 것으로 추정되는 2020년도에 말이다. 중국 국가통계국 발표를 그대로 믿는다면, 중국은 2020년 한 해 전체 사망자 수를 2019년에 비해서 거의 30분의 1로 줄이는 마법 같은 기적을 발휘한 것이다.

실제 중국 국가통계국의 인구조사 발표 이후, 외신을 중심으로 중국의 통계 조작 의혹을 뒷받침하는 반박 보도들이 계속 터져나왔다. 싱크탱크 미국기업연구소(AEI)에서는 중국 국가통계국 발표에 대놓고 불신을 표했고,[31] 이 장 서두에 인용된 《사우스차이나모닝포스트SCMP》의 기사처럼 2020년 중국의 각 지역의 인구는 중앙정부의 발표와는 정반대로 큰 폭의 인구 감소를 보였다는 기사가 잇따라 보도되었다. 이와 함께 지린성뿐만 아니라 후난성, 후베이성 등 여러 지역에서 수만에서 수십만에 이르는 인구 감소를 보고했으며,[32] 상하이, 광저우, 베이징 등 각 지역에서 발표한 출생률 감소 폭은 중앙정부가 발표한 18%의 3~4배가 넘는 수준이었다.

각 개별 지역들은 극적인 인구 감소와 드라마틱한 출생률 하락을 보였음에도 전체 인구의 합은 증가했으므로, 누가 봐도 억지로 끼워 맞췄다는 의심을 떨치기 어려운 결과였다. 중국이 이렇게까지 무리를 해가며 통계를 만진 동기는 어렵지 않게 추측할 수 있다. 반복하건대, 인구는 한 나라 국력의 가장 중요한 요소이며, 미래 번영의 지속 여부와 국력을 예측할 수 있는 가장 중요한 지표이다. 이미 국내외적으로 '미래는 중국의 시대'라고 자신감 있게 천명한 시진핑 정권이 중국의 미래가 어두울 것이라는 객관적 지표를 솔직하게 드러낸다는 건, 현재의 중국 내 정치적 상황을 고려했을 때 애초에 고려가 가능한 선택 대상이 아니었을 것이다.

중국 정부는 일단 악화된 지표를 호전시키는 데 필요한 시간을 벌기 위해 사실을 덮기로 결정하지 않았나 싶다. **이 인구조사 발표 후 얼마 지나지 않아 중국에선 3자녀 허용 정책이 발표되었고, 자녀 부양 비용을 획기적으로 줄이기 위해 사교육 전면 중단 같은 충격적 방법까지 동원한다. 갈수록 결혼을 기피하는 현상을 해결하기 위해 부동산 거품을 빼는 과정에선 부동산 재벌 헝다 그룹의 부도 사태가 발생한다.** 이처럼 150조 원 가까이 되는 사교육 시장을 하루 아침에 없애버리거나, 경기침체 우려에도 불구하고 민간기업에 대한 온갖 제재를 가하는 등의 급진적 조치를 시행하는 배경에는 시진핑의 복고적인 정치 신념뿐 아니라 이러한 심각한 인구구조 문제가 도사리고 있었다.

문제를 해결할 수 있는 '카드'가 없다

10여 년 전 강제 낙태까지 하던 중국 공산당은 이제 젊은층들에게 제발 아이들 좀 많이 낳아 달라고 반 읍소, 반 협박 중이다. 과거 인민들에게 모범을 보이기 위해 1자녀만 낳도록 당원들에게 명령했던 중국 공산당은 이제 반드시 아이를 셋씩 낳으라고 강요하는 중이다.[33] 심지어 갈수록 낮아지는 출산율의 가장 큰 원인이 갈수록 심해지는 결혼 기피

현상이라고 보고 중국 공산당이 직접 나서서 미혼 남녀에 대한 결혼 중매까지 해주고 있는 실정이다.[34] 뒤늦게 온갖 정책들로 결혼과 출산에 대한 부담을 최대한 낮춰주며 결혼과 출산을 장려하는 중국 공산당의 외침에 중국의 젊은 세대는 과연 적극적으로 화답할까?

한국의 각종 결혼·출산 장려 정책들이 큰 실효를 거두지 못하듯 중국 또한 마찬가지이다. 한국의 젊은 세대들이 갈수록 결혼과 출산을 기피하는 것처럼 중국의 젊은 세대들도 다를 바 없다. 이들 사이에서도 비혼과 비출산의 가치관은 점차 확산되고 있다. 비혼·비출산이 확산되는 것은 한국, 중국, 일본, 대만 등 동아시아 문화권의 국가들이 공통적으로 겪고 있는 사회현상이다.

동아시아 지역의 갈수록 낮아지는 혼인율과 저출산의 원인으로는 여러 가지가 꼽힌다. 사회적으로 여성에 대해 과도하게 편중된 가사와 육아 부담, 여전히 남아 있는 가부장적 문화의 잔재, 지나친 교육열이 초래한 높은 교육비 부담, 천정부지로 치솟은 부동산 가격, 소득 양극화, 그리고 타인과 자신을 끊임없이 비교하게 만드는 집단주의적인 문화 등등이 그 요인으로 제시되고 있다.

하지만 이러한 공통 요인에 더해 비혼·비출산을 강화시키는 중국만의 독특한 제도적 문제가 하나 있다. 다시, 후커우 문제다. 직업을 찾아 도시로 온 농촌 후커우 출신 중국 젊은이들은 결혼 적령기가 되어도 결혼을 선택하지 않는 경우가 많고, 또 결혼을 하더라도 딩크족을 선택하는 사례들이 늘고 있다. 아이를 낳아도 후커우로 인해 부모의 직장 거주지 근처로 학교를 배정할 수 없으니, 차라리 아이를 낳지 않는 선택을 한다는 것이다.

또한 후커우 차별로 자신이 겪은 고통이 자녀들에게 대물림되는 것을 원지 않는 점도 농민공들의 점점 더 증가하는 출산 포기와 관련된 중요한 동기로 지적되고 있다.[35] 실제로 나는 중국의 대표적인 고소득 지역인 상하이에서 '외지 후커우'를 가진 사람들일수록 비혼이나 딩크

족을 선택하는 비율이 높다는 경향을 상하이 현지에 거주하는 여러 지인들을 통하여 공통적으로 확인할 수 있었다.

결혼과 출산 장려 정책이 중국 고유의 제도적 문제로 인하여 주변 동아시아 국가들에 비해 더욱 성공하기 어렵다는 점 외에도, 인구 문제에 있어 중국이 가진 또 하나의 커다란 약점이 있다. 저출산 고령화로 똑같이 고통받고 있는 한국, 일본, 대만의 경우 정책적 노력에 의한 출산율의 극적인 반등에 결국 실패했을 때 자국의 노동력 확보와 내수 시장 유지를 위해 마지막으로 선택할 수 있는 '비장의 카드'를 가지고 있다. 바로 **대폭적인 이민 확대 결정**이다.

물론 이민 확대의 결정은 한 사회가 단일민족 국가에서 다문화 다인종 국가로 급속하게 전환하는 것을 의미한다. 그 때문에 유럽의 사례에서 보듯 커다란 사회적 비용이 들고, 부작용이 초래되는 것을 감수해야 하는 문제점이 있다. 하지만 이조차도 중국 입장에서는 행복한 고민이다. 한국, 일본, 대만은 개발도상국으로부터 대규모 자발적 이민을 이끌어낼 높은 소득 수준과 사회문화적 매력을 갖추고 있다. 당장 한국에서 만약 저출산 문제 해결은 이제 완전히 불가능하다는 사회적 합의를 통해 이민 수용을 대폭 확대한다고 생각해 보라. 그러면 이민 문호를 활짝 연 뒤의 부작용과 문제점을 걱정하면 걱정했지, 필요한 이민자 수의 부족으로 인해 고민할 가능성은 거의 없을 것이다.

그러나 중국은 이민 확대를 고민하기 전에 자국민 해외 이민을 통한 인구 유출 문제부터 걱정해야 하는 처지이다. UN 통계에 따르면, 2015년까지 중국에서 해외로 송출된 이민자 수는 거의 천만 가까이에 달한다. 연평균 증가율은 128%에 육박한다.[36] 하지만 중국으로의 이민 유입 수는 매년 500명에 달할 정도로 미미한 수준이다.

여전히 중진국 수준에 머물고 있는 중국의 낮은 소득 수준, 중국 사회의 견고한 자민족 우월주의 성향, 갈수록 악화되는 중국의 대외 이미지, 그리고 극히 까다로운 이민 절차 등은 이민을 고려하는 개발도상국 국민들에게 중국으로의 이민에 대해서 어떠한 매력도 어필하지 못하게끔 만들고 있다. 출산율을 극적으로 반등시켜 심각해지는 인구구조와 노동력 부족 현상을 해결하려는 중국 정부의 최종 노력이 실패할 경우 중국 입장에서는 마땅히 선택할 카드가 더는 없는 셈이다.

나는 도시와 농촌의 문제("보이지 않는 중국")와 인구 문제를 단순히 외부에서 바라보는 게 아니라 중국 공산당의 입장에서 살펴보는 경우를 가정해 보았다. 그러자 "신흥 강대국이 더 늦기 전, 현재 움켜쥘 수 있는 것을 확보하기 위해 전쟁의 함정에 빠지기 쉽다"라는 브렌즈와 베클리 교수의 통찰에 더더욱 동의하지 않을 수 없었다. 쇠퇴하는 중국이 문제라는 것, 중국은 '전쟁의 함정'에 빠질 정도의 조급함을 느낄 수도 있겠다는 것이 실감되었다.

그러나 현재 베이징의 당국자들의 마음을 더욱 심란하게 만드는 중국의 구조적 문제는 이뿐만이 아니다. 중국이 농촌 문제와 인구 문제를 어찌어찌 해결한다 하더라도 중국 경제의 잠재적 최대 리스크는 여전히 남아 있다. 바로 최근에 와서야 외부로 표면화된 **부채 문제**이다.

4장

빚의 만리장성 1

만약 우리가 경제를 구조적으로 바꾸는 대신 단기적인 성장을 이루어 내기 위해 경기를 부양하기만 한다면, 미래에 세금을 물리는 꼴이 될 것입니다.

— 시진핑 중국 국가 주석, 2015년 제18차 당대표 5중전회 2차회의에서[37]

중국 당국은 문제를 뒤로 미룰 수 있는 유례없는 능력을 가지고 있을 뿐이다.

— 디니 맥마흔, 『빚의 만리장성China's Great Wall of Debt』 중에서[38]

중국이 개혁개방 이후 약 40년간 이룩한 경제성장은 세계 역사상 가장 빠른 속도를 기록한 것이라고 평가된다. 그런데 속도보다 더 사람들을 감탄하게 하는 점은 따로 있다. 고속의 경제성장을 경험했던 거의 모든 국가들은 예외 없이 과도한 부채로 인한 심각한 경기침체나 혹은 경제위기를 공통적으로 겪었지만, 중국은 지금까지 이런 필연적 재난을 잘 피해 왔다는 점이다. 내부적 위기를 잘 피해 왔을 뿐 아니라 심지어 1997년 동아시아 경제위기와 2008년 글로벌 금융위기 같은 외부의 충격파조차도 중국 경제를 위기로 몰아넣지 못했다.

중국이 떠오르기 전 동아시아 경제 기적을 대표하는 국가들 대다수는 중국만큼의 행운을 누리지 못했다. 전후 동아시아 경제 모델을 만들어낸 일본이 1980년대 말 겪었던 거품경제와 뒤 이은 '잃어버린 10년'(최근에는 '잃어버린 30년'으로 연장되었다)이 대표적인 예이다. 1990년대 말에는 한국의 IMF 사태를 비롯해 동아시아의 여러 나라들도 경제위기를 겪었다. 시야를 넓혀보면 산업혁명 이후 거의 모든 국가들이 경제성장의 과정 중에서 과도한 부채로 인한 크고 작은 경제위기를 경험했었다. 1929년 미국 주식시장의 붕괴로 촉발된 대공황이 1920년대 경제 대호황으로 인한 자산시장 거품의 부작용으로 발생했다는 것은 역사에 관심이 있는 누구에게나 익숙한 이야기다.

중국의 성공은 '현능주의' 덕분인가

지난 40년간 수많은 전문가들이 중국 경제의 붕괴가 임박했다는 유의 경고와 예상을 쏟아 냈음에도 그 '살벌한 예언'에 걸맞은 크기의 경제위기가 도래하지 않자, 소위 **'중국 예외주의'**라는 말까지 나오게 된다. 높은 경제성장 뒤에는 반드시 경제위기가 찾아온다는 보편적 법칙에서 중국만큼은 예외라는 설명이었다. 그와 함께 중국이 '빠른 경제성장'과 동시에 '사회적 안정'이라는 두 마리 토끼를 잡는 독보적 성취를 설명하기 위해 여러 가지 분석이 나왔다.

그중에는 한국과 같은 민주주의 국가의 시민이 듣기에 충분히 불편할 수 있는 해설까지 등장한다. 미국이 내세운 경제 모델인 '워싱턴 컨센서스'가 때때로 무질서를 초래하는 제한 없는 시장 자유주의를 추구한 것에 비하여, 질서 있고 안정적인 경제를 위해 시장에 적극적으로 개입하는 통제주의적 국가의 역할이 강조되었던 것이다. 이처럼 국가의 주도적 역할을 강조하는 중국식 경제 모델, 즉 **'베이징 컨센서스'**라는 말도 이런 배경에서 등장했다.[39]

중국의 예외적 성공을 중국 고유의 정치 모델에서 찾는 설명도 등장한다. 캐나다 출신의 친중 정치학자이자 중국 칭화대학 교수인 대니얼 A. 벨은 중국 정치를 찬양한 그의 저서에서 이를 **'현능주의(賢能主意)'**라는 단어로 포괄한다.[40] 그의 설명에 따르면 현재 중국을 통치하는 중국 공산당의 엘리트와 테크노크라트(전문 기술 관료)들은 고대 그리스 철학자인 플라톤이 국가의 이상적 지도자로 꼽은 철인왕에 해당한다. 그리고 이러한 현대의 철인왕들이 다스리는 중국은 플라톤이 주창한 '철인정치'의 이상에 가깝다는 것이다.

한국이나 미국 같은 자유민주주의 국가의 정치인들이 주기적인 선거 때문에 단기적 이득을 추구하는 변덕스러운 유권자들에 휘둘리기 쉽고, 결국 포퓰리즘에 영합하게 된다. 이에 비해 중국의 차가운 관료들은 일당독재 덕에 불필요한 정치적 고려 없이 장기적인 국가 발전과 국익의 관점에 집중하여 국정에 운영할 수 있다는 게 바로 현능주의의 장점으로 설명된다. 베이징 컨센서스, 현능주의같이 중국식 시스템에 주목하거나 심지어 찬양하는 주장들은 2008년 글로벌 금융위기 이후 본격적으로 유행을 타기 시작했다. 이는 당시 금융위기 이후 지탄받던 미국 모델과 휘청거리던 미국의 위신과 결코 무관하지 않았었다.

이러한 중국 예외주의는 앞서 언급된 중국 주식시장 폭락 사태가 벌어진 2015년과 2016년, 그리고 미중 무역전쟁 영향으로 중국 경제성장률이 29년 만에 사상 최저인 6.1%로 떨어졌던 2019년에 집중적인 공격을 받게 된다. 하지만 2020년 코로나 팬데믹 발생 후 중국이 방역과 경제의 양 측면에서 상대적으로 성공적인 대응을 하며 자신감을 얻게 되자, 중국 예외주의는 다시금 설득력이 있는 것처럼 보이게 된다.

그런데 2021년에 접어들자 분위기가 다시 묘하게 바뀌게 된다. 중국 정부가 심각한 저출산 문제 해결의 일환으로 집값을 잡기 위해 부동산 규제에 나섰으며, 중국 부동산 시장의 분위기는 일순간에 얼어붙고 거래량이 급감했다. 그러더니 심지어 주택 가격이 실제로 6년 만에 처음으로 하락하는 일까지 발생한다. 그리고 이 모든 위기 분위기의 정점은 한국에서도 크게 보도되었던 중국의 대표 부동산 개발 재벌인 헝다(恒大) 그룹 부도 사태였다. 한국 원화 기준 약 350조 원에 육박하는 막대한 규모의 그룹 전체 부채 규모와 파산이 임박했다는 뉴스가 연일 보도되자 중국 기업의 막대한 부채 문제와 부동산 시장의 거품이 새삼 주목받게 되었다.

헝다 그룹 파산, '중국 예외주의'는 없다

헝다 그룹 파산이 중국 내 부채 리스크 폭발의 도화선이 되어 전체 중국 경제에 심각한 위기를 촉발시킬 것이라는 의견과 이는 중국 건설 및 부동산 시장 침체 촉발 정도에 제한적 영향만 있을 것이라는 의견이 팽팽하게 맞서며, 중국 예외주의는 다시 한번 시험대에 오른다. 사실 헝다 그룹은 내게도 대단히 익숙한 기업이었기 때문에 이 기업의 파산 사태는 상당히 놀라운 뉴스였다. 헝다그룹은 막대한 부채를 일으켜 문어발식 확장을 했던 IMF 금융위기 이전 한국 대기업들의 행태와 유사하게 본업인 부동사 개발 외에도 전기차, 보험, 엔터테인먼트, 사물 인터넷 등 다양한 사업에 진출한 상태였다.

나는 과거 전기차 부품을 영업할 때 중국의 많은 전기차 회사를 방문했다. 그중에는 헝다자동차도 포함되어 있었다. 헝다자동차 연구소를 방문했을 당시 헝다자동차는 전기차 배터리와 전기차 개발에 막대한 자금을 쏟아붓고 있었고, 단기간에 관련 기술을 확보하기 위하여 고액의 연봉으로 한국 전기차 배터리 회사와 자동차 회사에 재직 중인 직원들을 공격적으로 스카우트하고 있었다.

나는 당시 중국 내 헝다 그룹의 위상과 크기를 잘 알고 있었다. 그래서 재직 중인 회사에 헝다 그룹이 전기차 사업을 성공시킬 가능성이 높으므로 향후 적극적으로 영업을 진행하겠다고 보고하기까지 했었다. 방문했던 헝다자동차의 거대한 연구소 규모와 딱 봐도 많은 돈이 들었겠다고 느껴지는 화려한 내부 인테리어를 직접 보며, 헝다 그룹이 자금난을 겪을 것이라고 상상하기는 더욱 쉽지 않았다. 결과적으로 나는 그 후 약 3년도 되지 않아 헝다 그룹이 부도에 몰릴 줄은 전혀 예상하지 못했다. 나의 판단과 보고는 완전히 틀린 것으로 드러나게 된 것이다.

어쨌든 중국은 유능하고 현명한 중국 공산당 통치 덕에 막대한 부채와 연관된 금융위기와 경제위기를 결코 겪지 않을 것이라는 '중국 예외주의'는 앞으로도 계속 생명력을 유지하게 될까? 아니면 헝다 그룹에 대한 나의 예측처럼 결국에는 틀린 것으로 드러나게 될까?

중국 예외주의에 대한 믿음을 흔드는 뉴스들의 등장이 빈번해진 건 확실히 최근 들어서다. 최소한 주기적으로 중국 관련 뉴스를 모니터링하는 나에게는 확실히 그렇다. 내가 중국 상황이 심상치 않다고 느꼈던 건 단지 헝다 그룹 같은 중국의 민간기업들의 부도나 파산 사태의 뉴스들 때문만이 아니다. 내가 가장 놀란 뉴스는 바로 중국 지방정부 부채 관련 보도들이었다.

사실 중국 지방정부 재정 문제가 어제오늘 문제도 아니고, 이는 2010년대 들어와서 계속 거론된 이슈이기도 했다. 하지만 최근 보도되는 내용은 보통의 상식과는 너무 동떨어진 것들이었다. 예를 들어 지방정부가 납품 업체의 돈을 떼먹어서 파산 위기에 처한 납품 업체로부터 고소를 당한다든지,[41] 지방 공무원 임금이 장기간 지급이 안 되어 임금 체불 사태가 발생한다든지,[42] 재정난에 시달리는 지방정부가 명목에도 없는 억지 벌금 부과와 기부금 납부를 강제하여 사실상 갈취를 한다든지[43] 하는 쇼킹한 뉴스들이 이어졌다.

그래도 여기까지 이러한 뉴스에 등장하는 지방정부들은 대체로 소득이 낮고 발전이 더딘 내륙지방이거나 지역 산업 전체가 쇠퇴 중인 동북 지방 도시들이라 그럴 수도 있겠구나 싶었다. 하지만 중국에서 1인당 소득이 최상위권인 도시들에서조차 공무원 월급이 나오지 않고 있다는 뉴스에서 나는 정말 보통 일이 아니라는 걸 체감했다. 최근 중국 국무원은 16개 성·시·자치구에서 교사의 임금 체불, 사회보장비 체납, 수당 미지급 문제가 벌어지고 있다며 해당 지방정부에 공개적으로 경고했다. 여기에는 중국 경제 중심지인 상하이뿐 아니라 중국의 최첨단 하이테크 기업들이 몰려 있어 재정과 세수가 가장 튼튼한 광둥성 선전시도 포함되어 있었다.[44]

상세한 내용은 다음과 같다. 선전시 각 지방정부들은 소속 교사들에게 전년도 지급한 상여를 원래 비과세 항목에서 갑자기 과세 항목으로 돌리면서 해당 세금을 추징했다고 한다. 그 명목으로 많게는 2, 3개월 치 월급을 지급하지 않았다거나, 혹은 갑자기 고액의 수당을 일방적으로 폐지 통보했다는 것이었다. 선전시의 1인당 GDP는 2020년 기준 3만 달러에 육박하는 2만 9,500달러로, 소득 기준으론 이미 선진국 수준에 도달했다. 게다가 텐센트, BYD, DJI 등 중국 대표 하이테크 기업 본사들의 소재지이기도 하다. 이 내용이 잘 실감이 안 된다면, 미국의 실리콘밸리 지역이나 한국의 분당에 해당하는 지역의 공무원 급여가 체불된다고 한번 상상해 보라.

중국의 국가 부채, 상상을 뛰어넘는 리스크

현재 중국 지방정부의 부채는 공식적으로 2021년 1월 기준 약 30조 위안(약 5,610조 원) 규모로 추산된다. 여기에 중앙정부 21조 위안을 더하면 약 51조 위안으로 중국 GDP 45.8% 수준이며, 이는 상당히 양호한 수준이라고 할 수 있다(한국의 GDP 대비 국가 부채 규모가 2020년 기준 약 48%이다.) 하지만 여기에는 큰 함정이 있다. 중국에는 지방정부 부채로 잡히지 않는 '숨겨진 부채'가 있기 때문이다.

중국의 각 지방정부들은 표면상 과도한 부채 증가 문제를 회피하기 위해 일종의 꼼수에 해당하는 정책을 오랜 기간 동안 펴왔다. 이른바 '지방정부융자플랫폼(LGFV, 地方政府融資平台)'이란 이름의 지방정부 산하 자회사를 세워 해당 자회사 명의로 막대한 채권을 발행해 온 것이다. LGFV는 명목상 지방정부와 별개의 법인이었기 때문에 LGFV가 진 채무는 공식적으로 지방정부 채무에서 제외되게 된다.

중국 전역의 LGFV 채무 총액은 2020년 말 기준 약 53조 위안으로 추산되며, 이렇게 누락된 지방정부 채무를 합칠 경우 중국의 국가 부채 규모는 중국 전체 GDP의 100%를 초과한다. 국제적으로 일반적으로 통용되는 GDP 대비 국가 부채 비율 60%를 훌쩍 넘는 수치이다.[45] 여기에 중국 부채 문제의 양대 뇌관으로 꼽히는 중국 국유기업의 부채 규모인 GDP 대비 140%를 합치면, 이는 중국 전체 GDP의 두 배를 훌쩍 뛰어넘는 240%에 육박한다.[46]

국가 규모도 매우 다르고 통화 및 재정 정책 상황도 크게 달라 완전히 동일 비교는 어렵지만, 그리스 국가 파산과 유로존 탈퇴 직전까지 가며 한동안 전 세계를 시끄럽게 했던 그리스 상황과 비교해 보자. 당시 수치를 살펴보면 그리스의 경제위기가 지속되던 당시 몇 년간 그리스의 국가 채무는 단 한 번도 전체 GDP의 200%를 넘은 적이 없었다는 것을 발견할 수 있다. 한국에서도 엄청난 규모의 나라 빚 때문에 곧 망할 것이라고 비분강개하는 사람들이 많다. 그렇지만 중국과 같은 기준을 적용하여 공기업 부채가 포함된 전체 나라 빚 규모를 따져 보면, 2021년 12월 기준 중국의 4분의 1에 불과한 겨우 62% 수준이다.[47]

중국의 국가 부채 문제는 규모도 심각하지만 증가 속도를 보면 더욱 무시무시하다. 공식 기준으로 2008년 중국 지방정부 부채 규모는 불과 5조 6천 억 위안이었으니 단 13년 만에 4배가 뛰었다는 걸 알 수 있다. 공공 부문의 부채가 이렇게 단시일 내에 급증하고 있으니 문제가 생기지 않을 수 없다. 많은 해외 금융회사와 신용평가 업체뿐 아니라 심지어 중국 정부 관련 연구기관에서도 중국 지방정부의 부채와 디폴트 위험과 관련해서 계속해서 경고를 내놓고 있다.

지금까지는 지방정부, 또 지방정부 대신 채권을 발행한 자회사, 그리고 각종 국영기업들의 채무가 불이행 위기, 즉 디폴트 위기에 처하면 중앙정부가 나서서 해결해 주었다. 중국의 모든 은행은 정부가 소유하고 제어하는 사실상의 국영은행이기 때문에 은행들은 채무자에 대한 채무이행 능력 평가보다는 중앙정부 지침에 따라 대출 연장 여부를 결정해야 했다.

이렇게 아무리 문제가 생겨도 결국에 중앙정부가 나서서 은행에 지시하여 해결해 준다는 **관치금융 관행**이 그동안 지방정부와 국영기업들이 마구잡이식의 방만한 개발과 투자 같은, 일종의 도덕적 해이를 더욱 부추겼다고 할 수 있다. 물론 문제의 심각성을 잘 알고 있는 중국 중앙정부도 최근 몇 년간 반복적으로 지방정부와 공기업들에게 중앙정부가 더 이상 채무 보증이나 추가 대출 연장 같은 지원 조치가 없을 것이며 파산을 유도할 것이라고 반복적으로 경고를 보내왔다.[48 49]

여태까진 중국 경제가 고속 성장을 거듭하며 전체 경제의 파이가 계속 커져왔고, 중국경제의 성장성에 대한 강력한 믿음 때문에 중국 지방정부와 국영기업에 대한 채권의 수요가 그래도 지속될 수 있었다. 또한 2010년대 계속 이어진 풍부한 글로벌 유동성 덕택에 고속 성장하는 중국에 그동안 낮은 금리로 돈을 빌려줄 돈들이 넘쳐났고, 중국은 공공부문 지출 중에서 이자 비용의 큰 부담을 피해 올 수 있었다. 글로벌 투자자금이든 중국 내부의 예금자들이든, 그동안 **중국 중앙정부의 전지전능한 수준의 유능함**에 대해 거의 종교적 수준의 믿음이 있었기 때문에 아무리 중국에서 파산과 디폴트 관련 뉴스들이 늘어나도 뱅크런 같은 조짐은 전혀 일어나지 않았다.

하지만 호황과 부채 위기에 관한 오랜 경제법칙을 바꾸어 경제학 교과서를 다시 쓸 것만 같았던 중국 예외주의에도 드디어 이상 신호가 포착된다. 바로 2기 시진핑 정권이 들어선 후 중국 경제에 대내외적 악재가 연이어 터지면서 본격적으로 감지되기 시작한 이상 신호였다.

5장

빚의 만리장성 2

지금, 중국에 우호적이었던 대내외적 상황은 모두 급격히 바뀌고 있는 중이다. 미중 무역전쟁의 여파로 2019년 중국 경제는 사실상 고속 성장 시대를 마감했다는 평가를 받고 있다. 더욱이 2021년 하반기에는 글로벌 인플레이션이 본격화되면서, 미 연준은 2022년부터 본격적인 금리 인상을 예고한 바 있다. 이처럼 글로벌 저금리와 유동성 시대도 끝나가는 상황이기 때문에 중국이 금리를 낮게 유지하는 것은 점점 버거워지고 있는 중이다.

앞에서도 언급했듯 중국 시진핑 정권은 2021년부터 '공동부유'라는 구호를 통해 각종 반기업 정책들과 비현실적 조치들을 시행했다. 그에 따른 부작용이 속출하며 중국 기업들의 주식이 폭락하고, 이에 따른 거시경제 지표까지 흔들렸던 것 또한 지적해둔 바 있다. 그러자 중국 중앙정부의 유능함에 대한 믿음도 조금씩 흔들리기 시작했다. 경제성장률이 떨어지고, 점차 더 심각한 금리 인상 압박을 받으면서, 동시에 이처럼 중국 정부에 대한 믿음이 흔들리면 중국으로 저금리 유동성이 현재와 같이 안정적으로 공급될 수 있을까?

현재 '공식적인' 중국 지방정부 채무 규모인 30조 위안을 기준으로

했을 때, 당장 1~3년 내 만기가 도래하는 채무가 무려 절반인 15조 위안(원화 기준 약 2,829조 원) 규모이다. 그리고 최근 중국 지방채 이자율 3% 적용 시 지방정부, 중앙정부가 1년에 지불해야 하는 이자 비용만 약 2조 위안(360조원)으로 2021년 한국 1년 예산의 75%에 달하는 수준이다.

만약 지금과 같은 속도로 중국 지방정부의 부채가 증가하는데 거꾸로 중국 지방정부와 공공 부문에 대한 채권 수요는 줄고 거기에 금리까지 인상된다면, 중국은 추가로 더 돈을 빌려서 기존의 이자 부담을 메꾸는 식으로 대응할 수밖에 없을 것이다. 늘어나는 부채에 대해 중국의 일반 대형 시중은행들까지 감당하기가 벅차게 되면 최종적으로 중국 중앙은행인 인민은행이 돈을 찍어내는 수준으로 대응할 수밖에 없고, 이는 경제에 치명적인 영향을 주는 엄청난 인플레이션을 야기할 수밖에 없다.

방만한 재정 운영이 낳은 대가

더 큰 문제는 현재 중국 입장에서 현재 늘어가는 공공 부문의 부채를 해결할 만한 뾰족한 방법이 없다는 것이다. **중국의 부채 문제는 오랜 기간 쌓여 온 구조적 문제이며 과거에는 경제성장에 큰 기여를 했던 성공적 방식의 후유증이기 때문에 역설적으로 더욱 해결이 어렵다고 할 수 있다.** 일단 중국 지방정부들의 재정적 구조 자체가 대단히 취약하다. 지방정부는 전체 세출의 80%를 차지하는 보건, 교육, 연금 등을 책임지지만 전체 세입은 절반밖에 차지하지 못한다. 중앙정부가 최소한의 일부 차액을 세입 부족에 시달리는 지방정부에 다시 이전하는 식으로 보전해 주고 있지만 구멍 난 재정을 메꾸기에는 턱없이 부족한 상황이 지속되어 왔다.[50]

재정 부족에 시달리는 지방정부들이 생각해 낸 묘안이 바로 **토지**

사용권 판매이다. 중국의 토지는 모두 국가 소유이며, 지방정부는 자기 지역의 토지에 대해 보통 50~70년의 기한으로 사용권을 판매한다. 사실상의 토지 매각이지만, 중국에서는 '토지사용권'이란 이름으로 거래된다. 지역마다 편차가 있지만 보통 각 지방정부들은 지금까지 약 평균 30%의 예산을 토지사용권 매각 대금으로 충당해 왔다.

하지만 최근 이 토지사용권 매각이 크게 줄고 있다. 2021년 토지사용권 수입 감소의 경우 지방정부별로 차이는 있지만 많게는 35%에서 적게는 11.2%까지 줄어든 것으로 나타났다.[51] 여기에는 크게 두 가지 이유가 있다.

첫 번째 이유는 중국 부동산 경기 침체와 개발 잠재력이 좋은 토지 규모가 크게 줄었기 때문이다. 앞서 언급했듯 시진핑 정권은 크게 감소한 혼인율과 출산율의 주범으로 폭등한 부동산을 꼽았고, 이를 해결하기 위해 각종 규제와 대출 강화로 부동산 개발 붐을 인위적으로 꺼뜨리고 있는 중이다. 이에 직격탄을 맞은 게 바로 과도한 채무에 시달리던 헝다 그룹이며, 대형 개발사와 건설사들이 채무 불이행 위기를 맞자 각종 부동산 개발 계획이 지연되거나 축소되고 심지어 취소되면서 토지사용권 입찰 시장 열기도 크게 가라앉은 것이다. 이와 함께 개발 잠재력이 큰 매력적인 토지들은 이미 과거 수년간 판매가 완료되었다는 것이 두 번째 이유로 분석된다. 이제 점점 위치나 입지가 좋지 않아 개발 매력이 크게 떨어지는 토지들만 토지사용권 경매 대상으로 오르게 된 점도 지방정부 토지 사용권 수입 급감의 원인이 된 것이다.

나아가 **지방정부 관료들에 대한 잘못된 인센티브** 또한 지방정부 재정 악화의 주범으로 지목되어 왔다. 앞에서 지속적으로 언급했듯, 2008년 글로벌 금융위기 당시 중국은 과감한 재정 정책, 즉 막대한 돈 풀기로 위기 극복에 큰 재미를 보았다. 이후 중앙정부는 경기가 하강할 때마다 지방정부에 부동산 개발과 인프라 투자를 적극 독려했다. 각 지역의 부동산 개발과 인프라 투자는 관련된 건설 회사의 매출과 이에 따른 고용 창출, 그리고 납품 업체의 수익으로 연결되어 경기 부양에 큰 역할을 해왔다. 그랬기 때문에 중앙정부에서 각 지방정부 관료들에 대한 인사고과는 주로 해당 지역의 경제성장률과 고용 창출 같은 경제지표를 기준으로 삼았다. 당연히 재임시 수많은 건설 개발 프로젝트를 진행할수록 단기간에 높은 경제성장률을 달성할수록 높은 인사고과 점수를 받고 더 높은 위치로 승진할 수 있었다.

이런 상황에서 각 프로젝트 개발 이후 수익성에 대한 객관적이고 엄밀한 평가는 뒷전일 수밖에 없었다. 해당 프로젝트가 완성되어 운영될 때는 해당 지역 관료는 대부분 이미 승진하여 타 지역이나 중앙정부로 자리를 옮겼기 때문에 뒷감당은 후임자의 몫이 될 것이기 때문이다. 완공이 되었지만 아무도 살지 않는 유령 아파트와 유령 공원, 유령 도로, 유령 복합시설, 유령 신도시 등 중국 여기저기서 발견되는 난개발의 참혹한 결과의 배경에는 이러한 잘못된 인센티브가 도사리고 있었다. 이용자가 없는 실패한 개발 프로젝트에서 나오는 손실은 그대로 지방정부의 악성 채무가 되며 운이 나쁜 후임자의 업무로 남겨지게 된다.[52]

관치금융(官治金融)의 깊숙한 폐해

한때 중국 등 동아시아 경제 기적의 공통 요인으로 꼽히는 '관치금융' 또한 중국 채무 위기를 심각하게 만든 주범 중 하나로 꼽힌다. 조 스터드웰의 기념비적인 저작 『아시아의 힘』은 동아시아 고도성장의 원인을 심도 있고 종합적으로 분석한 것으로 유명하다. 이 책에서 언급된 동아시아의 경제성장의 주요 원인 중 하나가 바로 관치금융 관행이다.[53]

동아시아 국가들은 고도성장 시기 은행들의 경영 자율권을 빼앗고 사실상 정부의 지침대로 은행자금의 대출 배분을 통제했다. 정부가 지정한 육성 산업, 그리고 해당 산업의 육성에 적극 호응하는 기업들에 물가상승률보다 낮은 파격적인 저금리 대출을 몰아주게 하여 경쟁력 있는 미래의 핵심 산업을 키우는 데 성공했던 것이었다. 심지어 은행 예금 금리보다 낮은 금리로 특정 기업에 혜택을 주는 경우도 다반사였기 때문에 정부는 해당 은행들이 망하지 않게 여러 지원과 보조를 해주어야 했다. 일반 예금자들에게 적용되는 이자율을 인위적으로 낮게 유지하여, 사실상 일반 국민들의 희생으로 특정 기업들에 특혜를 주어 전략산업을 육성한 것이나 다름없었다.

중국도 이런 관치금융의 예외가 아니었다. 아니, 오히려 그 어떤 동아시아 국가들보다 더 철저하게 오랫동안 관치금융과 금융 억압을 해왔다. 앞서 언급했다시피 중국은 금융 통제를 더 손쉽게 하기 위해 아예 중국의 시중은행 전체를 국영기업으로 삼아왔다. **즉, 중국에서 진정한 의미의 민영은행은 존재하지 않는 셈이었다.** 사실 관치금융은 개발도상국에서 중진국, 혹은 선진국으로 가는 과도기적 단계에서 효과를 발휘하지, 경제가 일정 수준 이상 발전하여 경제적 복잡도가 강해지면 오히려 역효과를 불러일으킨다는 평가가 많다. 그리고 특혜를 받는 기업들도 어느 정도 성장한 후엔 지원을 끊어서 자립을 유도해야 한다. 그러지 않을 경우 경쟁력 향상을 위한 뼈를 깎는 노력보다는 정부 지원에만 매달리는 좀비형 기업이 되기 십상이다.

만약 삼성, 현대차, LG, SK, 포스코 같은 한국을 대표하는 대기업들이 끊임없이 정부의 금융 지원을 받고 거기에 계속 의존했다면 오늘날 같은 글로벌 기업으로 성장할 수 있었을까? 1997년 한국이 겪은 IMF 경제위기의 원인이 과도한 차입을 통한 비효율적인 몸집 불리기라는 대기업들의 방만한 경영 관행이었다는 걸 생각하면 이는 더더욱 의미심장하다. **그런데 중국은 경제가 중진국 수준에 이른 2022년 현재에도 금융 통제의 고삐를 전혀 놓지 않고 있다.**

중국의 예금 이자율은 여전히 정상 시중금리보다 훨씬 낮게 억압되고 있다. 중국의 은행들이 기업 대출을 심사할 때 기준으로 삼는 지표는 여전히 사업 타당성과 해당 기업 기술에 대한 객관적 평가보다는 정부의 지침과 부동산 담보 가치이다. 중국 국영기업들은 매우 낮은 이자로 얼마든지 돈을 빌릴 수 있기 때문에 갈수록 경영 효율에 무관심해지고 있다.

그래서 민간기업은 중국 GDP의 60%, 전체 고용의 80%를 창출하고 있지만, 은행 대출에서는 고작 전체 대출 규모의 4분의 1밖에 얻지 못하고 있다. 나머지는 방만하게 운영되는 국영기업의 몫이다.[54] 중국 국영기업들이 워낙 낮은 금리로 쉽게 돈을 조달하다 보니 빌린 돈을 다른 민간기업들에게 2차로 빌려주는 '돈놀이'까지 나서고 있다. 소위 '그림자 금융'은 이러한 관행과 떼려야 뗄 수 없는 것이다.[55]

사실 중국에서 한때 핀테크가 큰 인기를 얻고 마윈의 엔트 파이낸셜이 IPO 직전까지 대박이 났던 이유도 이 때문이다. 워낙 예금 이자율이 낮고 일반인과 민간기업에 대출 문턱이 높으니, 온라인 핀테크 기술을 통한 높은 예금 이자와 간편한 대출에 중국인들이 엄청난 열광을 한 것이었다. 어찌 되었든 시진핑 들어서 민간기업에 대한 견제와 국영기업에 대한 우대 분위기가 강화되면서 금융 자원이 더욱 국영 부문에 쏠리게 되고, 이는 국영기업 경영의 도덕적 해이와 방만한 경영을 악화시키는 결과를 낳게 된다. 중국이 관치금융을 완화하거나 포기하지 않는 한 부채 문제의 해결이 요원한 것도 이런 배경 때문이다.

'리커노믹스'가 폐기될 수밖에 없던 이유

시진핑 정권이 이러한 자국의 부채 문제의 심각성을 모르거나 방치한 건 당연히 전혀 아니다. **중국 부채 문제의 근본 요인은 중국경제가 그동안 투자에 지나치게 의존하는 것에 기인한다.** 경제성장은 보통 민간소비, 정부지출, 투자, 그리고 순수출로 나뉜다. 2000~2015년 중국

GDP에서 투자가 차지하는 비율의 평균치는 연간 48% 정도인 데 비해 민간소비가 치지한 비율은 35% 내외였다. 같은 기간 미국경제의 경우 투자는 연평균 약 15%, 민간소비는 71% 안팎이라는 수치를 기록했다.

이렇게 경제에 있어 지나친 투자 의존도 문제지만, 투자의 효율 자체도 크게 떨어지고 있는 게 더 큰 문제다. 2008년 이전 중국경제의 자본 투입 효과는 거의 최고 수준이어서, 100을 투자하는 경우에 산출, 즉 GDP는 90 이상이 증가했다. 그러던 것이 2013년에는 투입 대비 1/3만 산출됐고, 2018년에는 그 비율이 1/4로 떨어졌다. 즉 100이라는 돈을 투입하면 겨우 25의 산출이 가능했다는 이야기다.

이는 경제용어로 '자본의 한계효율 저하'라고 부른다. 이 한계효율의 관점에서 봤을 때도, 투자를 통한 경제성장이라는 중국 경제 모델은 한계에 달했다는 걸 알 수 있다. 왜냐하면 한계효율이 워낙 떨어져서 2008년 이전의 연평균 성장률 9%를 달성하기 위해서는 2018년 기준으로 따졌을 때 2008년 대비 무려 4배의 자본이 투입돼야 하기 때문이다.[56] 중앙정부가 목표로 하는 경제성장률을 달성하기 위해 지방정부들이 당장 할 수 있는 일이라고는 과거보다 더 많은 부채를 만들어 내는 것밖에 없는 상황이다.

그렇다면 투자에 대한 과도한 의존을 줄이기 위해서는 어떻게 해야 할까? 가장 일반적인 모범 답안은 경제에 대한 정부 간섭을 줄이는 것이다. 즉, 은행에 대한 정부 통제를 포기하여 자본이 가장 효율적인 곳으로 자유롭게 이동할 수 있게 하는 금융의 시장화 조치를 진행하고, 동시에 인위적 경기 부양을 억제하며 한계 기업과 은행에 대한 과감한 구조조정을 진행하는 일종의 구조개혁을 단행하는 것이다. 시장개혁과 구조개혁을 통해 경제의 자본 투입 효율성을 높이고, 서비스 분야 생산성을 높이며, 궁극적으로는 고부가가치를 만들어 내는 질 높은 경제성장을 도모하는 것이다.

실제로 중국이 지난 20년간 높은 경제성장률을 지속적으로 달성할 수 있었던 건 1990년대 후반 당시 주룽지(朱鎔基) 총리가 진행한 국영기업 구조조정과 과감한 시장화 조치 등 강도 높은 구조개혁 덕이라는 평가가 지배적이었다. 시진핑 정권 1기 당시 공청단 대표로 상무위원에 진입했던 리커창 총리가 주창했던 **'리커노믹스(Likonomics)'** 정책의 주요 골자가 바로 이러한 시장개혁 조치였다.

하지만 이러한 시장개혁 조치는 곧 경제와 사회에 대한 중국 공산당의 통제 약화, 그리고 지방에 대한 중앙의 영향력 약화를 의미한다. 또한 민간 부문과 시장이 결정하는 영역이 커지는 건 국가가 간섭하고 결정하는 영역이 축소된다는 것을 의미했으며 이는 다원화되어 가는 사회에 대한 당의 통제 강화, 지방에 대한 중앙의 권력 강화, 시장에 대한 국가의 간섭 강화를 선호하는 시진핑의 세계관과 당연히 충돌할 수밖에 없었다.[57]

실제로 리커노믹스는 발표 2개월 만에 리커창 총리의 "인위적 구조조정은 없다"는 말과 함께 사실상 폐기되었다. 2016년 말에는 중국 부채 문제 해결을 위해 시장 자유화 개혁을 강조하던 러우지웨이(樓繼偉) 재무부 부장이 물러나게 된다. **그리고 시진핑 정권이 내세운 정책 구호는 뉴노멀의 중국식 표현인 '신창타이(新常態)'와 '공급 중심 구조개혁'이었다.** 공급 중심 구조개혁의 핵심 내용은 '중국의 수요는 문제가 없으며, 다만 공급 측면에서 중국경제가 노동집약적인 저부가가치 산업에 지나치게 쏠려 있으니 기술집약적 고부가가치 산업을 키워서 공급 측의 불균형을 해소하겠다'는 것이었다.

물론 이러한 질적 성장으로의 도약에 있어 과거처럼 국가와 국영부문이 앞장서겠다는 건 변함이 없었다. 2025년 즈음 중국이 고부가가치 제조강국으로 발돋움하겠다는 목표를 세웠던 '제조2025' 정책도 바로 이런 배경에서 나온 것이다. 아마도 시진핑 생각에는 제품의 단순 조립이 아닌 제품에 들어가는 핵심 소자, 또 제품을 생산하는 복잡한 설비 등을 만들어 낼 수 있다면, 중국이 처한 각종 문제들은 자동적으로 해결

되리라 여겼던 것 같다.[58]

그럼에도, 중국은 다시 한번 도약할 수 있을까

중국이 경기침체 때마다 부동산 건설 경기에 의존하는 관행이나 관치금융, 국영기업 특혜 같은 임시 처방만을 반복해왔다.[59] 한데 이처럼 **'경제에 대한 국가의 간섭'이라는 오래된 전통**은 포기하지 않은 채 단지 제조업 분야에서 기술 수준과 경쟁력을 향상시킨다고 고질적 부채 문제가 자동적으로 해결될 수 있을까? 사실 이 질문은 중국이 과연 중진국 함정을 넘어서서 선진국 경제로 진입할 수 있는지의 여부에 대한 쟁점과도 연결된다.

한때 높은 경제성장률을 달성하며 곧 선진국으로 진입할 것이라 평가받던 많은 나라들이 중진국 단계에서 고꾸라졌다. 그리고 그 나라들이 고꾸라질 때에는, 앞서 지적했던 산업구조 전환의 문제와 함께 거의 예외 없이 부채 문제로 인한 심각한 경제위기가 발생했다. 1980년대에 외채 위기를 겪었던 중남미 국가들이나 1990년대 후반 경제위기를 겪은 동남아시아 국가들이 대표적인 예시이다.

중국은 과연 부채 문제를 극복하고 선진국으로 진입에 성공한 극소수의 반열에 들어갈 수 있을까? **시진핑 정권의 '공급 중심 구조개혁'과 '제조2025'는 중국이 반드시 중진국 함정을 벗어나 선진 경제에 도달하겠다는 의지의 정책적 표시라고 할 수 있다.** 기술집약적 고부가가치 산업을 육성하겠다는 중국 정부의 이와 같은 정책은, 1부 3장에서 다루었듯 2차 전지, 스마트폰, 전기차, 디스플레이 등의 분야에서 이미 가시적 성과를 거두었다고 평가할 수 있다.

하지만 최근 이러한 중국의 고부가가치 제조산업 육성에 중대한 경고음이 울리고 있다. 경고음이 울리는 곳은 바로 중국이 모든 미래 집중 육성 산업들 중에서도 가장 사활을 걸며 돈을 쏟아붓고 있는 반도체 산업이다.

6장

제국이 갈고 있는 단 하나의 칼 1

"십 년 동안 단 하나의 칼을 연마"하는 정신으로 핵심 과학 기술프로젝트에 매진할 것이다.

— 리커창 중국 총리, 2021년 전인대 4차회의 정부 업무보고 중에서[60]

반도체는 그렇게 한다고 되는 게 아니다, 도로를 닦는다, 다리를 건설한다, 아파트를 짓는다고 할 때는 돈만 부으면 됐다. 하지만 반도체는 그렇게 되는 게 아니다. 인재가 필요하다. 수학자, 물리학자, 화학자 같은 인재를 때려 넣어야 한다.

— 런정페이(任正非) 화웨이 CEO, 2019년 5월 《인민일보人民日報》, 《CCTV》 등 관영 매체들과 가진 집단 인터뷰에서

2015년, 2016년 즈음 당시에는 언론 매체나 SNS 등에서 한국 주요 산업의 경쟁력 유지에 대한 걱정과 우려가 담긴 내용들을 쉽게 접할 수 있었다. 걱정의 이유는 당연히 중국의 매서운 추격이었다. 책의 1부에서 묘사했던 중국 제조업 굴기의 가시적 모습들이 속속 등장할 때가 바로 이때였다.

한때 대륙을 호령했던 삼성 갤럭시와 현대·기아차가 중국에서 존

재감을 상실하고, 디스플레이는 중국이 한국 점유율을 역전하기 직전이었으며, 조선업과 철강 등 한국이 전통적으로 강했던 산업들은 중국산 제품의 저가 수주 공세에 맥을 못 추고 있던 중이었다. 그때는 유독 중국의 산업 굴기에 대한 충격의 반응들이 팽배했다. 마침 터졌던 사드 사태와 뒤이은 한한령이라는 보복 조치로 인해 중국을 향한 공포감은 배가 되었다.

그리고 이러한 중국 위협론의 마지막을 반드시 장식하는 말로 내가 지겹도록 들었던 문장이 있다. **이제 한국은 반도체밖에 남지 않았다고. 반도체까지 중국에 따라잡히면 한국은 먹고살 길이 막막해진다고.** 당시 나는 이러한 암울한 경고성 예측에 상당히 공감했다. 앞에서 소개한 것처럼, 내가 중국 디스플레이 고객사들을 대상으로 디스플레이 검사 장비를 영업하며 중국의 제조업 굴기 현장을 온몸으로 체감하던 시절이 바로 이때였기 때문이었다.

철강, 조선, 스마트폰, 디스플레이, 2차 전지 등을 거쳐 한국 주력 산업에 대한 중국의 다음 정복 대상이 반도체라는 것은 자명한 듯싶었다. 디스플레이와 2차 전지같이 성공적 산업 육성 사례에서 보여주듯 중국의 정부 주도 전략산업 육성 정책은 실패할 가능성이 거의 없어 보였다. 중국 정부가 일단 특정 산업을 국가 전략 육성 산업으로 점지하면, 해당 산업에는 어마어마한 돈과 인재들이 물밀듯 쏟아져 들어왔다.

국영이든 민영이든 지방정부 기업이든, 해당 산업에 뛰어든 기업들이 정부 보조금과 전략 펀드 등 각종 명목으로 얻어 낼 수 있는 돈은 흡사 전설 속에 나오는 화수분, 절대로 마르지 않는 마법의 돈주머니처럼 보였다. 국가에서 쥐어준 풍성한 돈주머니 덕에 해당 기업들은 생산에 필요한 최신식 설비를 구매하고, 한국·일본·대만 등에서 가장 숙련된 엔지니어들을 원래 받던 연봉의 2~3배에 달하는 고액 연봉으로 마구 스카우트해 올 수 있었다. 나 또한 중국의 디스플레이 회사에서 삼성과 LG 출신 한국인 직원들을 수없이 만났던 게 사실이다.

그리고 설사 제품 양산 후 불량률이 너무 높거나, 생산성이 낮거나, 품질이 떨어져서 회사에 적자가 나도 상관없다. 적자를 감수하고 계속 해서 생산하다 보면 직원 숙련도가 높아지고, 설비 가동률과 불량률이 낮아지며, 제품 품질이 올라가서 결국 수익을 내고 자생력을 갖출 때가 올 것이기 때문이다. 그리고 마치 자녀가 성인이 되어 자립할 때까지 부모가 생계를 책임져 주고 양육을 해주듯, 육성 산업에 뛰어든 기업들이 자생력을 갖출 때까지 국가의 넉넉한 지원금은 해당 기업의 생존에 필요한 산소를 끊임없이 공급해 주는 산소호흡기 역할을 하게 된다.

중국 반도체 산업의 굴기

중국의 이러한 산업 전략은 전혀 새로운 게 아니다. 산업화에 뒤처진 후발 국가가 전략적으로 자국 산업을 보호하고 육성하는 정책의 기원은 18세기까지 거슬러 올라간다. 미국의 초대 재무장관 알렉산더 해밀턴은 국가가 나서서 외국 수입품으로부터 자국 산업을 보호할 것을 적극 주장했다. 19세기 독일의 경제학자 프리드리히 리스트도 자국 내 발달 초기 단계 산업이 국제적 경쟁력을 갖출 때까지 국가가 적극적으로 보호, 육성해야 한다는 **'유치산업(幼稚産業) 보호론'**을 주창했다. 세부적 내용은 다르지만 미국·독일·일본 등이 산업화 초기 이러한 정책들을 통해 당대 선진국과의 산업적 격차를 줄이는 데 성공했다. 또 20세기 후반부에는 한국의 국가 주도 산업화가 전 세계 경제발전의 대표적 성공 사례로 손꼽히게 된다.

이러한 국가 주도 산업화 모델의 끝판왕이 바로 중국이다. 중국은 금융, 에너지, 통신, 물류, 원자재 같은 전략산업을 아예 국영기업을 통해 직접 관리·통제하고 있다. 그리고 중국의 정치 시스템과 국가 규모는 중국에서 **동아시아 발전국가 모델**이 꽃피도록 만드는 최적화된 환경을 제공해 준다. 공산당 일당독재는 장기간의 일관성 있는 산업 정책 유지에 유리한 정치적 환경을 제공하며, 광대하고 단일화된 내수 시장은 전략 육성 산업이 해외 선도 업체들로부터 자생력과 경쟁력을 갖추기 전까지 장기간 버티게 해주는 경제적 체력을 제공해 준다. 중국은 자신들이 점찍은 고부가가치 산업들을 향해 마치 '도장 깨기' 하듯 하나씩 하나씩 덤벼들었다. 또 중국이 기존 플레이어를 밀쳐낼 때마다 해당 산업에 의존하는 국가들은 차례로 비명을 질러댔다.

그러한 국가들 중 대표적인 나라였던 한국은 이미 철강, 조선, 디스플레이 등 많은 산업 분야에서 중국의 도전에 버거워하고 있던 참이었다. **게다가 반도체는 한국 전체 수출 중 무려 약 18%를 차지하며 수출 비중 1위에 해당할 정도로 우리의 경제 의존도가 높은 품목이다.** 그러니 더욱이 중국의 반도체 굴기 소식에 불안감과 공포감을 느끼지 않을 수 없었을 것이다. 2015년 중국 인민대표대회에서 정식 발표된 '제조2025' 정책 로드맵에 따르면, 중국의 반도체 자급률은 당시 10%에도 못 미치는 수준에서 5년 후인 2020년에는 40%, 그리고 10년 후인 2025년에는 70%를 달성하는 것으로 계획되어 있었다. 그리고 이를 위해 중국은 10년간 무려 1조 위안, 한국 돈으로 약 185조를 반도체에 쏟아붓기로 결정한다.[61]

중국 정권이 반도체 굴기에 얼마나 사활을 걸었는지는 '제조2025'의 10대 육성 산업 중 첫 번째가 바로 반도체인 것으로도 잘 드러난다. 소위 '산업의 쌀'이라고 불리는 반도체가 가진 산업 생태계에서의 위상, 그리고 미래 산업인 AI, 빅 데이터, 사물 인터넷 등에서 갖는 반도체의 중요성을 고려해 볼 때 중국의 다음 국가 육성 산업들 중에서 반도체가 최우선 순위가 된 이유는 너무도 확실했다. 그리고 중국 반도체 굴기의 최대 피해 국가 중 하나가 장차 한국이 될 것도 역시나 자명해 보였다.

이때는 중국이 막대한 자금력으로 샌디스크, 마이크론, 도시바 메모리 사업부 등 글로벌 반도체 기업들을 인수하려 나선다는 뉴스가 하루가 멀다 하고 들려오던 때이기도 했다. 그리고 스마트폰의 두뇌 역할을 하는 **'AP(Application Processor)'** 반도체 영역에서부터 중국 반도체 굴기의 가시적 성과가 나타나기 시작한다. 여기서 그 문제의 회사, 화웨이의 자회사인 **하이실리콘**이 등장한다.

화웨이 스마트폰 AP 설계 및 개발 업체로 출발한 하이실리콘(HiSilicon)은 중국의 '제조2025'가 시작된 2016년만 해도 글로벌 스마트폰 AP 시장에서 점유율 약 3.2%로 존재감이 크지 않았다. 그런데 불과 2년 만에 점유율 11%로 초고속 성장을 거듭하더니, 다시 2년이 지난 2020년에는 1분기 기준 전체 글로벌 시장의 5분의 1인 20%를 기록하며 애플과 삼성까지 제치고 퀄컴에 이어 2위까지 차지하는 기염을 토한다. 당시 하이실리콘이 개발한 AP는 화웨이의 스마트폰과 더불어 중국 첨단산업 굴기의 상징과도 같았다.

하지만 놀랍게도 하이실리콘의 영광은 딱 여기까지였다. 중국의 산업 굴기가 반도체 영역까지 치고 들어오자 참다 못한 미국이 본격적으로 나선다. 그리고 상황은 급변한다. 미국은 화웨이를 중국 정부와 인민해방군의 해외 정보수집 업무를 대신하고 있다는 안보적 위협으로 간주하고, 화웨이와 화웨이 그룹 산하 모든 기업에 2019년 5월부터 2020년 8월까지 세 차례에 걸쳐 제재 조치를 가한다. 화웨이와 화웨이 자회사에 대한 반도체 공급 및 외주 생산, 개발 소프트웨어, 생산 장비 등에 대해 실질적으로 금수(禁輸) 조치를 내린 것이었다.[62]

미국의 제재 조치 결과는 충격적이었다. 미국의 3차 재제 조치 시행 6개월도 채 안 되어 화웨이는 사실상 회사의 주요 매출을 책임지던 스마트폰 사업을 사실상 접어야 했고, 하이실리콘의 칩 출하량은 무려 96%가 감소하며 회사는 사실상 존폐의 기로에 놓이게 된다.[63] 어떻게 이런 일이 가능했을까? 아무리 미국이 세계 패권 국가라 해도, UN이나 WTO 같은 범국가적 국제기구도 아닌 일국의 일방적 제재 조치가 단번에 글로벌 시장 점유율 2위의 기업을 반년도 되지 않아 문 닫기 일보 직전까지 만들 수 있었을까?

사실 하이실리콘의 극적인 추락을 살펴보면 **중국 반도체 굴기가 가진 취약점**을 쉽게 발견할 수 있다. 하이실리콘이 미국 정부의 제재 조치 한 방에 무너진 건, 현재의 중국 반도체 산업조차 미국이 구축한 글로벌 반도체 기술 생태계에 대한 의존도가 얼마나 큰지를, 그리고 그 기술 생태계가 가진 장벽의 높이가 얼마나 높은지를 극명하게 나타냈다고 할 수 있다.

반도체 기술을 둘러싼 치열한 주도권 다툼

21세기 반도체 산업은 극도로 분업화된 산업이다. 전체 반도체 시장의 75%는 시스템 반도체이며, 나머지는 메모리 반도체 산업이라고 할 수 있다. 시스템 반도체는 사용자 명령을 받고 데이터를 연산하여 결과를 처리하는, '전자제품의 두뇌'라고 할 수 있는 반도체이다. 시스템 반도체는 현재 설계와 개발을 하는 펩리스(Fab-less), 개발된 반도체를 주문받아 생산을 대행해 주는 파운더리(Foundry)로 완전히 나뉘어 있다. 건물의 건축으로 비유하면 펩리스는 건물의 설계를 하는 건축사이고, 파운더리는 실제 건물을 건설하는 시공사라고 할 수 있다.

하이실리콘은 전형적인 펩리스이며, 자신들의 AP 생산은 세계 1위 파운더리 회사인 대만의 TSMC를 통해 해결하고 있었다. 미국이 TSMC에 하이실리콘 생산 주문을 금지하자 TSMC는 이에 따를 수밖에 없었다. 왜냐하면 TSMC의 핵심 공정에 들어가는 최첨단 설비들과 원천 기술들 중 다수가 미국으로부터 나오고 있었기 때문이었다. 그 대단하다는 TSMC조차 미국의 제재를 어길 경우 미국으로부터의 제조 장비와 기술이 끊겨 하루아침에 문 닫는 게 결코 불가능한 일이 아니었다(그리고 하이실리콘조차 미국 회사들이 장악한 반도체 설계 소프트웨어EDA 없이는 자체적인 반도체 설계조차 불가능하다).

그렇다면 중국 자체 파운더리에서 직접 반도체를 만들 수 있으면 되지 않았을까? 불가능한 일이었다. 중국 파운더리 회사 중 그래도 가장 기술력이 좋다고 하는 SMIC도 TSMC와 상황이 별로 다를 게 없었다. SMIC 또한 미국이 장악한 최첨단 설비와 기술로부터 자유롭지 못한 것이다. 게다가 설사 SMIC가 큰마음 먹고 미국 제재를 각오했다 하더라도 하이실리콘을 살려주는 것은 불가능하다. 현재 SMIC의 기술력으로는 하이실리콘의 주력 하이엔드 AP 제품을 생산할 수 없었기 때문이다.

반도체의 성능은 최대한 작은 면적에, 최대한 복잡한 회로를 그려 넣는 데 있다. 그래야 회로의 면적을 최소화하면서 더 많은 데이터 처리 능력을 갖추고, 동시에 발열도 최소화할 수 있다. 최대한 복잡한 회로를 그려 넣기 위해서는 선폭을 최대한 가늘게 해야 한다. 그리고 1부 6장에서 설명했던 것과 같이 현재 최첨단 반도체의 요구 선폭인 10nm 이하 기술을 만족시키는 회사는 전 세계에서 TSMC와 삼성전자밖에 없으며, SMIC의 기술력은 2021년 기준으로 TSMC가 5년 전 양산에 성공했던 14nm에 간신히 도달한 상태다.

그렇다면 하이실리콘이 5년 만에 시장점유율을 10배 가까이 끌어올린 것처럼, SMIC 역시 중국 정부의 막강한 지원을 통해 단기일 내에 TSMC나 삼성전자 수준으로 기술력을 끌어올릴 수 있지 않을까? 이 방법도 현시점에서는 미국에 의해 사실상 봉쇄되었다. 회로 선폭 10nm 이전까지는 기존의 DUV(심층 자외선) 설비로 생산이 가능했으나, 10nm 이하부터는 현재까지 인류가 만든 것 중에서 가장 세밀한 패터닝이 가능한, 극초미세 기술인 EUV(극자외선) 기술이 필요하다.

그리고 지금 지구상에서 EUV 설비를 만들 수 있는 회사는 네덜란드의 ASML이라는 회사 한 곳이 유일하다. ASML이 만드는 EUV 설비는 대당 5~6천억 원 정도이며, ASML은 삼성 이재용 회장이 직접 찾아가 제발 설비를 팔아줄 것을 읍소했다는 보도가 국내에서도 화제가 될 정도로 대표적인 '슈퍼을' 회사로 불린다.[64]

이 ASML의 EUV 장비에 들어가는 부품은 약 900~1,000개 정도가 되는데 이 중 20~30% 정도의 핵심 부품들이 미국 회사들의 납품에 의존하고 있다고 전해진다. 이러한 지렛대를 통해 미국 정부는 ASML에 압력을 행사하여 SMIC를 비롯한 중국 반도체 회사들에게 EUV 장비 판매를 사실상 중단시킨다.[65] 중국 입장에서는 최첨단 반도체 생산 기술을 획득할 수 있는 유일한 길이 막혀버린 것이다. 결국 미국은 이러한 각종 제재와 기술 접근 차단을 통해서 중국에 미국이 만든 산업 질서에 계속 머물 것을, 기존처럼 선진 제조국가의 하청 공장 역할에 만족하고 그 이상의 고부가가치 산업 진입과 산업 패권을 욕심내지 말 것을 요구한 것이라 할 수 있다.

항일 게릴라 정신을 동원할 만큼

미국을 넘어선 세계 최강국을 노골적으로 도모하는 시진핑 정권이 이를 순순히 받아들일 수 있을까? 물론 받아들일 수 없었다. 그래서 중국은 미국이 차단한 길을 돌파하거나 우회할 길을 찾기 위해 수단과 방법을 가리지 않고 있다. 앞서 언급했던 해외 반도체 회사의 인력 빼앗아오기는 하나의 사례일 뿐이다. 기존의 반도체 회사 자체에 대한 지원은 물론이요, 핵심 기술에 해당하는 장비와 소재, 그리고 소프트웨어 분야의 기술 자립을 도모하는 '소부장 기업'들에 대한 지원도 대폭 확대하고 있다.

거기에다가 중국 당국은 정부 자금으로는 부족하여 민간 자본까지 동원하기 위하여 각종 국가 주도 펀드를 추진하고, 베이징에는 새로운 주식시장까지 열었다. 또 베이징대학 등 여러 명문대에 아예 반도체 단과 대학을 속속 개설하며 반도체 관련 인력 육성에도 열을 올리고 있다. 아마도 해외 반도체 관련 회사들의 인수와 기술 도입이 수차례 미국의 훼방으로 좌절되자 시진핑 정권은 '반도체 기술 자립'으로 방향을 튼 것으로 보인다. 즉, 미국의 기술 생태계에서 독립적인 기술 생태계를 구축하여 21세기 버전 반도체 산업 자력갱생을 하겠다고 나선 것이다.[66]

이러한 비장한 의지의 표명으로 중국 반도체 자력갱생(自力更生) 계획의 명칭을 1930~1940년대 항일 투쟁 당시 공산당 게릴라 활동의 주요 무대였던 산시성 난니완(南泥湾)의 지명을 따서 **'난니완 프로젝트'**로 이름 짓기까지 한다.[67] 항일 게릴라 정신까지 동원하는 비장한 정신, 화수분과 같은 중국 정부의 엄청난 지원금, 그리고 중국의 거대한 내수 시장과 매년 중국이 배출하는 어마어마한 규모의 이공계 인재들 같은 요인들까지 더해지면 어떨까? 아무리 미국의 견제와 제재가 막강해도 중국의 반도체 굴기는 성공할 가능성이 더 높다고 보아야 하지 않을까?

실제 이렇게 예상하는 중국 전문가들도 적지 않다.[68] 시간이 좀 걸릴 뿐이지 중국 반도체 굴기는 그 나라가 육성에 성공한 다른 여타 산업들처럼 결국 성공한다는 것이다. 하지만 최근 들려오는 굵직굵직한 소식들을 보면 중국이 생각보다 매우 고전하고 있다는 것을 알 수 있다. 향후 전망도 결코 밝아 보이지 않는다. **특히 SMIC와 더불어 중국 대표 반도체 회사인 칭화유니 그룹의 파산 사태와 HSMC 먹튀 사기 사건은 중국 특유의 정부 주도 반도체 산업 육성의 한계와 부작용을 극명하게 보여준 사건이라고 할 수 있다.**

과연 어떤 어려움과 부작용이 중국 반도체 굴기의 발목을 잡은 것일까? 중국 반도체 산업이 현재 겪고 있는 시행착오와 우여곡절은 다음 장에서 본격적으로 살펴보도록 하자.

7장

제국이 갈고 있는 단 하나의 칼 2

> 반도체 칩은 사람의 심장과 같은 것이다. 심장이 약하면 체력이 강하다 할 수 없을 것이다. 반도체 기술상의 중대한 돌파를 이뤄내 세계 메모리 과학기술의 최고봉에 올라서라.
>
> ㅡ 시진핑 중국 국가 주석

1988년 설립된 칭화유니는 시진핑 국가 주석이 졸업한 칭화대의 기술지주회사 칭화홀딩스가 51%의 지분을 보유한 종합반도체(IDM) 회사다. 메모리 반도체 업체인 YMTC, 통신 칩 전문업체 쯔광짠루이, 펩리스인 쯔광궈웨이 등을 계열사로 거느리며 반도체 관련된 거의 모든 사업을 운용하고 있다.

거기다 칭화유니는 지난 2019년 "2022년 D램 양산에 돌입한다"고 호기롭게 선언하며 국가적 지원과 기대를 가장 많이 받아 온 회사다운 면모를 과시하였다. 칭화유니는 한마디로 중국 반도체 굴기의 상징과도 같은 회사였다. 위에 인용된 반도체 산업의 중요성을 강조한 시진핑의 발언도 바로 2018년 4월 칭화유니의 메모리 반도체 계열사인 YMTC의 공장을 방문한 자리에서 나온 말이었다.

YMTC는 2년 전 128단 3D 낸드플래시 개발에 성공했다는 발표로 글로벌 반도체 업계를 깜짝 놀라게 하기도 했다.[69] 당시는 메모리 반도체 시장을 장악하고 있던 삼성과 SK하이닉스조차 128단 3D 제품 양산을 시작한 지 불과 1년도 안 된 시점이었다. 한국과 중국 사이 메모리 반도체 기술적 격차가 최소 2~3년 이상일 것이라는 평가가 우세했기 때문에 한국 반도체 업계로서는 상당히 충격적인 일로 다가왔다.

물론 단순히 제품을 개발한다는 것과 이 제품을 양산하는 데 성공한다는 건 또 다른 문제이며, 낸드플래시 메모리가 D램 메모리보다는 기술적 난이도가 낮은 점을 고려해야 했다. 그렇지만 당시에 이 소식은 중국 반도체 굴기가 어찌 되었든 성공하고 있다는 신호로 해석되었다.

'제조2025 로드맵'의 좌절

그런 YMTC를 자회사로 거느리고 시진핑 정권이 대놓고 밀어주던 칭화유니가 30조 원의 부채를 감당하지 못하고 결국 파산 신청을 한다. 칭화유니는 이후 국부 펀드에 인수되어 사실상 국유화 수순을 밟게 된다.[70]

중국 반도체 굴기가 순조롭지 못하다는 신호는 단지 칭화유니 그룹 같은 특정 기업의 파산 관련 뉴스로만 확인되는 건 아니다. 제조2025 로드맵에 따르면, 2020년에 중국은 반도체 자급률 40%를 달성하고 2025년에는 70%를 달성해야 했다. 그러나 현실은 2020년 기준, 목표의 절반도 못 미치는 15.9%를 달성하는 데 그쳤다. 이조차도 2018년 16.5%에 비하면 되레 후퇴한 걸로 나온다. 더욱이 이 15.9%란 수치는 중국 내 삼성전자와 SK하이닉스 등 외국계 공장이 생산한 반도체 물량을 합친 기준이기 때문에 만약 순수 중국계 기업 기준으로 변경하면 6%로 확 낮아진다.[71]

물론 이러한 저조한 결과는 어느 정도 상술한 미국의 기술 봉쇄와 견제 탓으로 돌릴 수 있을 것이다. 하지만 중국은 분명 국가 주도의 기술 자립과 반도체 생태계 자력갱생을 통해 미국의 봉쇄를 뚫겠다는 의지를 표명해 왔다. 그리고 칭화유니 파산 사태, 또 뒤에서 이야기할 HSMC 먹튀 사건 등은 단순히 미국 기술 봉쇄에서 그 원인을 찾을 수 없다.

내 생각에 이 현상들은 다음 두 가지로 해석될 수 있다고 본다. 중국의 국가 주도 전략산업 육성 정책이 한계에 도달했거나, 아니면 최소한 반도체 산업에서는 통하지 않고 있다는 게 그것이다. 무엇이 더 설득력 있는 해석이든지 간에, 중국 정부의 반도체 육성 정책은 시진핑 정권이 내세웠던 단기 스케줄 내의 목표 달성에 실패했다는 것만큼은 명확해 보인다.

일본 반도체 회사에서 근무하며 직접 체험한 일본 반도체 산업의 몰락과 붕괴 원인을 다룬 책 『일본 반도체 패전』으로 유명한 유노가미 다카시는, 그의 두 번째 책 『일본 전자 반도체 대붕괴의 교훈』에서 중국 반도체 산업의 문제를 중국 엔지니어의 습성과 가치관에서 찾는다. 자신이 SMIC를 방문했을 때 외국 엔지니어에 비해 중국인 엔지니어의 수가 너무 적은 것을 본 뒤 직접 이 문제를 조사해 보았다고 한다. 그에 따르면 중국인 엔지니어는 개인주의적 특징 때문에 수십, 수백 명의 협업이 필요한 반도체 개발 업무에서 협력이 안 되고, 집요함이 부족하며 편하게만 일하려고 해서 업무 성과가 낮고, 결정적으로는 조금만 더 좋은 조건이 제시되면 쉽게 이직하여 높은 수준의 기술 축적으로 이어지지 못한다는 것이었다.[72]

하지만 이는 피상적인 지적이다. 유노가미 다카시가 지적한 중국 엔지니어들의 단점은 단지 반도체 산업의 엔지니어들에게만 국한된 습관과 노동 윤리가 아닐 텐데, 그렇다면 다른 산업 분야에서 성공한 중국 산업 굴기의 설명은 되지 않기 때문이다. **나는 중국 반도체 굴기가 겪는**

어려움에 대하여 유노가미 다카시의 설명보다는, 반도체 개발 엔지니어 출신인 정인성 작가의 책 『반도체 제국의 미래』에 나온 '반도체 산업 자체의 특징'에 좀 더 중요하고 설득력 있는 단서가 있다고 생각한다.

『반도체 제국의 미래』가 나온 시점은 아직 미국의 대중국 반도체 기술 봉쇄와 중국 반도체 굴기의 문제들이 터져 나오기 한참 전이었다(초판 기준 2019년 10월 15일). 하지만 이 책은 미래에 발생할 칭화유니 그룹 파산 같은 사태들이 터질 것이라는 걸 매우 정확하게 예측한다. 중국 정부의 지원이 아무리 화수분과 같다고 하더라도, 후발 주자에 대한 반도체 산업 특유의 높은 문턱을 넘기는 힘들 것이라는 결론을 전달하기 때문이다.

반도체 산업의 높은 문턱

반도체 산업, 특히 이 책에서 예로 드는 메모리 산업의 경우 주기적으로 엄청난 설비 투자가 필요한 대표적 장치 산업이자, 치킨게임에서 살아남은 소규모 플레이어들이 시장을 독차지하는 과점 산업이다.[73] 반도체 공정은 무려 600여 개가 넘고 재료 투입부터 완제품이 나오기까지 무려 약 3개월이 소요된다. 반도체에서 설비 투자가 차지하는 비중이 어느 정도냐면, SK하이닉스 기준으로 매출 원가에서 감가상각비가 차지하는 비중이 무려 41%에 달할 정도다.[74] 즉 설비 투자 비용을 각 제품을 생산하는 데 들어가는 비용으로 나눈 금액이 무려 41%에 달한다는 이야기다.

대신 시장에서 경쟁력을 갖춘 제품을 만든 뒤, 높은 수율(收率, 투입 수에 대한 완성된 양품良品의 비율)로 설비를 풀가동하여 순조롭게 판매할 경우 영업이익율은 거의 50% 가까이 나올 수가 있다. 대신 수율과 성능, 품질 면에서 경쟁력을 갖춘 제품을 만들지 못한다면 높은 설비 투자를 감당하지 못해 막대한 적자에 시달릴 수 있는, 전형적인 '모 아니면 도'인 산업이다.

그리고 현재 중국의 메모리 반도체 기술은 한국에 비해 약 3~10년으로 뒤처진 것으로 평가되고 있다. 이는 중국이 삼성전자나 SK하이닉스와 동일한 성능의 반도체를 만들 경우 크기가 약 4~8배 더 커진다는 이야기이다. 여기에 수율을 보수적으로 잡아 26~63% 범위를 적용할 경우(칩 면적이 커질수록 불량률이 크게 증가하며, 중국의 공정 초기 숙련도가 크게 낮을 것을 고려하면 이조차도 중국에 매우 우호적인 기준이다), 그 크기는 한국산 메모리 반도체 대비 5.22배에서 12.15배에 달할 것으로 추산된다(칩 크기가 커질수록, 수율이 낮을수록, 불량률이 더 높을수록 웨이퍼 투입량은 몇 배씩 증가하며 이에 따른 재료비는 치솟는다). SK하이닉스 내부의 반도체 생산 원가 기준으로는 매출 원가 대비 원자재비가 24%이기 때문에 감가상각비를 아예 뺀 가장 보수적인 기준으로도 중국 반도체 공장은 원가가 매출에 108%에 이르는 심각한 적자에 빠지게 된다.[75]

즉, 중국이 현재 한국과의 기술 격차 수준으로 만약 D램 시장 10%를 목표로 생산을 밀어붙인다면 매 분기당 약 1.25조 원의 적자가 발생하는 걸 감수해야 한다. 거기에 만약 D램 시장 가격이 20% 하락할 경우 추가로 매 분기당 약 2.3조의 적자가 누적된다. 즉 한 해 기준으로 약 10조 정도의 적자가 쌓이게 된다. 사실 이 기준조차도 베스트 시나리오에 가까우며 예상치 못한 여러 가지 변수들을 고려할 경우 실제 적자는 훨씬 클 것으로 예상된다. 결국 중국이 10년간 185조 원을 투자한다고 했지만, 전체 반도체 산업에서 한 섹터에 속하는 D램 반도체에서만 연 10조 가까운 돈을 태워야 한다는 이야기다.

결국 185조 원도 (계획과 달리 실제로 정말 이 돈이 다 집행될 가능성도 적지만) 반도체 시장에서는 몇 년이면 다 소모되는 정도밖에 안 된다는 이야기다. 이렇게 매년 10조 가까이 돈을 태우면서 공정을 안정화시키는 사이, 삼성전자와 SK하이닉스는 매년 발생하는 20조 가까운 순이익을 그대로 다음 최신 제품과 공정에 투자하며 기술 격차를 벌리거나 유지할 것이다. 그리고 설사 이렇게 엄청난 돈을 태워서 반도체를 만들어도 시장에서 판매하는 것은 또 다른 문제이다. 위에서 중국의 메모리 반도체는 삼성전자나 SK하이닉스의 동일 사양 제품 대비 4~8배 정도 커진다고 적었는데, 현재 스마트폰의 사이즈는 최신 칩 사이즈에 맞춰서 매우 촘촘하고 컴팩트하게 설계되어 있기 때문에 수년 전 스펙의 칩을 탑재하는 건 불가능하기 때문이다.[76]

물론 중국처럼 정부가 나서서 기업들에게 각종 혜택과 압력 같은 당근과 채찍으로 토종 중국산 칩 탑재를 억지로 채택하게 할 수는 있을 것이다. 하지만 그럴 경우 중국의 스마트폰이나 패드, 노트북 같은 IT 기기의 경쟁력은 포기해야 한다. 안 그래도 사이즈, 성능, 발열 등 주요 사양에서 조금이라도 작은 사이즈로 최고의 성능을 구현하기 위해 치열하게 경쟁하는 IT 기기 시장에서 수년 전 사양의 칩을 적용한다는 건 글로벌 IT 시장을 포기해야 한다는 이야기이다. 거대한 글로벌 IT 시장 포기를 대가로 경쟁력 없는 칩을 생산하는 '좀비 반도체 기업'의 생명을 연장한다는 건 누가 봐도 수지 타산이 맞지 않는다.

그나마 본래 저사양 칩이 탑재되는 TV나 냉장고 같은 가전제품 정도에 적용하는 건 가능하겠지만, 애초에 전체 메모리 시장에서 가전제품 칩 시장 자체가 불과 몇 프로밖에 차지하지 않는다. 그러니 언젠가 경쟁력 있는 제품을 만들 것이라는 기약 없는 일정으로, 시장에서 정상적으로 팔릴 수도 없는 제품을 만드는 회사들의 정상 운영을 위해 매년 수십 조를 태우는 일이 얼마나 더 가능할까? 아무리 중국의 재정이 화수분이라고 쳐도 과연 언제까지 버틸 수 있을까? 칭화유니 그룹의 파산은 그 '버티는 시간'이 생각보다 길지 않다는 신호가 아닐까?

HSMC 사태가 폭로하는 것은

설사 조악한 사양과 품질이라고 해도, 중국 정부의 재정이 실제 제품 개발과 생산 과정에서 소모되는 것이라면 분명 기술 축적이라는 면에서 의미가 없지는 않을 것이다. **하지만 'HSMC 먹튀 사기'는 중국식 국가 전략산업 육성 정책 자체에 어떤 적신호가 켜졌다는 것을 극명하게 보여준다.**

2017년 11월 설립된 'HSMC(우한홍신)'은 당시 1,280억 위안(약 22조 2,600억 원) 규모의 투자금을 확보했고, 2020년까지 중국 최초로 7나노미터 공정 양산을 성공시키겠다고 호언장담하며 단번에 중국 반도체 업계의 스타로 떠오른 신생 업체였다. 게다가 바로 TSMC COO(최고 운영 책임자) 출신 장상이(蔣尚義)를 CEO(최고 경영자)로 영입하였기 때문에 시장의 신뢰를 얻는다. 이러한 배경을 통해 HSMC는 무려 152억 위안(약 2조 6천억 원)에 달하는 막대한 정부 보조금을 획득한다.

하지만 SMIC도 해내지 못한 7nm 공정을 성공시킨다던 2020년, 충격적인 뉴스가 전해진다. HSMC가 받았다는 투자금 1,280억 위안은 거짓이며, 정부 보조금 152억 위안을 경영진이 횡령하고 감쪽같이 사라졌다는 뉴스였다.[77] 즉, 처음부터 중국 정부를 속이고 막대한 국가 돈을 훔칠 목적의 사기극이라는 것이었다. HSMC의 짓다 만 공장 인근에는 수개월째 임금이 체불된 건설 노동자들만 서성이고 있었고, 공장 안에는 이미 구식이 된 오래된 중고 설비들만 덩그러니 놓여 있었다. 더욱 놀라운 건 엄청난 국가 예산을 들고 도망친 혐의를 받고 있는 사기 주범 HSMC 창업자 리쉐옌(李雪艳)의 행방은 2년 가까이 지난 현재까지 오리무중이라는 것이다.

한국에서 이 정도 규모의 정부 예산 횡령 사건이 발생했다면, 아마도 온 나라가 뒤집히고 검찰 수사와 특검 진행 여부로 한동안 난리가 났을 것이다. HSMC 먹튀 사건은 국가 전략 육성 산업에 중국의 막대한 예산이 투입되는 과정에서 결코 적지 않은 누수가 발생하고 있다는 걸 암시하고 있다. 저런 막대한 규모의 나랏돈이 그처럼 허술한 사기극에 집행되는 게 정부 내부의 부패한 협조자 없이 과연 가능했을까? 나는 그럴 가능성은 거의 없다고 본다.

아마도 이러한 사기성 프로젝트가 HSMC 하나만의 이야기는 아닐 것이다. **중국에서는 중앙 단위, 지방 단위, 회사 단위로 눈먼 돈들이 중구난방으로 집행되는 게 현실이며, 이것을 중앙정부가 실시간으로 꼼꼼하게 체크하고 감시하기에는 그 규모가 너무 크고 복잡하다.** 거기다 시진핑 정권이 무리하게 설정한 2025년까지의 반도체 자급률 목표 달성을 위해 중앙정부는 되레 조급한 추진을 독려하고 있는 것이 현재의 실정이다. 일당독재 국가인 중국에서는 중앙정부의 감사 조직을 제외하면 각 지방정부와 국영 부문의 비효율과 비리, 부패를 감시하고 적발할 기제가 전무하다. 독립적 사법기관, 독립적 언론기관, 독립적 시민단체 등이 전무하기 때문이다.

앞서 소개한 중국식 현능주의 시스템은 중앙정부가 도덕적·기능적 측면에서 모두 전지전능하다는 걸 전제로 한다. HSMC 사태에서 드러난 정부 재정의 심각한 누수는, 우리에게 현능주의의 한계 지점에 관한 중요한 포인트를 보여주는 게 분명하다. 여기에 더해 앞서 「빚의 만리장성 1, 2」에서 자세히 다루었듯, 현재 중국 국가 재정은 화수분은커녕 되레 부채 폭발을 걱정해야 할 정도로 갈수록 위험해지고 있는 상황이다. 현재처럼 부패하고 해이하며 비효율적인 방식으로 무작정 돈을 태운다면 중국은 반도체 굴기 이전에 국가 부도가 더 빨리 찾아올 개연성이 훨씬 커 보인다. 적어도 내게는 말이다.

진퇴양난의 상황 속에서

그렇다고 반도체 굴기를 포기할 수도 없다는 것이 중국의 가장 큰 고민일 것이다. 반도체는 중국에서 석유를 뛰어넘는 수입 1위 품목이며, 빅데이터, 클라우드, AI, 양자컴퓨터 등 중국이 향후 육성하려는 최첨단산업의 핵심 소자인 만큼 경제적 측면에서 절대 포기할 수 없는 품목이다. 게다가 반도체를 지금처럼 미국과 미국의 핵심 동맹인 한국, 대만, 일본에 의존한다는 건 거의 전 산업에 걸친 핵심 기술을 계속해서 미국에 의존한다는 것과 같다. 이는 안보적 측면에서도 유사시 언제든지 미국에 명줄을 내어준다는 이야기나 다름없다.

당장 우크라이나 전쟁이 터진 뒤 미국이 대러시아 반도체 수출 금지 조치를 내리자 러시아 첨단 무기 생산이 그 즉시 중단된 것은, 중국 입장에서도 시사하는 바가 클 것이다. 상황이 이렇다 보니 중국 입장에서는 반도체 굴기를 포기할 수도, 그렇다고 지금처럼 이미 위험수위에 도달한 국가 채무를 한도 끝도 없이 늘리는 방법으로 무작정 돈을 태울 수도 없다. 진퇴양난에 빠진 셈이다.

물론 시진핑 정권 입장에서는 이 모든 어려운 난제와 복잡한 리스크를 한 방에 해결할 수 있는 카드가 하나 있다. 독자들 중에서는 1부 5장에서 읽었던 내용을 기억하시는 분이 계실 것이다. 바로 대만 침공을 통해 대만의 반도체 생태계를 일거에 장악하는 방법이다. 이렇게 중국 내 리스크는 중국이 외부로 투사하는 리스크로 연결된다. 그리고 중국의 대만 침공은 사실 내가 생각하는 중국 내부의 마지막 리스크와도 직결된다. **바로 현 중국 국가 주석이자 중국 공산당 총서기인 시진핑 본인이 그 리스크다.**

8장

황제의 그늘

코로나가 여전히 맹위를 떨치던 2021년 겨울이었다. 나는 상호 격리 면제 협정 덕에 싱가포르에서 격리 없이 한국에 입국했던, 당시 중국 측의 파트너사 합작 협상 담당 임원 S와 3일 정도를 함께 지낼 기회가 있었다. 사흘 동안 호텔과 회사, 그리고 서울 관광지까지 픽업을 해주면서 내내 붙어 있다 보니 업무 이야기 말고도 자연스럽게 다양한 화제에 관하여 대화를 나누게 되었다.

이때의 화제 중에는 당연히 현재 중국의 상황도 포함되어 있었다. S는 중국 본토에서 태어나고 자랐지만, 중국에서 살며 느낀 여러 부조리에 염증을 느끼고 약 8년 전 이민을 통해 싱가포르로 국적을 바꾼 케이스였다. 그래서 그의 정체성은 중국 안팎의 미묘한 경계 지점에 위치해 있었고, 본토 중국인의 관점과 외부인의 관점을 동시에 갖고 있어 그를 통해 중국에 대하여 꽤나 흥미로운 이야기를 많이 들을 수 있었다.

과거 군부독재 시절, 한국에서 미국으로 이민을 떠난 재미 교포를 떠올리면 이해가 쉽지 않을까? 모국에 대한 애국심은 간직한 채 한국 상황에 지대한 관심을 갖고 있지만, 동시에 당시 독재정권 등 한국의 정치 상황에 대해서는 꽤나 비판적인 시각을 갖고 있는 케이스로 비유할 수 있다는 것이다.

S의 이야기: 중국 인민들의 '조건부 지지'

S가 들려준 중국에 대한 이야기 중 가장 흥미로운 건 현재 중국의 정치 상황과 시진핑이 권력을 독점할 수 있는 원인에 대한 설명이었다. 우선 S는 본인부터가 시진핑을 매우 싫어한다고 전제하고 설명을 시작했다.

그가 생각하기에, 시진핑이 자신을 마오쩌둥 및 덩샤오핑과 동일한 반열에 올리려는 것은 말이 안 된다. 엄청난 규모의 인명 희생에도 불구하고 마오쩌둥은 백 년 동안 분열된 중국 대륙을 통일한 업적이 있고, 덩샤오핑은 개혁개방 정책으로 오늘날 중국의 위상을 세운 역사적 공이 있다. 하지만 시진핑이 지난 10년간 한 것들 중 앞의 두 사람이 남긴 업적에 비견될 수 있는 게 도대체 뭐가 있느냐는 것이다. 시진핑이 대외적으로 중국의 국력을 과시하고 흡사 강대국의 황제처럼 굴 수 있는 것도 결국 마오쩌둥, 덩샤오핑 두 사람이 만들어 준 기반 덕분이 아니겠냐는 것이었다.

정작 중국의 성공을 가능케 했던 실용주의 노선과 거리를 두고 민간 부문에 대한 규제 강화로 경제를 망치고 있다며, S는 시진핑에 대한 불만을 서슴없이 터뜨렸다. 그러나 S는 자신의 불호와 별개로 시진핑이 자신에 대한 권력 집중에 성공하고 장기 집권을 이어갈 수 있는 상황 자체는 이해할 수 있다고 말을 이었다. 시진핑이 권력 집중과 장기 집권의 명분으로 내세운 게 대만과의 통일인데, 이는 중국 인민들의 광범위한 지지와 강력한 동의를 얻고 있기 때문이라는 설명이었다.

현재 거대한 중국을 하나의 정치적 통일체로 유지시켜 주는 강력한 접착제 역할을 하는 이념은 **중화 민족주의**이다. 그런데 대만과의 통일은 중화 민족주의에 있어 정치, 경제, 사회, 문화 등 모든 이슈를 넘어서는 최우선 과제이자 가장 성스러운 사명이라 대만과의 통일을 위해서는 그 무엇도 희생할 수 있다는 게 대다수 중국 인민들의 생각이라는 것이었다.

그렇기 때문에 그들은 시진핑의 통치와 정책에 불만이 있더라도 대만 통일 과업을 생각해서 일단은 인내하고 있다. 그리고 대만 수복과 조국 통일 실현을 위하여 결국 전쟁은 불가피한데, 이러한 비상시를 대비하기 위해 지휘권 강화, 국론 일치, 일사불란한 동원 체제 구축을 위한 사상 통일이 필수적이라는 시진핑의 논리가 중국 내부에서 먹히고 있다는 게 S의 분석이었다.

이는 반대로 말하면 만약 대만 통일에 실패할 경우 시진핑은 중국 인민들에게 용서받지 못하고 그의 정권은 무너질 수밖에 없다는 이야기이기도 하다. 대만 통일이라는 공약을 전제로 덩샤오핑 이래로 자리 잡은 권력 승계 원칙까지 어기고 권력 집중과 장기 집권을 용인해 주었는데, 만약 이를 지키지 못하면 시진핑의 평가는 역대 최악의 지도자로 간주될 것이며 심지어 퇴임 후의 안전도 장담할 수 없을 것 같다는 예측도 덧붙였다.

즉, 시진핑의 권력은 대만 통일이라는 중국 인민과의 공약으로 실현되고 유지되는 것이며, 이 공약이 지켜지지 못할 경우 시진핑 정권은 즉시 붕괴될 개연성이 높다는 게 S의 결론이었다. 나는 S의 설명을 듣고 고개를 끄덕였다. 이와 비슷한 이야기를 나 또한 중국에서 수차례 들었기 때문이었다. 나는 S 이전부터 마오쩌둥과 덩샤오핑의 반열에 올라서려는 시진핑의 욕망을 실현시킬 유일한 업적은 대만과의 통일 실현이라는 말을, 중국에 체류하며 무척이나 자주 들었던 적이 있다. 이는 곧 **중국 인민들의 시진핑에 대한 '조건부 지지'**는 시진핑의 권력 기반이 사실 외부에서 보는 것처럼 그렇게 강고하지 않을 수도 있다는 이야기이다.

인치(人治)가 드리운 짙은 그늘

이 책의 2부에서 길게 다루었듯이 시진핑은 혁명 1세대 자녀라는 타고난 세습 권력을 기반으로 집권했다. 그는 개혁개방 이후 갈수록 이익집단화가 되어가는 당의 기강을 바로잡고 이완된 당의 통제력을 회복하겠다는 명분으로 강력한 권력 집중에 성공한다.

시진핑 주석은 당과 정부에 광범위하게 퍼진 부정부패 일소에 어느 정도 성과를 거두었고, 해이해진 당의 기강을 다시 세웠으며, 중국의 대외적인 발언권을 강화했다. 하지만 그 외에 지난 10년간 그가 달성한 가시적인 업적은 손에 꼽을 정도로 적다. 구태여 꼽자면 코로나19 팬데믹 발생 초기 이후 해외와 비교해서 상대적으로 방역에 성공한 점 정도일 것이다.

그리고 S가 이야기한 것처럼 시진핑 정권이 중국의 대외적 발언권을 강화할 수 있었던 것도 사실 덩샤오핑의 개혁개방 노선에 의한 경제성장 덕분이니, 순전히 시진핑의 업적이라 간주하기도 힘들다. 되레 시진핑 정권의 경제정책은 좋은 점수를 주기 힘들다. 경제에 대한 국가의 통제 강화와 국영 부문의 비대화, 빅테크 기업들에 대한 과도한 규제는 민간 부문을 위축시켜 투자와 혁신에 대한 동기를 약화시켰기 때문이다.

무엇보다도 시진핑은 노골적으로 '중국몽'을 내세웠다가 미국의 경계심을 샀고, 결국 미중 무역전쟁과 미국의 대중국 기술 봉쇄를 초래했다. 앞서 짚었던 대로 중국의 부채 문제는 시진핑 정권 10년간 갈수록 심각해져, 최근 공무원 임금이 체불될 정도로 파산 위기에 몰린 지방정부가 속출하고 있다. 시진핑 정권 내내 경제성장률은 점차 하향 곡선을 그리더니, 팬데믹 직전인 2019년에는 천안문 사태의 여파가 경제적 대충격으로 이어진 1990년의 3.9% 이후 29년 만에 가장 낮은 수준인 6.1%대까지 떨어졌다.

지금 이 원고를 마무리하고 있는 시점에도, 시진핑 정권은 중국 본토 내 코로나 재발에 따라서 무차별 도시 봉쇄와 경직된 코로나 정책을 고집하는 중이다. 그로 인해 실물경제가 급속도로 위축되어 2022년 중국 경제성장률이 5% 아래로 추락할 것이라는 암울한 예측이 줄줄이 이어지고 있다.[78] 공산당의 집권 정당성이 통치의 유능함과 지속적인 경제성장에 많은 부분을 기대고 있다는 걸 고려해 본다면, 시진핑의 장기 집권을 가능케 하는 안정적인 권력 기반에 경고음이 커질 수도 있다는 이야기다.

2022년 가을에 열릴 중국 공산당 제20차 전국대표대회에서는 '시진핑 장기 집권'의 관문이라 할 수 있는 시진핑 당 총서기의 3연임 여부가 결정될 것이다. 많은 사람들의 예상대로 그의 3연임이 확정될 가능성은 여전히 압도적으로 높아 보인다. 그는 이미 2018년 국가 주석 연임 제한 폐지를 통과시켜 장기집권 기반을 다져왔고, 2021년에는 중국 공산당 역사상 세 번째 역사 결의를 관철시켜 공식적으로 자신을 당의 역사에서 마오쩌둥과 덩샤오핑 반열에 오르게끔 하는 일에 성공했다.

동시에 시진핑은 이미 10년을 끌어온 부패와의 전쟁을 통해 자신이 집권하기 전 20년간 실질적인 집권세력이었던 상하이방을 사실상 궤멸시켰다. 또 다른 분파인 공청단은 약화시켰으며, 태자당 세력은 고스란히 흡수하여 기존의 각 계파들을 무력화시키는 데 성공한다. 중국 공산당 내 유일 계파는 이제 '시자쥔(習家軍)', 즉 시진핑 측근 그룹밖에 없다는 평가까지 나오는 실정이다.[79]

이처럼 시진핑이 권력 집중에 성공했던 것은, 물론 2부에서 설명한 대로 그 이전 덩샤오핑이 만들어 놓은 집단지도체제가 분파주의와 내부 권력 충돌 등 여러 심각한 문제를 야기했던 배경 덕에 가능한 일이기도 했다. 그렇지만 이러한 시진핑 일인권력 집중은 또 다른 문제를 낳은 게 사실이다. 시진핑 정권에선 과거처럼 공개적인 이견을 제기하는 것이 무척 어려워졌으며, 내부 토론은 경직되고 은폐되었다. 개혁개방의 기본 특징이었던 지방의 자발적 주도성도 사라졌다. 그럼으로써 리스크가 중앙으로 과도하게 집중되며 모든 책임은 중앙에 쏠리게 되었고, 중요한 정세에 대해 일단 결단하면 되돌리기가 어려워졌다.[80]

코로나19 바이러스가 막 터지기 시작했던 극초반 시기, 우한과 후베이성의 지방정부 지도자들은 사태의 발 빠른 수습보다는 은폐에만 급급했다. 그 원인으로 지적된 것 또한 시진핑 집권 후 지방정부에 만연한 과도한 중앙정부 눈치 보기와 복지부동(伏地不動)의 관행이었다. 그리고 2022년 오미크론이 코로나19 지배종이 된 후에도 '제로 코로나' 정책을 막무가내로 유지하는 데에는 서구와 대비되는 중국식 방역 정책이 이미 시진핑 정권의 중대한 업적으로 간주되어, 시진핑의 권위에 손상을 주는 어떠한 정책적 변화에도 유연하게 대응할 수 없게 된 정치적 상황이 주요인으로 꼽히는 중이다.

요약하자면 이렇다. 중국은 집단지도체제의 문제를 개선하기 위해 최고 지도자 일인권력 집중으로 권력 시스템을 변경했으나, 이제는 그 바뀐 시스템에 의한 새로운 문제들이 계속해서 누적되고 있는 중이다. 중국의 권력 구조가 어떻게 바뀌든 간에 이와 같은 문제들이 정치적 불안정성과 맞물려 터져 나오는 근본적 원인은, **헌법과 법률에 의거한 법치(法治)가 아니라 혈통과 능력에 기반을 둔, 공산당 엘리트에 의한 인치(人治)가 가진 제도적 취약점**에 있다고 나는 생각한다.

시진핑의 권력이 붕괴하는 그 순간

언제가 될지는 잘 모르겠지만, 그래도 시진핑이 미래의 어느 시점, 자신의 후계자에게 권력을 넘겨주는 평화로운 권력 승계를 성공시킬 수 있을까? 만약 그가 그때까지 그럭저럭 순조롭게 장기집권을 이어간다면 중국 입장에서는 최악의 상황은 피한다고 볼 수 있다.

만약 그렇지 못한다면? 예컨대 시진핑의 실정이 누적되고, 그의 권력을 지탱하던 정치적 권위가 추락하고 실권이 약화되어, 그간 숨죽이고 있던 당내 반대파들이 조직적 반격에 나서 그는 예상 밖으로 일찍 실각할 수도 있다. 혹은 갑작스러운 건강 악화로 조기에 권력의 자리에서 내려와야 하는 시나리오도 생각해 볼 수 있다.[81]

어떤 케이스든지 간에 시진핑 자신의 의지와 통제 밖에서 발생하는 권력 교체는 다시금 중국을 위기로 몰아넣을 개연성이 매우 커 보인다. 중국의 암묵적 권력 승계 원칙이 정해진 것은, 절대 권력자 마오쩌둥이 사망한 후 덩샤오핑이 제정한 격대지정이 최초였다. 물론 중국 공산당은 피라미드식 당내 민주주의 절차에 따라 최고 권력자를 선출하는 공식적인 지도자 선발 시스템을 가지고 있다.* 하지만 이러한 절차는 겉치레에 불과한 중화인민공화국 헌법처럼, 그저 외부를 향해 보기 좋게 꾸민 겉보기에 불과하다.

덩샤오핑이 죽기 전 지명한 장쩌민과 후진타오 모두 덩샤오핑이 정한 10년 임기를 마치자 실권을 내려놓았다. 이후 중국의 최고 지도자 선출은 책의 2부에서 서술한 것처럼 각 당내 각 계파 수장 및 원로들 간 협상과 절충, 합의를 통해서 이루어지게 되었다. 보시라이 정변 사태 같은 위기가 있기는 했으나 그래도 시진핑으로의 정권 이양이 비교적 순탄하게 이루어진 셈이었다.

하지만 이러한 권력 승계 관행은 다름 아닌 그 관행의 최대 수혜자

---

* '공식적으로' 약 8천만 명의 당원을 대표하는 대의원, 즉 2천2백여 명 정도의 전국 대표를 뽑고, 이들이 5년마다 당대회에 해당하는 전국대표대회를 개최하여 200여 명의 중앙위원과 170여 명의 후보위원을 선출한다. 그리고 이렇게 뽑힌 중앙위원이 중앙위원회 전체회의를 개최하여 다시 25명의 중앙정치국 위원을 뽑는다. 이 25명의 정치국 위원들이 중앙위원회에서 실제 중국을 통치하는 중앙정치국 상무위원 7명을 선출하고, 7명의 중앙정치국 상무위원들 중 중국 공산당 최고직인 총서기가 선출된다. 이러한 피리미드식 당내 민주주의 절차만 보면 중국 공산당이 상향식 당내 민주주의를 구현한 이상적인 정치 조직으로 보일 수도 있다.

인 시진핑에 의해 파괴되고 만다. 시진핑은 10년 임기 제한과 당내 계파 합의에 의한 선출 관행을 성공적으로 무력화시키고 1인 권력 독주 체제를 구축한다. 물론 시진핑 본인이 죽기 전까지 중국을 통치하고, 그때까지 권력을 유지하며, 그 시점이 왔을 때 자신의 후계자에게 권력을 성공적으로 이행한다면 다행이겠으나, 자칫 이러한 구상이 조금이라도 어긋난다면 아마도 혼란스럽고 무질서한 권력 이양이 진행될 것이다. 그 과정에서 내전을 방불케 하는 극단적인 내부 권력 충돌이 발생할 가능성도 배제하기 힘들다.

그리고 시진핑이 후계 구도를 안정적으로 구축하지 않고 노환이나 병환 등으로 죽는 케이스 또한 위험한 상황이 발생할 수 있는 건 마찬가지다. 시진핑 집권 이전에 만들어졌던 후계자 선출 관행이 파괴된 이상, 시진핑의 후계자 선출 방식에 대한 당내 광범위하게 합의된 룰이 있을 리 없다. 또 룰을 완전히 새로 만들어 합의에 이르는 과정이 단시일 내에 순조롭게 성사될 리도 만무하다.

실제 마오쩌둥 사망 후 중국 공산당 내부에서 덩샤오핑이 최고 권력을 잡는 과정에서 기습적인 4인방 체포, 당내 극좌파에 대해 단행된 대규모 숙청, 최고 지도자 화궈펑(華國鋒)의 실각 등까지 치열한 권력 투쟁과 혼란이 벌어지고 지속되었다. 이뿐만이 아니었다. 덩샤오핑이 최초로 후계자로 정했던 후야오방의 실각과 사망은 수많은 사상자가 발생한 1989년 천안문 사태를 직접적으로 촉발시켰다. 또 시진핑은 본인이 집권하는 과정에서도 자칫하면 내전이 발생할 뻔한 위기를 직접 겪었던 바 있다. 그 자신 중국에서의 권력 승계 과정이 얼마나 위험한지 경험했으면서도 그는 자신이 파괴한 후계자 선출 관행의 대안을 마련한다든가, 사전에 후계자를 키우고 준비시키는 등의 만일의 사태를 대비한 어떠한 안배나 움직임도 보여주지 않고 있다.

물론 대놓고 차기 지도부 선출 시스템을 만든다거나 혹은 후계자군을 지정해 놓았을 때, 자신의 살아 있는 권력이 약화되고 절대적 위상에 손상이 간다는 현실적 이유가 후계자 문제 방치의 가장 큰 동기일 것이다. 하지만 박정희 대통령 암살 사건 이후 발생한 일련의 군사 반란과 광주민주화운동 등과 같은 한국의 사례가 보여주듯, 대안이 없는 상황에서 최고 권력자가 갑자기 권력을 잃을 경우 발생할 수 있는 정치적 리스크는 중국뿐 아니라 여러 나라에서 보편적으로 발견되는 현상이다.

시진핑이 언제까지 권력을 유지할 수 있을지 정확하게 예측하는 건 내 능력 밖의 일이다. 하지만 언제가 될지 모르지만 시진핑의 권력이 붕괴되었을 때 중국에서 정치적·사회적으로 큰 위기가 발생할 가능성이 굉장히 높아질 것이라는 것만큼은 확신을 갖고 이야기할 수 있다.

'절대 권력'은 없다

더불어 시진핑이 자신의 권력을 유지하는 과정에서 발생할 리스크도 주목해야 한다. 이 장 서두에서 내가 S의 입을 빌려 강조했듯, 시진핑의 권력 기반은 사실 외부에서 보는 것처럼 절대적으로 견고한 것이 아니다. 중국 공산당 내부를 포함하여 많은 중국 사람들이 시진핑의 과거 회귀적인 경제정책, 사회정책, 그리고 인민 개개인에 대한 국가 통제 강화 정책의 부작용에 많은 불만을 가지고 있다. 다만 시진핑이 자신의 정책과 장기 집권의 정당성으로 내세운 대만 통일 과업의 명분이 워낙 확고하다 보니 대놓고 반대나 반박을 하지 못하고, 일단 지켜보자는 식으로 기다리고 있는 게 현재 중국의 상황일 것이다.

최근에는 중국 중앙권력 내부에서조차 시진핑에 대한 비판과 반대의 목소리가 외부로 새어나올 만큼 점점 더 커지고 있다는 정황이 포착되는 중이다. 일단 2021년 11월에 나온 중국 공산당 역대 세 번째 역사결의는 다수의 전문가 예상과 달리 문화대혁명을 정치적 재난으로 규정한 과거의 부정적 평가를 그대로 유지했다.[82] 이는 마오쩌둥 최대 실책으로 평가받았던 문화대혁명을 재평가하려고 했던 시진핑의 의중이 문혁에 대한 당내 광범위한 부정적 여론에 의해 좌절된 것으로 해석되었다.

그로부터 3개월이 지난 2022년 2월에는 온라인에 익명 아이디로 올라온 글 한 편이 중국 안팎에서 큰 파문을 일으켰다. 중국 외부의 여러 중문(中文) 사이트에서 '방주와 중국'이라는 필명으로 올라온 이 글은, 약 4만 자 분량을 통해 정치·외교·경제·사회 등 각 분야에서 조목조목 시 주석의 통치와 정책을 통렬히 비판하는 내용으로 가득 차 있다. 예컨대 시 주석이 중국을 잘못된 방향으로 이끌어 '세계의 적'으로 만들어 버렸다거나, 강압적인 방법으로 중국을 '홍색 전제주의' 체제로 바꿔 놓았다거나, 그가 주창하는 '신 국유기업'이 '절대적 홍색 독점'을 창출하면서 대중이 바라는 가치와 이상 및 출세 등이 영원히 사라졌다는 등의 비판이 포함되어 있었다. 이 글은 대만 및 해외 화교 사회에서 널리 퍼졌고 강력한 검열이 이뤄지는 중국 본토에도 일부 유포된 것으로 전해졌다.[83]

이 시진핑 저격 글을 대대적으로 보도한 대만 언론사들은 관련 보도와 함께 이 글에 시 주석의 '당 핵심' 지위의 대대적인 강조 노선에 반대하는, 당내 '반(反) 시진핑 세력'의 목소리가 반영됐을 수 있다는 분석을 추가로 덧붙였다. 과거에도 중국 공산당 내 권력 투쟁 과정에서 해외 언론 매체나 외부 사이트를 이용한 폭로나 고발이 정적에 대한 공격으로 자주 활용된 걸 고려한다면 상당히 설득력 있는 분석이라고 생각된다.

한 달 후인 3월에는 역시 트위터와 해외 사이트를 중심으로 주룽지 전 총리가 당 중앙에 9개조 건의를 냈다는 글이 화제가 되었다. 대체적인 내용은 역시 현재 시진핑 정권의 정책 방향을 비판하며 대대적인 방향 수정을 건의하는 내용이다. 물론 이 글을 정말 주룽지 총리가 썼을 개연성은 낮지만, 내용을 분석해 보면 최소한 당내 시진핑을 반대하는 세력들이 주룽지 총리의 이름을 도용했을 가능성은 배제하기 힘들다. 다시 한 달 후 현재 이 글을 쓰고 있는 시점엔, 중국의 경제 수도 상하이가 오미크론 대확산으로 전면 봉쇄되고 봉쇄 기간도 길어지자 시진핑이 업적으로 내세운 코로나 방역 성과에 결정적 흠집이 생기며 그가 3연임 과정에서 최대 위기에 봉착했다는《블룸버그》의 분석 보도까지 등장했다.[84]

물론 이러한 시그널만 가지고 시진핑의 3연임이 좌절된다거나, 심지어 그가 권력을 곧 잃을 것이라고 판단하기에는 섣부른 게 분명하다. 하지만 한 가지 확실한 건, **시진핑의 절대 권력에 균열이 발생했다는 신호**는 이미 명백하며, 시진핑에 대한 반대 여론도 만만치 않게 형성되었다는 것이다. 이는 시진핑이 3연임에 성공하여 장기 집권의 트랙으로 돌입했다 하더라도 그의 앞에 가시밭길이 기다리고 있음을 암시한다.

우리에게 남은 질문은 무엇인가

게다가 내가 책의 3부 전체를 통틀어 지금까지 나열했듯이 현재 중국의 내부 상황 자체도 결코 녹록하지가 않은 상황이다. 도농 간의 격차 문제, 인구 문제, 부채 문제, 고부가가치 산업 진입의 실패 등등 중국의 굴기를 일거에 무너뜨릴 수 있는 구조적 리스크가 여기저기 산적해 있는 게 분명한 현실이다. 이 상황에서 시진핑의 권력에 대한 집착과 욕망은 중국 정치에 내재된 리스크의 폭발력을 차곡차곡 쌓고 있는 중이다.

어쩌면 이러한 전체적인 상황이 시진핑과 베이징을 시간이 지날수록 더욱 더 조급하게 만들고 있는 것인지도 모른다. 시진핑은 자신의 권력을 유지하고, 본인 입으로 수도 없이 외쳤던 '중화 민족의 위대한 부흥'이란 중국몽을 실현시키기 위해, 최소한 그의 세 번째 임기인 2023년에서 2027년 사이에는 대만을 어떻게 해서든 굴복시켜야 한다. 만약 이

타임라인을 넘기게 되면 시진핑의 권력 유지에 필요한 정치적 기반은 크게 흔들릴 것이다.

무엇보다도 앞에서 열거한 중국의 구조적 문제 중 하나가 수면 위로 폭발하여, 중국이 과거의 영광을 재현할 운과 기회를 영원히 상실할지도 모른다는 공포감이 서서히 베이징을 짓누르고 있지 않을까? **이렇게 시간에 쫓기고 있다는 생각에 사로잡혀 점점 조급해지는 중국을 보며, 나는 향후 5년, 혹은 더 길게 잡아 최대 10년이 '차이나 쇼크' 현실화를 둘러싼 최대 고비의 시기가 될 것이라 생각한다.**

그렇다면 이제 남은 질문은 딱 하나다. **중국과 지리적으로 경제적으로 가장 가깝고, 가장 밀접하게 연결된 대표적 나라 중 하나인 한국은 눈앞에 닥친 차이나 쇼크에 대해 잘 대비하고 있는가, 그러지 못했다면 이제 우리는 어떻게 대비해야 하는가**이다. 이 질문에 대한 내 나름대로의 답이 바로 마지막 4부의 주제이다.

제4부

우리는 무엇을 해야 하는가

1장

불확실한 중국의 불확실함을 인정한다는 것

여기까지 읽으신 분들은, 어쩌면 조금 혼란스러운 느낌을 가지실 수 있을 것이라 생각한다. 특히나 내가 지금까지 주장한 '차이나 쇼크'의 정확한 정의에 대해서 말이다.

장차 중국의 국력이 지금보다 강화되어 산업적·안보적 측면에서 한국을 위태롭게 한다는 것인지, 아니면 중국이 내부적 위기를 견디지 못할 경우 그 여파가 한국 등 주변국에까지 미친다는 것인지, 그것도 아니면 시진핑 정권이 국가적 야심과 정권의 이해관계 때문에 전쟁을 일으킨다는 게 차이나 쇼크라는 건지, 도대체 작가가 말하는 차이나 쇼크가 무엇인지 갈피를 못 잡겠다고 생각하실 수도 있을 것이다.

결론부터 말하자면, 지금까지 내가 상술했던 이 모든 것이 차이나 쇼크 그 자체다. 중국이 자신들의 염원대로 미국과 맞먹거나 미국을 능가하는 국력을 갖추는 데 성공해도 한국에는 큰 위협이고, 중국이 내부적 문제 해결에 실패해서 주저앉아도 한국에 큰 위험이 닥치게 된다. 중국 정도의 사이즈 되는 나라 바로 옆에 붙어 있는 것 자체가 사실 그 나라의 숙명적인 스트레스다.

한국만 그런 것이 아니다. 미국과 붙어 있는 캐나다와 멕시코는 미국이라는 나라와 이웃해서 사는 숙명적 스트레스를 이렇게 표현했다.

"미국과 이웃한 건 코끼리와 한방을 쓰는 것과 같다."★

"불쌍한 멕시코! 하느님과는 이토록 먼데 미국과는 이토록 가깝구나!"★★

그래도 캐나다와 멕시코는 미국과 기본적인 가치관을 공유한다. 똑같이 시민의 자유를 보장하고 민주적 선거를 통해 지도자를 선출하는 자유민주주의 체제로 사회와 국가를 운영한다. 그러니 긴장과 스트레스의 정도가 상대적으로 덜할 것이다. 중국이라는 '전혀 다른 체제의 코끼리'와 한방을 쓰는 한국이 느끼는 스트레스와 비교해서 말이다.

한국과 중국은 동아시아 전통 문명과 문화 외에 국가로서 함께 공유하는 가치가 없다. 그래도 전통 한자문화에 익숙했던 한국의 기성세대는 중국에 문화적 친숙함을 느끼긴 했으나, 요즘 젊은층은 중국과 그 최소한의 문화적 유대감조차 전무한 실정이다. 한국은 점점 더 불신의 눈으로 중국을 쳐다볼 수밖에 없다. 말도 안 통하는 코끼리와 한방에 앉아 있는 꼴이다.

같이 자다가 코끼리가 잠꼬대라도 해서 몸을 뒤척이면 바로 재앙이 닥친다. 코끼리가 어느 방향으로 몸을 뒤척이든 상관없다. 뒤척이는 행위 자체가 한국에는 거대한 위험이다. 중국은 한국에 있어 하나의 거대한 지정학적 리스크 그 자체인 것이다. 중국의 모든 급속한 변화는, 그게 중국에 긍정적이든 부정적이든, 한국에는 모두 부담스러운 도전과제일 수밖에 없다.

★ 캐나다 15대 총리였던 피에르 트뤼도의 말이다. 그는 현재 캐나다 총리인 쥐스탱 트뤼도의 아버지다.

★★ 멕시코 제29대 대통령 포르피리오 디아스의 말이다.

중국, 세계적으로 유례없는 실험과 도전

그래서 나는 이 책의 1부에서 3부에 걸쳐 거의 모든 차이나 리스크를 최대한 총망라해 보려고 시도했다. 한국이 앞으로 닥칠 중국발 쇼크를 최대한 현명하게 대처하려면, 중국의 미래에 대한 여러 다양한 시나리오를 모두 준비해 두어야 한다고 생각했기 때문이다.

하지만 차이나 쇼크가 향후 구체적으로 어떻게 닥칠지 현재로선 확인할 방법이 없는 만큼 내가 제시할 대응 방안에는 원천적 한계가 있을 수밖에 없다. 이것은 앞으로 적을 내용이 다소 원론적인 방향으로 흐를 수밖에 없는 불가피성의 가장 큰 이유일 것이다.

중국의 불확실성에 대해 한 가지 더 첨언하고 싶다. 나는 중국의 발전 모델이 갖고 있는 독특함과 중국 역사에서 반복적으로 등장한 순환 패턴의 특성, 그리고 시진핑의 야망 등이 중국의 미래 불확실성을 더욱 심화시켰다고 판단한다. 여기서 지적해 둘 것이 있다. 근대 이후 선진국에 진입한 국가들은 공통점을 갖고 있다. 중동 국가들처럼 천연 자원을 통해 부를 축적한 사례들을 제외하면 모두 예외 없이 **정치적 민주주의와 경제적 자유시장경제**라는 자유민주주의 체제를 국가 모델로 채택하여 성공적으로 적용시켰다는 점이다.

하지만 중국은 공산주의에서 유래한 정치적 권위주의와 제한적 자유시장경제라는 이질적인 두 개의 시스템을 융합했다. 또한 이 독특한 혼종 체제로 유례없는 성공을 거두었고, 현재도 해당 체제를 통해 초강대국의 지위를 노리고 있다. **중국은 '중국식 발전 모델'을 통한 세계 패권 도전이라는, 결과를 예측하기 힘든 유례없는 실험을 하고 있는 셈이다.**

무엇보다도, 중국 역사의 패턴 또한 중국의 불확실성을 한층 강화시키게 만든다. 내가 반복해 서술했던 바, 중국은 나라의 발전이 한계에 도달하면 지방을 통제하는 중앙정부의 행정력과 권위가 약화되고, 광대하게 분포된 각 지역 간의 이해관계가 상충한다. 이로써 강력한 원심력의 힘이 작동하며 분열의 방향으로 가게 된다. 하지만 반대로 중국이 발전하는 과정에서는 각 지역 간 이해관계가 비교적 일치하며, 중앙정부의 권위가 강력해지면서 구심력이라는 반대의 힘이 작동한다.

현재 시진핑 정권은 여전히 발전으로 가는 과정에서의 과도기적 성격이 짙은 시기일까, 아니면 덩샤오핑 이후 지속적인 발전의 추세가 비로소 꺾인 시기일까? 이는 섣불리 답을 내리기 힘든 문제라고 생각된다. 그렇다면 여기에서 어느 한쪽으로 결론을 내리는 것보다 더 중요한 일이 있다. 우리는 중국이 향후 어떤 방향으로 가든 간에 각각의 시나리오별로 사전에 충분히 대비를 하고, 그에 적절히 대응하여 차이나 쇼크가 우리에게 불러올 위기를 지혜롭게 극복해 나가는 것이다.

'최선의 답' 찾기 위한 마중물 되길

시진핑의 정치적 야망은 근 30여 년간 이어진 덩샤오핑 시대를 끝내고 중화인민공화국을 완전히 새로운 시대로 진입하게 만들었다. 물론 덩샤오핑이 설계한 체제 자체에 내재된 결함이 시진핑이 자신의 정치적 구상과 야망을 관철시킬 명분을 제공했던 측면도 있다.

하지만 그 대안으로 나온 '시진핑식 모델'이 과연 중국을 계속 번영으로 이끌어 중국몽을 실현시킬지 여부는 여전히 미지수다. 그리고 비교적 짧은 시간밖에 경과하지 않은 탓에 그 모델에 대한 평가조차도 이른 감이 크다. 결국 시진핑식 모델은 상당한 시간이 지나고 난 뒤 역사의 평가를 맡겨야 하는 상황이다. 당장의 시점에서 우리는 뿌연 안개를 헤치고 더듬으며 시시각각 변해가는 중국의 변화를 살펴야 하는 처지다.

내가 이제부터 제시할 몇 가지 대응 방안이 당연히 정답은 아니다. 그리고 애초에 사회과학 영역에서 '정답'이란 존재하지 않는다. 설정한 조건에 따라 엄밀한 수학적 공식에 의해 정확한 데이터가 나오는 자연과학과 달리, 실험자의 통제가 원천적으로 불가능한 '인간'의 활동, 또한 그 사람들의 활동이 모여 만들어지는 '사회'를 다루는 사회과학에서 정답이라는 것은 존재할 수 없다.

물론 정답이 존재하지 않는다는 것이지, 답이 없다는 이야기는 아니다. 다만 사회과학에선 셀 수 없이 수많은 복수의 답이 존재한다. 그 많은 답들 사이에서 '최선의 답'을 찾는 과정, 혹은 최선의 답을 만들기 위해서 여러 답을 보완해 나갈 수 있는 여지는 충분히 존재한다. 그 과정을 통해 '최선의 답에 가까워지는 것'이 사회과학적 영역의 문제를 해결하는 데 가장 중요하다는 점을 강조하고 싶다.

만약 앞으로 적게 될 방안이 차이나 쇼크라는 도전에 맞설 최선의 답을 찾는 데 있어 약간의 마중물이라도 된다면, 내가 이 4부를 쓴 목적은 충분히 달성된 것이라 말하고 싶다. 나와 다른 의견이나 진지한 반론 모두 진심으로 환영한다.

2장

신냉전 시대,
대한민국의 중심 잡기

차이나 쇼크를 대비하기 위한 나의 첫 번째 제안은 바로 한 시대가 완전히 지나갔다는 인식의 사회적 확산이다. 지금 우리 곁을 막 떠나고 있는 시대라 함은 바로 1991년 소련 해체로 시작되어 2022년 러시아의 우크라이나 침략 전쟁으로 끝난 '30년간의 탈냉전 시대'다. 이 30년 동안 국가 간 자유무역, 국경을 넘나드는 자본과 기술과 노동의 자유로운 이동, 이를 통해 촘촘히 짜인 글로벌 공급 체인(GVC), 자유로운 해외여행과 국제기구를 통한 협력과 갈등 해소 등등 소위 '세계화'의 요소들에 대하여 사람들은 너무도 자연스럽고 당연한 것으로 생각했다.

하지만 보다 거시적 관점에서 보면, 이러한 세계화는 결코 당연하게 형성되고 유지되었던 것이 아니다. 1914년 제1차 세계대전 발발로 인해 1차 세계화가 종료된 이후부터 1991년 소련 해체로 냉전이 끝나기 전까지, 약 80년간 세계는 정치와 이념 등으로 나눠진 여러 블록과 조각들의 분열 상태가 지속되었다. 그 분열되고 쪼개진 세계를 하나의 질서로 굴러가는 하나의 세계로 묶어낸 건 냉전 종식 후 유일한 슈퍼파워가 된 미국의 압도적 힘이었다. 냉전 당시 공산 진영과 제3세계에 속했던 거의 모든 나라들이 탈냉전 후 미국이 주창하는 신자유주의 이념에 근거한 자유무역과 시장경제 룰에 동의하고 따름으로써 세계화가 가능했던 것이다.

그리고 세계화의 수혜를 대폭 누린 나라 중 하나가 바로 한국이었다. 한국은 세계화의 일환인 금융 자유화로 IMF 구제금융 위기를 겪기도 했으나, 중국의 WTO 가입 등으로 가속화된 자유무역 확대의 붐을 타고 중진국에서 선진국으로 도약한다. 이 시기는 중국이 미국 주도의 세계무역 시스템에 완전히 통합되는 시기였다. 한국은 폭발적으로 증가하는 대중국 수출량을 통해 금융위기를 탈출하고 지속적인 경제성장을 달성하게 된다.

그 결과 중국은 한국의 제1의 수출 시장이자 최대 무역 상대국으로 떠올랐다. 그래서 우리 사회에는 '**안보는 미국에, 경제는 중국에 의존한다**'는 소위 '안미경중'(安美經中)이라는 신조어까지 등장하게 된다. 한국 입장에서는 딱히 고민할 필요가 없었다. 국가 정책을 경제, 외교, 안보의 측면에서 가장 이익이 되는 방향으로 비교적 자유롭게 선택하며 국익을 극대화하면 되는 일이었다. 이 모든 것은 전 세계가 미국이 만들고 운영해온 세계화 시스템에 통합되었기 때문에 가능했던 일이었다.

하지만 이 좋은 시기는 이제 사실상 끝났다. 2022년을 기점으로 탈냉전 세계화가 끝나고 **신냉전**이 확실히 도래했기 때문이다.

탈냉전의 시대는 끝났다

신냉전은 유럽에서는 러시아와 미국 및 유럽 동맹과의 충돌로, 동아시아에서는 중국과 미국 및 아시아 동맹들 간의 충돌로 진행되고 있다. 한국이 과거처럼 큰 고민 없이 '미국과 중국 모두와 동시에 잘 지내며' 이익을 극대화하는 시대는 끝났다고 봐야 한다. 한국은 앞으로 점점 더 미중 양쪽에서 '**선택의 요구**'에 직면하게 될 것이다. 미국의 사드 배치에 뒤이은 중국의 경제적 보복 조치는 신냉전 도래의 예고편이었던 셈이다.

물론 당장 한국이 미국의 대중 전선 최전방에 서서 중국과의 모든 경제적 협력 및 교류를 대폭 축소해야 하는 시점이라는 것은 아니다. 하지만 향후 신냉전의 격화 정도에 따라 한국은 점차 어려운 선택의 기로에 놓이게 될 것이다. 증가 추세가 한풀 꺾였다고는 하지만 중국은 여전히 한국 제1의 무역 대상국이자 최대 수출 시장이며, 대중국 수출과 수입은 각각 우리나라 전체 무역액의 약 25%, 23% 비중을 차지한다. 미중 간의 충돌 격화로 한중 간 무역과 경제 교류에 영향이 발생할 경우 한국 경제가 입을 타격 또한 매우 클 수밖에 없다.

이미 미국의 화웨이 제재 조치로 삼성전자와 SK하이닉스의 화웨이 그룹에 대한 반도체 판매에 제동이 걸렸던 바 있는데, 이러한 사례가 이제 시작에 불과할 수도 있다는 것이다. 최근에는 우크라이나를 침공한 러시아에 대한 미국의 경제적 보복 조치 동참 요구에 한국 정부가 주저하다가 결국 뒤늦게 참여를 결정했고, 이로 인해 러시아와 무역하는 기업들이 큰 피해를 입은 사례가 추가되었다. 미국은 중국을 배제한 미국 중심의 동아시아 태평양 경제 블록을 만들고자 할 것이고, 중국은 또 중국 나름대로 일대일로를 내세우며 미국의 포위 전략을 뚫기 위해 중국 중심의 경제 블록을 구축하는 중이다.

이렇게 과거 냉전 시대처럼 미국과 중국이 각자 배타적 경제 블록을 쌓게 되면, 한국이 과거처럼 미국과 중국 모두와 좋은 관계를 유지하며 국익 극대화를 도모하는 것은 불가능해진다. 한국은 상당한 비용이 수반되는 선택의 순간에 계속해서 놓이게 될 것이고, 이에 따라 각각의 선택으로 치러야 하는 비용이 어느 정도인지, 그런 비용을 감내할 사회적 합의를 어떻게 이뤄 나갈 것인지 등등의 문제가 이어질 것이다. 요컨대, 신냉전은 한국에 많은 시련과 도전을 안겨줄 것이다.

이러한 새로운 시련과 도전을 슬기롭게 극복하기 위한 첫 단계는 바로 **우리에게 익숙한 시대가 지나갔으며, 훨씬 더 어려운 시대가 도래했다**는 사회적 인식의 확산이다. 나는 사드 사태를 통해 한국사회 전체가 이미 신냉전 시대의 어려움을 경험했다고 생각한다. 사드 사태는 시작에 불과하다는 것, 이러한 문제들이 계속 이어져서 일종의 '뉴노멀'이 된 시대가 시작되었다는 것을 한국사회 전체가 최대한 빨리 자각했으면 하는 것이 나의 바람이다.

한국은 일단 사회 전체가 문제를 인식하고 대응 방향에 대한 국민적 합의에 이르면, 굉장히 기민하고 슬기롭게 위기에 대처해왔다. 나는 한국이 신냉전 시대에 돌입해서도 과거의 국난 극복 사례들과 마찬가지로 새로운 어려움과 도전들을 잘 이겨낼 것이라 생각한다. 다만 한국을 둘러싼 환경이 급속히 악화되고 있고 국제 질서가 격심한 구조적 변경 과정 있는 상황에서, 한국 내 여론과 미디어가 여전히 국내 현안과 이슈에 매몰되어 있는 점은 우려스럽다.

세계의 분쟁과 각축은 우리의 가장 중요한 이슈다

그래서 내가 두 번째로 제안하는 것은 국제적 이슈에 대한 국내 여론의 관심 제고를 위한, 한국 미디어들의 국제 뉴스에 대한 보도 강화다. 한국 매체들의 국제 뉴스에 대한 빈약한 할당과 역량은 사실 새로운 문제는 아니다. 사실 과거 한국의 국력과 국제적 위치를 고려하면, 한국 매체와 여론이 국제 뉴스에 상대적으로 관심이 적었던 것이 당연했던 측면은 분명히 있다.

과거 한국 자체가 국제적 존재감이 매우 미약했기 때문에 국제 이슈에 적극 참여할 기회도 많지 않았고, 미국에 안보를 전적으로 의지했으며 외교도 친미(親美)로 일관하였기 때문에 국제적 이슈에 있어 국내 여론이 분열되거나 첨예한 논쟁이 발생할 여지가 별로 없었다. 이미 정해진 확고한 노선이 있고, 애초에 의미 있는 참여나 개입이 불가능한 상황에서는 국제 뉴스에 관심을 기울일 동기가 클 수 없었을 것이다.

하지만 이 또한 시대가 완전히 변했다. 한국의 국제적 위상과 존재감은 2010년대부터 놀라울 정도로 커졌다. 이제는 어떤 국제적 이슈에 대해서도 한국의 발언과 입장이 상당한 국제적 관심과 주목의 대상이 되어 버렸다. 한국의 군사력은 이미 북한을 압도하며, 북한의 안보적 위협을 혼자서 감당하기 충분한 수준에 이르렀기 때문에 한미동맹의 성격은 단순히 북한의 위협에 대응하는 성격을 실질적으로 넘어서 버린 지 오래다.

한국 외교의 오랜 근간인 한미동맹 또한 과거와 달리 일방적으로 한국이 미국에 의존하는 것에서 벗어나 이제는 경제와 안보, 산업적인 측면에서 미국의 동등한 파트너로 인정받는 위치에까지 올라왔다는 평가다. 한국의 국력과 위상은 이처럼 국제사회에서 상당한 존재감과 영향력을 얻어냈지만, 국제 이슈에 대한 국내 여론과 매체들의 관심은 여전히 저조하다. 세상도 변했고 한국도 변했지만, 한국 내부의 관성적인 인식이 변화하는 일은 더딘 탓이다.

특히 최근 몇 년간 발생한 국제적 대형 사건들을 각각 독립된 별개의 이벤트로 바라봐서는 안 된다. 2021년 미얀마 쿠데타에 이은 내전, 아프가니스탄에서의 미군 철수와 탈레반의 권력 장악, 그리고 2022년 우크라이나 전쟁에 이르기까지, 우리는 이 사건들을 미국과 중국, 러시아라는 유라시아 강대국 간의 대치라는 국제 지정학적 관점과 맥락에서 파악해야 한다. 국제사회를 이러한 소용돌이로 빨아들이는 힘에서 한국은 당연히 자유롭지 않다. 당장 한국경제는 대외무역에 7할 이상을 의존하는데, 이러한 무역의 물동량 대부분은 인도양과 남중국해, 그리고 동중국해를 거친다. 특히나 한국이 절대적으로 의존하는 전략 에너지인 중동산 석유를 포함해서 말이다.

그런데 한국경제가 절대적으로 의존하는 이 루트들이 바로 미국과 중국이 미래에 충돌할 가능성이 가장 높은 국제적 화약고의 후보지들이다. 당장 동중국해는 대만을 둘러싸고 미국과 중국이 대치하고 있고, 남중국해는 중국과 미국을 배후로 두고 있는 동남아 각국이 영토 분쟁을 벌이면서 대중국 군사동맹인 오커스의 활동 무대가 되는 곳이다. 또한 인도양은 일대일로를 앞세운 중국과 쿼드의 일원인 인도의 영향력이 정면으로 충돌하는 곳이다.

한국은 이미 미국으로부터 쿼드 등의 가입을 요청받는 동시에, 중국에는 쿼드 가입 시 제2의 사드 사태가 발생할 것이라는 은근한 협박을 동시에 받고 있는 상황이다.[1] 러시아산 에너지에 절대적으로 의존하고 있는 독일이 우크라이나 전쟁 발발 후 러시아를 통한 에너지 공급을 당장 중단할 수도 없고, 그렇다고 서방의 대러시아 제재에 빠질 수도 없는 딜레마에 처한 상황을 한국은 결코 남의 일처럼 여겨서는 안 되는 것이 이 때문이다.

앞으로 한국은 외교와 안보, 그리고 경제 문제가 얽힌 여러 국제적 이슈들에 번번이 노출되며 어려운 선택에 직면하는 사례가 늘어날 것이다. 이러한 선택의 결과는 심각한 사회적 비용과 경제적 손실, 그리고 피해 계층을 초래할 것이다. 그 선택의 합의에 이르기까지 첨예한 논쟁과 사회 갈등이 발생할 수도 있다. 그런 상황에 마주했을 때의 비용 낭비와 시행착오를 최소화하기 위해서는, 사전에 충분한 시간을 갖고 토론을 진행하여 사회적 합의를 도출하는 시간을 줄이는 일이 반드시 필요하다.

이를 위해서는 한국의 매체들이 국제적 이슈에 대한 보도 강화와 함께, 그러한 이슈들은 한국과 한국인들의 삶과 결코 무관치 않음을 지속적으로 시민들에게 설득하는 과정이 필요하다. 동시에 한국의 시민들도 이제 국내 이슈에만 매몰될 것이 아니라 부쩍 성장한 국력과 영향력에 맞게 우리 시야와 관심사를 국제적으로 넓히는 것이 필요할 것이다. 대한민국의 국력과 국제적 영향력은 이제 우리가 과거처럼 단순히 수동적 플레이어로 남아 있을 여지를 차단하고 있기 때문이다.

무엇보다 미국과 중국 간의 갈등과 대치, 국제적 분쟁 등은 이제 더 이상 말 그대로 국내와 관련 없는 해외 뉴스로 취급받아서는 안 될 것이다. 국제 뉴스가 한국사회 내에서 중대한 관심의 대상이자 여론의 초점이 되고, 국제사회 속에서 우리가 맡을 역할에 대한 치열한 논쟁과 토론이 오가게 될 때, 비로소 한국사회가 거대하게 성장한 국력과 향상된 지위에 걸맞은 자기 인식을 하게 되었다고 말할 수 있을 것이다.

대한민국은 더 이상 약소국이 아니다

이러한 자국에 대한 '객관적 자기 인식'이 바로 차이나 쇼크를 대비하기 위해 내가 세 번째로 제안하고자 하는 내용이다. 나는 국제적 사건이 발생하거나 한국과 이웃국가 간의 외교적 마찰 이슈가 발생할 때마다 한국을 자연스럽게 '약소국'으로 전제한 주장이나 논리를 최근까지도 쉽게 목격해 왔다. 심지어 최근에는 아프가니스탄 미군 철수와 정부 붕괴, 러시아의 우크라이나 침공 같은 사건에서도 '이러한 약소국으로부터 한국이 배워야 할 교훈' 같은 것을 끄집어내는 황당한 주장들까지 등장하기도 했다.

아프가니스탄이나 우크라이나 같은 나라들이 처한 지정학적·외교안보적 상황은 한국과 전혀 다르다. 무엇보다도 한국의 국력과 국제적 영향력은 이들 국가와 비교 자체가 불가능할 정도로 그 격차가 큰 게 사실이다. 그럼에도 불구하고 이런 억지 교훈 프레임을 고집하는 것은 자국을 약소국으로 보는 관점에 매달리면서, 거기에 거의 집착까지 하는 듯한 인상을 지우기 힘들다. 사실 이러한 약소국 관점 역시 과거 한국 현대사의 맥락에서 보면 전혀 이해가 가지 않는 것도 아니다. 확실히 한국은 과거부터 내내 강대국과 국경을 맞대며 약소국으로서의 스트레스를 받아왔고, 주기적인 침략도 경험했으며, 이렇게 강대국에 치이는 상황은 근현대사 시기에 와서 최악의 국면을 맞게 된다.

주변 강대국으로부터 받은 치욕적 경험은 집단적 트라우마와 함께 한국인들의 역사의식과 세계관에 깊은 흔적을 남겼다. 그리고 최악의 상황이 지나고 난 후에도 비교적 최근까지 한국의 경제력은 낮은 수준이었고, 국제적 영향력도 일천(日淺)했다. 확실히 한국인들은 오랜 기간 약소국으로 살아오는 데 익숙해져 있긴 했다. 그리고 스스로 약소국으로 생각하는 의식 자체가 일정 부분 국익에 도움이 되어온 것도 사실이다. 스스로 약소국으로 포지셔닝해온 덕에 강대국들이 받을 수밖에 없는 여러 견제와 책임으로부터 자유로울 수 있었고 최대한의 실리를 챙기는 데 집중할 수 있었다.

하지만 우리나라가 '약소국 코스프레'를 하기에는 국제사회에서 대한민국의 존재감이 너무 커져 버렸다. 경제와 산업의 차원만이 아니다. 우리는 전 세계를 호령하는 문화적 영향력까지 갖게 되었다. 한국은 대다수의 국제기구에서 이미 논란 없는 선진국으로 분류되며, 지역의 강국으로 대접받고 있다. 이미 한국 스스로가 약소국으로 포지셔닝하는 것은 불가능한 시대에 접어들었다. 그럼에도 언제나 주관적 인식은 객관적 환경의 변화 속도를 쫓아가지 못한다. 보통의 한국 사람들은 현재의 우리나라를 주변 강대국들에 이리 치이고 저리 치이는 희생양이자 약소국이었던 과거의 연장선상으로 생각하는 담론에 여전히 익숙하다.

이러한 과소평가된 자기 인식은 주변 강대국들의 엄포와 보복 협박에 대처하는 대응력을 약화시킨다. 2017년 중국의 한한령과 2019년 일본의 반도체 핵심 소재 수출규제 조치를 완전히 동일 선상에 놓고 비교하기는 힘들겠지만, 상대적으로 자신감을 가지고 정면으로 대처했던 후자의 결과가 비교적 명확하게 한국의 승리 쪽으로 기울었다는 결과는 시사하는 바가 크다고 생각한다. 사실 중국의 한한령은 한국만큼이나 중국에도 상당한 타격을 입혔고, 결정적으로 중국이 한국에 의존하는 반도체 등 핵심 소재 부품에는 보복할 엄두도 내지 못했다. 한한령 조치에서 커다란 타격을 받았던 엔터테인먼트 산업의 경우 되레 중국 자본으로부터 자유로워지기 시작하면서 전 세계로 뻗어 나가는, 예상하기 힘들었던 훨씬 더 큰 성공을 거두게 되었다.

만약 사드 사태 초기부터 한국 내 여론이 그렇게까지 분열되지 않고, '주권 문제에 대해서는 단호하게 대응한다는 방침'으로 똘똘 뭉쳐서 중국을 대했더라면 결과가 어떠했을까? 이것이 내가 갖고 있는 아쉬움이다. 또한 앞서 말한 정세의 변화도 우리에게 유리하다. 신냉전이 본격화하며 중국이 한국을 더욱 아쉬워하고 있다는 건 분명하다. 대만을 중심에 두고 미국과 대치하는 과정에서, 중국을 둘러싼 주요 플레이어들이 미국이 구축하는 반중 포위 전선에 속속 합류하고 있기 때문이다.

일본은 이미 확고하게 미국에 줄을 섰고, 호주는 미국, 영국과 함께 아예 반중 군사 동맹을 맺었으며, 지역 강대국인 인도 또한 중국과의 국경 분쟁 후 중국 견제를 위해 미국과 손을 잡았다. 동남아시아 각국은 정도의 차이는 있지만 대중 영토 분쟁을 벌이는 경우가 많아 중국과 더 가까워질 수 없는 분위기다. 중국은 현재 한국 정도의 경제력과 군사력, 그리고 대외 영향력을 가진 국가까지 공식적으로 반중 전선에 참여할까 전전긍긍하는 중이다.

그래서 사드 사태 후 출범한 문재인 정권 내내 중국은 최대한 한국을 자극하지 않고, 한한령도 단계적으로 해제하며 다시금 한국과의 관계 개선을 위해 상당한 노력을 기울였다. 중국은 최소한 한국을 미중 간 중립 상태로만 유지해도 성공이라고 생각하기 때문이다. 사드 사태 때에 비교하여 중국의 외교적 입지는 분명히 약화되었고, 한국의 전략적 가치와 위상은 향상되었다.

확고한 자신감과 당당함이 필요하다

2021년 워싱턴에서 개최된 한미 정상회담 공동선언문은 여러모로 상징적이었다. 한국이 정상회담이라는 형식을 통해 공개적으로 중국이 자신들의 내정 문제라고 간주한 대만(정확히는 대만해협)과 남중국해 이슈를 공개적으로 언급했음에도 불구하고,[23] 중국은 경제적 보복 조치는 커녕 형식적 유감 표명만 했을 뿐 어떠한 실질적 대응 조치도 실행에 옮기지 않았다.

과거 같으면 사드 배치보다 더욱 신경질적이고 민감하게 반응했어야 할 이슈임에도 불구하고 말이다. 예상 밖이었던 중국의 인내는 자신들이 처한 외교적 곤란과 한국과의 관계 유지의 절박성을 중국 스스로 절실하게 이해하고 있기 때문에 가능했을 것이다.

2021년의 그 역사적인 한미 정상회담 공동선언문은 한국이 중국에 대해 갖고 있던 공포가 상당히 과장되어 있음을 드러낸 명백한 신호였다. 현재 중국에는 한한령 때 사용한 조치 외에 한국에 꺼내 들 마땅한 카드가 없으며, 무엇보다도 현재 자신들까지 상당한 손해를 감수해 가며 한국과 마찰할 여유가 없는 상황이다. 그렇기 때문에 나는 중국이 최소한 당분간은 한한령 같은 일방적인 경제 보복을 가하진 않을 것이라고 생각한다.

그렇다고 중국과의 마찰을 한국이 먼저 앞장서서 만들 필요가 없다는 건 새삼 강조할 필요가 없을 것이다. 다만 한국이 변화된 국제 정세와 높아진 국가적 위상 및 자국의 전략적 가치를 객관적으로 인식하는 것은 중요하다. 지나친 소심함보다는 확고한 자신감으로, 향후 발생 가능한 중국과의 분쟁에 대해서는 한일 무역 분쟁 때처럼 당당히 맞설 것이라는 의지를 보여주는 게 제2의 한한령을 억제하는 최선의 방법일 것이다.

3장

우군 만들기와 반도체 지키기:

신남방정책 계승과 반도체 초격차 유지의 중요성

유사시에 지나친 공포를 지양하고 당당하게 맞설 것이라는 확고한 자신감을 갖기 위해서는 평소 충분한 준비와 실력 강화가 필요하다. 차이나 쇼크를 대비하기 위한 나의 네 번째 제안은 바로 이에 관한 구체적인 내용이다. 사실 뉴스를 통해 알 수 있듯이 우리 정부와 기업들은 이미 시행해오고 있는 정책이기도 하다. 바로 **중국에 대한 경제적·산업적 의존도의 점진적 축소**가 그것이다.

여기서 중요한 키워드는 축소보다는 **'점진적'**이라는 부분이다. 즉, 속도가 중요하다. 중국은 여전히 한국 전체 무역액의 약 4분의 1을 차지한다. 전체 무역의 흑자 또한 여전히 많은 부분이 중국과의 교역에서 나온다. 중국은 이미 확고한 세계 2위 경제대국이며 어쩌면 조만간 미국을 추월할 수도 있다. 한국이 쉽게 중국시장을 포기할 수 없는 이유이다.

하지만 역으로 사드 사태에서 보았듯이 이러한 중국에 대한 과도한 경제적 쏠림은 지속적인 리스크로 남게 될 것이다. 그러므로 우리 기업과 산업에 피해를 최소화하면서 점진적으로 중국에 대한 과도한 경제적 의존도를 줄이는 노력을 기울여야 한다. 그러기 위해서는 교역과 서플라이 체인 등에서 중국 역할을 대체할 후보지를 찾고, 현지의 기반과 거점을 구축하는 노력을 게을리해서는 안 된다.

신남방정책의 성과

그래서 내가 문재인 정권의 여러 정책들 중 높게 평하는 정책이 바로 **'신남방정책'**이다. 신남방정책은 과거 1980년대 말 노태우 정권이 추진한 북방정책을 계승하여 현시대에 맞게 '버전업version up'한 정책이라고 볼 수 있다. 당시는 미소 간의 체제 경쟁이 주도했던 냉전 체제가 붕괴되며 그동안 자유 진영 안에 갇혀 있던 한국 외교의 지평을 넓힐 수 있고, 또 북한과의 체제 경쟁에서 결정적 승리를 거둘 기회의 공간이 열리고 있던 중이었다. 당시 노태우 정권은 북방정책을 통해 동구권 국가들과 소련, 그리고 중국과의 국교 정상화를 차례대로 이루어 냈고, 한반도에서 사실상의 체제 경쟁을 끝낸 뒤 곧 시작될 탈냉전 세계화 시대에 대응할 기반을 구축해 낸다.

지금은 역으로 탈냉전이 끝나고 신냉전이 도래하고 있다. 이제는 국제정치와 외교 안보적 이슈 때문에 타국과의 교역 및 투자 활동 등이 영향을 받을 수 있는 시대가 시작된 것이다. 나는 이러한 배경에서 신남방정책을 **경제와 산업 측면에서의 리스크 분산과 회피 전략**으로 보고 있다. 아세안과 인도의 인구를 합치면 20억이 넘어가고, 인건비는 중국보다 훨씬 저렴하며, 이들 나라 모두 한국과 매우 우호적 관계를 지속해 온 동시에 외교적 갈등 요소도 전무한 편이다. 신남방정책을 통해 아세안과 인도 등 남아시아 국가들과의 전략적 관계를 공고히 하고 이들 나라들과의 무역과 투자 비중을 점차 늘린다면, 동남아시아와 남아시아는 숨막히는 미중 패권 경쟁 와중에서 한국에 숨 쉴 수 있는 공간을 만들어줄 수 있다.

한국 정부의 신남방정책에 맞추어 한국 기업들도 점차 중국에서 아세안과 인도로 생산 거점과 투자를 이전하고 있는 중이다. 사실 이런 기업들의 움직임은 신남방정책 이전, 한한령 이후부터 본격화되었다고 볼 수 있다. 한국은 이미 베트남의 최대 외국인 투자국이 되었으며, 삼성전자는 2010년대부터 생산 거점을 중국에서 베트남으로 꾸준하게 이전해 왔다. 현대자동차는 아세안 지역 최초로 인도네시아에 자동차 생산 공장을 준공하였으며, 한국의 주요 배터리 업체들도 말레이시아와 인도네시아에서 생산 거점을 구축했다. 인도가 한국 기업들에게 '중국에 이은 미래 최대 소비시장'으로 타기팅targeting된 지도 상당히 오래되었다.

물론 중국이 갖고 있는 우수한 국가 행정 능력, 우수한 생산 물류 인프라와 질 좋은 노동력을 제공하는 곳을 찾기란 쉽지 않은 일이다. 아세안과 인도가 단시일 내에 중국을 대체할 것이라는 기대는 비현실적이다. 아세안과 인도는 여러 언어와 관습, 문화와 인종 등으로 나누어져 있고 인프라는 여전히 빈약한 상태다. 또 이 나라들이 지닌 정부의 행정력과 노동력의 질은 상대적으로 낮은 수준에 머물러 있다.

그럼에도 불구하고 이 국가들의 경제는 꾸준히 성장하고 있으며, 저출산 및 인구 고령화의 비율도 중국보다 양호하다. 무엇보다도, 미래 성장 잠재력이 밝다. 한국은 세계에서 가장 빠르게 성장하고 있는 아세안, 인도와의 교역 비중을 늘리고 서플라이 체인supply chain을 구축함으로써 중국에 대한 과도한 의존을 줄이는 일을 꾸준히 해나가야 한다. 새롭게 출범하는 윤석열 정부에서도 신남방정책만큼은 전 정권의 정책이라고 무조건 배척하지 말고 계승하여 적극적으로 펼쳐 나가야 할 것이다.

반도체 산업의 초격차가 중요한 이유

산업적 측면에서도 제언하고 싶은 것이 있다. 역시 관건은 반도체 산업에서 중국과의 초격차 유지 여부에 대한 것이다. 나는 이미 반도체 산업의 중대성에 대해 이 원고에서 여러 차례 다루었다. 반도체는 이제 단순히 경제와 산업 영역뿐 아니라 외교와 안보 영역에서도 중요한 키워드가 되었다. **미중 간의 신냉전이 반도체 이슈(정확히는, 미국의 대중국 반도체 제재 조치)로 시작된 것은 우연이 아니다. 메모리 반도체 분야에서 한국의 압도적 산업 지배를 빼고 한국의 안보를 제대로 논하는 일은 불가능하다.**

한국 반도체 산업의 가치는 미국과 중국이 보인 파격적인 움직임을 통해서도 간접적으로 파악할 수 있다. 조 바이든 미국 대통령은 이례적으로 한국 정부를 거치지도 않고 백악관 내부 회의에 삼성전자를 2021년에만 여러 차례 초청했고,[4] 중국은 악명 높은 무관용 '제로 코로나' 정책을 시안에서 펴는 와중에도 삼성전자 시안 반도체 공장만큼은 파격적으로 가동을 허용해 주었다.[5]

한국 반도체 산업의 위상은 2017년 북한의 핵 ICBM 도발, 이에 대한 당시 미국 트럼프 행정부의 응징 움직임이 이어지며 전쟁 분위기와 긴장이 최고조로 달할 때에도 극명하게 드러났다. 당시 외신과 국내 매체는 미국과 북한 간의 긴장이 아무리 최고조에 달한다 하더라도 실제 전쟁 발발 가능성은 낮게 보았는데, 바로 한국의 반도체 산업 때문이라는 것이었다.

삼성전자와 SK하이닉스의 세계 메모리 반도체 시장점유율을 모두 합치면 2021년 기준 D램이 70%, 낸드플래시가 45.6% 정도이다. 만약 한반도에서 전쟁이 벌어져 한국산 메모리 반도체 생산과 공급에 큰 차질이 생기면 글로벌 IT 전자 산업이 올 스톱될 수밖에 없다. 그러면 세계 경제가 대혼란에 빠질 것은 명약관화(明若觀火)한 일이었다. 이런 엄청난 리스크 때문이라도 워싱턴과 베이징이 한반도에서 전쟁이 나는 걸 용인하겠느냐는 논리였다.[6][7]

사드 사태 당시에도 중국의 한국에 대한 보복 조치가 엔터테인먼트, 화장품, 관광 등 극히 일부 산업에 국한된 이유는 전면적 경제 보복시 중국이 받을 심각한 타격을 고려했기 때문이다. 특히 메모리 반도체 공급의 경우 중국에는 한국 말고 다른 대안이 없었다. 한국의 메모리 반도체가 없으면 중국의 IT 전자 산업 전체가 사실상 멈추게 된다. 이러한 핵심 산업에 있어서의 한국에 대한 절대적 의존도가 중국이 사력을 다해 반도체 굴기를 하려는 동기 중 하나라는 건 쉽게 짐작 가능한 대목일 것이다.

최근에는 시스템 반도체 분야에서도 삼성전자가 TSMC와 더불어 전 세계에서 유이하게 반도체 미세선폭 10nm 이하 공정 대응이 가능한 기술력을 갖추었다. 이로써 한국의 지정학적 가치와 안보에 또 하나의 안전핀이 추가되었다. 미국 입장에서는 최악의 경우 대만을 상실했을 때 미국 빅테크 기업들의 핵심 반도체 생산을 대응해 줄 국가로 한국이 유일한 선택지가 되게 된다. 미국은 반도체 때문에라도 한국과 사활이 걸린 이해관계가 생긴 것이다.

그리고 코로나 팬데믹 이후 발생한 글로벌 반도체 공급 대란으로 반도체의 중요성이 새삼 부각되자 미중 양쪽에서 한국의 몸값이 더욱 치솟고 있는 중이다. 2017년 한반도에 감돌았던 짙은 전쟁의 기운을 반도체 산업이 어느 정도 눌러주었듯, 반도체 산업은 미래에 미중 신냉전 한가운데서도 한국의 평화와 번영을 지켜주는 버팀목이 되어줄 공산이 크다. 물론 한국 반도체 산업의 경쟁력, 특히 중국과의 초격차를 지속적으로 유지한다는 전제하에서 말이다.

국민들의 적극적인 관심이 제고되어야

앞에서도 자세히 다루었듯, 한국에는 다행스럽게도 욱일승천하듯 보였던 중국 반도체 굴기의 기세는 미국의 견제로 한풀 꺾인 상태다. 하지만 방심은 금물이다. 중국은 반도체 자급자족 목표를 절대 포기하지 않을 것이며, 미국의 기술 봉쇄를 뚫어 내기 위해 동원 가능한 국가 자원을 계속해서 반도체 산업에 대폭 투입하는 중이다.

중국의 기초과학 수준은 이미 연구 논문이나 특허 등을 통해서 양적·질적으로 엄청난 성장을 거두었으며 화학, 재료공학 같은 경우 이미 세계 최고 수준에 도달한 것으로 평가받고 있다.[8] 이는 한 국가의 기초과학이 미래의 산업 경쟁력을 예고하는 지표임을 감안할 때, 반도체 등 한국의 주요 산업이 앞으로 더 어려움에 처할 수 있다는 것을 암시한다. 현재의 반도체 초격차, 특히 중국과의 초격차를 유지할 수 있는 구체적인 방책에 대해서는 이미 많은 전문가들이 여러 안을 제시하고 있고, 정부와 국회에서도 관련된 지원 정책들의 수립과 입법 통과를 위해 많은 노력을 기울이고 있는 중이다.

특정 산업의 이슈에 대해서는, 역시 그 고유의 전문성 때문에 많은 사람들이 의견을 개진하기 힘들 때가 많다. 자연스럽게 주로 해당 전문가들이나 직접 참여하는 기업, 관련 정부 부처의 담당 공무원들 중심으로 공론이 형성되고 논의가 진행되기 마련이다. 그럼에도 각각의 산업에 대한 정책 우선순위 설정이나 자원 배분의 방향을 결정하는 것은, 한국과 같은 민주주의 국가에서는 결국 국민 일반의 여론이다. 반도체 산업은 경제적 측면뿐만 아니라 안보적 측면에서도 우리나라의 핵심적인 산업으로 떠올랐다. 이에 대한 국민들의 관심과 주목이 커질수록 반도체 초격차를 유지하기 위한 국가적 분위기가 형성되고, 그 정책적 노력이 힘을 받기에 수월할 것이다.

2019년 일본의 반도체 소재 수출 통제로 인해 한일 무역 마찰이 야기되고, 코로나19 팬데믹 이후 글로벌 반도체 공급 부족 이슈가 발생한 뒤엔 다행히 반도체에 대한 일반 대중의 관심은 전보다 크게 증가하였다. 새롭게 출범한 정권에서는 이러한 국민들의 고조된 관심을 정책적으로 뒷받침하며 기업들의 투자를 유도하고, 한국 반도체가 글로벌 무대에서의 지위와 존재감을 계속 키워나갈 수 있도록 해야 할 것이다.

4장

미래를 위한 한일 간 전략적 파트너십 모색

누구나 살면서 감정적으로 받아들이기 힘든 선택을 어쩔 수 없이 해야 하는 기로에 놓여본 적이 있을 것이다. 국가나 사회도 마찬가지이다. 국가가 놓여 있는 객관적 상황으로 인해 여러 선택지들 중 하나를 사회적으로 진지하게 고민해야 하지만, 그 선택이 국민 정서상 용납되기 힘들고 많은 논쟁을 야기하기 때문에 접근하고 다루기 힘들다는 측면에서 말이다.

한국사회에서는 **'한일 관계의 개선 필요성'**이 그 대표적인 사례일 것이다. 나 또한 이것이 말을 꺼내기가 힘들고 예민한 주제임을 잘 알고 있지만, 이 주제를 회피하면서 차이나 쇼크에 대한 대비책을 논할 순 없다는 결론에 도달했다. 나는 한일 관계 개선의 필요성에 대한 나의 생각을 이 4장에서 담아보고자 한다.

나는 동아시아에서 궁극적으로 지역 패권 국가로 떠오를 중국에 맞서 한국이 장기적으로 실질적 주권과 국가의 자주성을 지켜내기 위해서는 중국과 세력 균형을 이룰 역내 파트너가 필요하다고 생각한다. 현재는 미국이라는 존재 덕에 중국의 지역 패권 욕망이 어느 정도 억제되고 있는 중이다. 하지만 세계 패권국으로 전 세계, 전 지역에 관여하는 미국의 역할은 영원히 지속될까? 동아시아와 서태평양에 주둔하고 있는 미군은 영원히 떠나지 않고 남아 있을까? 세계 패권국인 미국의 지위를 지탱해 주는 슈퍼파워는 영원히 지속 가능할까?

물론 이러한 질문들에 정확한 답을 하는 것은 나의 능력을 한참 벗어나는 일이다. 나는 미국 패권을 유지시켜 주는 슈퍼파워와 동아시아 서태평양에서의 영향력을 유지하려는 미국의 의지가 당분간은 지속될 것이라고 생각한다. 하지만 그 당분간이 언제까지일지 대강이라도 답할 자신이 없는 사람은 나뿐만이 아닐 것이다. 다만 확실한 건 세상에 영원한 건 없으며, 그 끝을 대비하여 평소에 만반의 대비를 갖추어야 한다는 점이다.

'미국 공백'을 대비해야 할 때가 다가온다

사실 미국이 세계의 경찰 노릇을 그만두고 자국 우선의 고립주의로 갈 조짐을 모든 사람들이 이미 한번 목격했다. 바로 재선에는 실패한, 트럼프 대통령의 집권 시기이다. 트럼프 집권 자체가 미국이 세계에서 맡은 전통적 역할에 대한 반발, 자국의 이익 추구에 근거한 고립주의 열망을 동력 삼아서 이루어진 일이었다. 트럼프 집권 내내 미국과 유럽 간 동맹체인 나토의 응집력은 지속적으로 약화되었고, 어디로 튈지 모르는 그의 외교적 엉뚱함과 미국 우선주의로 인해 미국과 동맹국들 간의 전통적 관계는 계속해서 출렁였다.

트럼프는 선거 운동 때부터 '미국을 착취하는' 동맹국들을 향해 제대로 된 보호 비용을 받겠다고 소리 질렀고, 그런 발언은 지지자들의 열광적인 반응을 이끌어냈다. 실제로 그의 집권 말기에 나토는 거의 유명무실해졌으며, 미국은 한국과 일본에 방위비 분담금을 단번에 4~5배 올리지 않으면 군대를 철수시키겠다는 협박까지 가했다. 한국 정부는 끝까지 버텼으며, 주한미군 부대에서 근무하는 한국인 직원들의 월급이 체납되는 사태까지 발생하는 등 벼랑 끝 대치로 이어지는 듯했다. 다행히도 전통적인 미국 역할론의 복귀를 내세운 바이든 행정부가 들어서면서 한미동맹 최악의 파국은 막을 수 있었지만, 만약 트럼프가 재선에 성공했더라면 그의 충동적이고 예측불허한 국정 스타일상 무슨 일이 벌어졌을지 상상하기 힘들다.

물론 가까운 미래에 주한미군이 철수할 개연성은 여전히 매우 낮다. 아마도 트럼프가 다시 집권하더라도 트럼프 특유의, 협상 주도권을 갖기 위한 과장 어린 엄포가 현실로 이루어질지는 또 다른 문제다. 하지만 내가 주목하는 건 고립주의에 쏠리고 있는 미국 내 강력한 지지 여론이다. 미국이 쓸데없는 돈을 써가며 오지랖 넓게 세계 여기저기에 관여하느니, 이제 자국 일에나 신경 쓰자는 주장을 둘러싼 미국 내 광범위한 선호가 정치적으로 표출된 게 바로 트럼프의 집권일 것이다.

그리고 이런 미국 내 고립주의 여론은 점점 더 강해지는 추세가 뚜렷해 보인다. 나는 미국이 동아시아를 떠나는 그 언젠가가 어쩌면 다수의 예상보다 훨씬 빠를 수 있으며, 지금부터 그에 대한 대비를 해야 한다고 생각한다. 미국이 떠난 자리의 공백은 매우 클 것이다. 그때 한국은 어쩌면 통일 한국이 되어 있을 수도 있지만, 설사 그렇다 하더라도 거대한 규모로 정치적 통일체를 유지하고 있는 중국 제국과 홀로 맞서기에는 여전히 벅차다. 설사 신남방정책의 가시적 성과로 아세안과 인도 등과 좋은 관계를 유지한다 치더라도 당장 국경을 맞대며 서해 양편을 마주하는 중국에 대한 안보적 긴장을 해소하기에는 이들 국가와의 거리가 너무 멀다.

결국 한국은 세 개 정도의 선택지에 몰리게 될 것이다. 중국의 동아시아 지역 패권과 '큰형님' 지위를 인정하고 정식으로 그 세력권에 편입되어 흡사 냉전 시기 핀란드 같은 중국의 준위성국가가 되든지, 혹은 자체적 핵무기 개발을 통하여 실질적 핵보유국이 되든지, 그도 아니면 중국과의 세력 균형을 맞추려는 시도로 일본과 동맹을 맺든지.

첫 번째 선택지를 흔쾌히 받아들일 여론은 한국에서 아마 극소수일 것이다. 두 번째도 쉽지 않은 선택지이다. 미래의 국제 질서가 어떻게 변할지 모르지만 지금의 국제 룰을 적용하면 한국의 핵무장은 국제사회에서 북한과 같은 취급을 받는다는 이야기다. 대외 무역에 절대적으로 의존하는 한국경제가 국제사회의 강력한 무역 제재로 심각한 타격을 입을 경우, 평범한 한국 사람들이 그 추락하는 삶의 질을 과연 온전히 받아들일 수 있을지는 의심스럽다.

설사 많은 비용을 무릅쓰고 핵무장을 실현한다고 해서 한국보다 훨씬 많은 핵무기를 갖고 있을 중국과 힘의 균형을 갖출 수 있을지도 의문이다. 또 중국이 한반도에 투사하는 힘은 단지 안보적·군사적 영역에만 국한되는 것이 아니다. 그때에는 경제, 산업, 교역, 투자, 공급망 등 많은 영역에 걸쳐서 중국의 압박이 이루어질 것이며, 핵무기가 이런 영역에서까지 한국에 자율적 선택의 공간을 마련해 주지는 못할 것이다. 만일 두 번째 선택지도 그리 좋은 대안이 아니라면 결국 세 번째, 일본과의 전략적 동맹이라는 선택지밖에 남지 않는다.

세 번째 선택지의 문제는 실현 가능성에 집중되어 있다. 과연 한국의 여론이 일본과 타협하고 전면적으로 손잡는 것을 용인할 수 있을까? 일본에 대해 불신에 가득 찬 한국인들의 인식을 획기적으로 바꿀 수 있는 전향적인 조치를 일본 정부가 결단할 수 있게끔 대화를 유도해 낼 수 있을까? 특히 과거사와 관련된 여러 이슈들, 일본 정치인들의 야스쿠니 신사 참배 문제, 역사 왜곡, 강제징용 배상 문제, 위안부 문제 등등 극히 민감한 현안들에 대하여 일본이 한국의 입장을 대폭 받아들이고 양보하지 않는 지금의 상황에서, 앞으로 일본과의 타협을 주장하는 정치 세력이 한국에서 과연 살아남을 수 있을까?

한국과 일본의 파트너십은 불가능하지 않다

우선 과거 일본의 반복된 침략 행위를 상기하며 '어떻게 일본을 믿을 수 있나'라는 질문을 자연스럽게 떠올리실 분들이 많을 것이다. 이 분들께선 전후 독일의 나치 청산, 진정 어린 사죄와 반성의 모습을 일본과 비교하며 이를 일본에 대한 불신의 강력한 증거로 내세우실 것이다. 확실히 일본은 독일에 비해 과거 청산이 매우 미흡했고, 여전히 과거에 대한 향수를 갖고 있는 우익 세력이 정치권에 강력한 영향력을 행사하고 있으며, 주기적으로 역사 왜곡을 시도하면서 한국을 비롯한 주변 국가들을 자극해왔다.

하지만 동시에 일본은 과거 수차례에 걸쳐 한국과 아시아 국가에 저지른 침략 행위를 국가 차원에서 공식 사과해왔고, 위안부 문제에 있어 고노 담화나 2015년 한일 위안부 문제 협상 등을 통해 과거사 문제 해결을 위해 부분적으로나마 노력하기도 했다. 또 일본의 많은 양심적 시민 세력들은 강제징용과 위안부 문제 해결 촉구를 위해 자국 정부를 비판해 왔으며, 일본 민주당 정권 당시 하토야마 유키오 전 총리 같은 경우는 (총리 퇴임 후 개인 자격이지만) 수차례 직접 한국을 방문하여 일본 식민 지배 피해자들에게 진심 어린 사죄를 표해왔다.

이런 모습이 가능한 이유는 간단하다. **일본 역시 한국과 같이 시민들의 언론과 표현의 자유를 보장하고, 민주적 절차에 따라 정부를 구성하는 자유민주주의 체제에 의해 운영되는 국가이기 때문이다.** 한국 국민들이 독재자에 의해 민주 시민의 기본적 권리를 억압당하고 있을 때, 한국의 민주주의를 촉구하고 당시 군부 세력에 의해 탄압받던 김대중 같은 야당 인사들을 적극적으로 돕고 지원했던 많은 활동들이 일본 내 양심적 시민 세력에 의해 전개되었다.

결국 동아시아에서 민주주의와 인권, 자유 등 동일한 사회적 가치관을 공유하며 궁극적으로 전략적 파트너로 손을 잡을 고려 대상은 일본 외

에 다른 선택지가 없다. 이것은 여러 가지 전제를 필요로 한다. 일본 정부와 일본사회에서 한일 간 역사적 이슈에 대한 한국의 관심, 한국의 분노가 단순히 감정적인 반일, 감정적인 집착이 아님을 이해하려는 훨씬 더 적극적인 노력이 필요하다는 것은 분명하다. 또한 그런 움직임과 함께 우리도 역시 일본의 어두운 과거와 일본의 극우적 잔재만을 보려고만 하는 관점을 수정해 나가야 할 것이다.

물론 한일 관계가 극도로 악화되는 원인은 다양하다. 일본이 오래된 침체로 인해 사회 전반적으로 우경화로 점점 기우는 부분 또한 한일 관계 진전에 중대한 방해 요인인 것도 부정할 수 없는 사실이다. 나는 앞서 언급한 것처럼 궁극적으로 일본과 손을 잡는 게 불가피하다고 생각하지만, 그렇다고 한국 정부가 국내 여론, 과거사와 얽힌 보편적·윤리적 이슈를 도외시하고 무리하게 일본과의 타협을 추구해야 한다는 이야기는 당연히 아니다.

한일 관계 개선과 진전을 가로막는 양국 내 강경 여론의 힘은 여전히 강하며, 한일 간 민감한 쟁점이 최종적이고 궁극적으로 타결되는 일에는 넘어야 할 어려운 고비가 많이 남아 있다. 다만 한일 간의 획기적인 관계 개선은 양국 모두의 미래에 반드시 필요하며, 이는 단지 지역 패권국으로 떠오른 중국에 대한 힘의 균형뿐 아니라 동아시아의 평화 유지에도 필수적인 요소라는 인식이 중요하다. 그 인식만 양국 국민들 간에 점차 확산시킬 수 있다면 넘지 못할 고비 또한 없을 것이라 생각한다.

현재 사실상 EU를 이끄는 양대 축인 독일과 프랑스는 20세기 두 차례나 참혹한 전쟁을 벌이며 한때 서로 극도로 증오하는 사이였으나, 이후 두 국가의 화해와 동맹은 전후 유럽의 번영과 평화의 가장 큰 동력이자 버팀목으로 자리매김하게 된다. 한국과 일본이 동아시아에서 독불 관계 수준으로 발전하지 못할 이유가 있을까?

대한민국의 지정학적 리더십 구축은 가능하다

다행히 최근에 일본 젊은이들 사이에 한류가 크게 유행하며 한국에 대한 호감과 친근감이 크게 증가한 점, 그리고 한국이 선진국으로 진입한 후 어린 시절을 보낸 한국 젊은이들 역시 과거 세대가 일본에 가지고 있던 열등감과 콤플렉스를 거의 가지고 있지 않은 점은 미래의 양국 관계를 위해 고무적인 현상이라 할 수 있다. 이렇게 상대국에 대한 불필요한 반감과 태생적 적대감이 없는 젊은 세대가 한 사회의 중추가 되는 미래에는 한일 간 전략적 동맹 체결의 가능성이 더 활짝 열리지 않을까 싶다. 물론 지금부터 점진적인 관계 개선을 위한 노력이 지속되어야 한다는 전제하에서 말이다.

그리고 정치적 리더십이 훨씬 더 명확하게 발휘될 수 있고, 점점 상승하는 국가적 위상으로 자신감에 찬 한국이 오랜 기간 하강하며 자신의 국가적 운명에 좌절해 가는 일본에 비해서 관계 개선을 위한 광폭 행보를 할 여지를 더 많이 가지고 있지 않을까? **나는 한일 관계의 미래에 있어 주도권은 일본보다 오히려 한국에 더 있다고 생각하고, 한일 관계를 동맹으로 이끌 키도 한국이 갖고 있다고 생각한다.**

한국이 주도하는 한일 간 전략적 파트너십의 실현은 단순히 한일 간 동맹을 넘어서서 한국을 위해 더욱 광대한 지정학적 활동 공간을 창출해 낼 수 있을 것이다. 두 차례 전쟁과 지배, 피지배 관계까지 경험한 프랑스와 독일이 전후 화해와 대타협, 전략적 파트너십을 통해 서유럽 내 리더십을 획득하고 자유민주주의적 가치와 평화적 이상에 근거한 지역 공동체를 만들어 냈듯이 말이다.

동남아시아를 중심으로 인도, 서태평양 지역에서 반패권주의, 평화와 공존, 자유민주적 가치 등에 기반한 지역 블록 건설을 주도할 자격과 지위를 갖춘 나라는 한국밖에 없다. 한국은 인도와 태평양 지역의 대다수 국가들처럼 식민 지배를 겪었으면서도, 동시에 서구적 근대화에 모범적으로 성공하여 선진국으로 진입함으로써 양쪽과 다 소통이 가능한 중개자적 위치를 가지고 있다. 식민 지배를 겪은 국가들의 과거 아픔에 함께할 수 있는 공유의 토대와 함께 그들에게 발전된 국가 모델을 제시할 비전 또한 가지고 있는 것이다. 과거 제국주의를 행한 일본이나 현재 노골적으로 패권을 추구하는 중국은 절대 가질 수 없는 장점이다.

거기에 더하여 우리는 동아시아에서 가장 모범적으로 자유민주주의를 국민 스스로 쟁취하여 실현하고 발전시킨 경험을 갖고 있다. 우리나라는 그 어느 나라보다 민주주의와 평화 같은 가치에 기반해 지역 공동체를 설득할 호소력과 자격을 가진 것이다. 만약 미국이 미래 어느 시점에서 동아시아에서 철수하여 동남아시아 국가들이 중국의 비전, 한일 간 파트너십의 비전, 이 둘 중 하나를 선택해야 한다면 어느 쪽이 더 매력 있을지 결과는 자명할 것이다. 양국이 함께 시야를 과거가 아닌 이러한 미래 쪽으로 돌릴 수 있다면, 한국과 일본이 동아시아의 프랑스와 독일이 되지 못할 이유가 어디 있을까 싶다.

5장

중국과의 전면 충돌은 정말 불가피한 것일까?

그럼 이제 드디어 중국과의 직접적인 관계를 어떻게 가져가야 하는지에 대한 이야기를 해볼 차례다. 나는 과거에 한일 관계가 가장 다루기 어려웠다면, 이제부터는 한중 관계가 가장 난도가 높을 것이라고 예상한다. 앞서 언급했듯이 신냉전이 본격화되면서 한국이 국익 극대화를 위해 자유롭게 취할 수 있는 선택의 영역은 점점 좁아질 것이기 때문이다. 그리고 국내의 젊은 세대를 중심으로 점점 고조되는 반중 감정도 중국과의 외교에서 점점 무시할 수 없는 압력으로 작용하게 될 것이다.

또 한국의 주력 산업들에서 중국이 가장 강력한 경쟁자로 떠오르는 점도 양국의 경제적 협력을 약화시킬 것이다. 한반도에서부터 동중국해, 남중국해, 인도양까지 한국의 동맹인 미국과 중국의 대립은 한중 간의 긴장 수준을 계속해서 높일 가능성이 크다. 또한 중국 내 강화되는 공산당의 통제와 시진핑의 독재는 한국과 중국 간의 정서적 거리감을 더욱더 벌려 놓을 것이다. 그렇다면 한국과 중국과의 관계는 필연적으로 악화되고, 궁극적으로는 파탄에 이를 수밖에 없는 것일까? 한국과 중국 간의 대립과 충돌이 필연적인 만큼 그 파탄은 그저 정해진 미래로 받아들여야 하는 걸까?

반중 정서의 폭발 대신 냉철한 실리주의가 옳다

한중 관계가 악화될 수밖에 없는 요인들이 쌓여 감에도 불구하고, 한중 관계가 최악으로 치닫지 않도록 지속적으로 관리하는 일은 중요하다. 그것이 새로 출범하는 윤석열 정부의 중요한 외교적 과제 중 하나여야 한다는 게 나의 생각이다. 문재인 정부의 대중 정책이 국내에서는 많은 논란의 대상이 되었고, 심지어 친중 굴종 외교라며 극단적인 폄하의 대상이 되기까지 했으나 내 생각은 이와 다르다.

물론 중국에 대한 외교적인 레토릭 측면에서 신중하지 못한 단어를 선택했다거나, 혹은 입법부에 속하는 집권 여당까지 지나치게 중국의 눈치를 보는 듯한 언행을 보인 건 틀림없다. 그래서 야당과 반중 정서가 강한 세대로부터 친중 정권이라는 공격과 비판을 자초한 측면도 분명히 있을 것이다. 하지만 미국과의 동맹을 유지하며 동시에 중국과의 관계 악화를 피했다는 점에서, 나는 문재인 정부의 대중 외교가 상당히 선방했다고 생각한다.

물론 문재인 정부가 최근 중국에 대한 여론의 고조된 반감에 편승하여, 중국과 시진핑 정권을 향한 속 시원한 소위 '사이다' 외교를 해서 국민들에게 통쾌함을 선사하는 선택도 가능했을 것이다. 그러나 중국과 밀접하게 얽힌 경제, 산업, 교역 등의 이해관계, 또한 한반도 긴장 완화 및 해소의 과정에서 중국의 영향력 등을 가볍게 볼 수는 없었을 것으로 본다. 이처럼 냉혹한 현실을 고려하여 중국과의 관계를 비교적 성공적으로 관리한 문재인 정부의 대중 정책이 좀 더 좋은 평가를 받아야 한다고 판단한다.

나는 미국이 동아시아 서태평양 지역에서 쌓고 있는 블록에 한국이 들어가는 것은 결국 불가피한 일이라고 생각한다. 하지만 그렇다고 미국의 대중국 압박 최전선에 우리가 먼저 앞장설 필요 또한 없다고 생각한다. 중국 역시 현재 자신들의 호전적 '전랑외교'와 불필요하게 미국을 자극한 대가로 자신들의 외교적·안보적 상황이 점차 궁지에 몰리고 있다는 점을 인식해 가고 있으며, 이러한 궁색한 처지 때문인지 한국에 대한 고압적 자세에서 한 발 물러나 유화적 태도로 옮겨가는 중이다. 현재 중국은 한국이 미중 갈등 상황에서 최대한 중립적 입장을 취해주고, 불필요하게 중국의 자존심을 정면에서 건드리지만 않으면 된다는 입장이다.

나는 대중 외교에 있어 보다 신중하고 섬세한 포지셔닝과 레토릭만 취한다면, 미국과의 동맹 강화와 중국과의 실리 추구가 당분간 가능하다고 생각한다. 또 국익의 관점에서 그게 가능한 환경까지는 최대한 이러한 방향으로 끌고 갈 수 있도록 버텨야 한다고 생각한다. 그런 점에서 선거 운동 기간 동안 MZ 세대가 광범위하게 공유하는 반중 정서에 영합하는 듯한 모습을 보이며, 미국 편에 더욱 명확히 서야 한다는 걸 줄곧 강조해 온 새로운 정부가 향후 대중 정책을 어떻게 수행해 나갈지에 대해 나는 다소 우려감을 갖고 있다.

물론 그렇다고 중국에 대한 지나친 '저자세'를 취해야 한다는 이야기는 전혀 아니다. 다만 국익 최우선이라는 관점에서 벗어나, 핵심 지지 세력의 정치적 요구와 세계관에 지나치게 부합하느라 우리 정부가 중국과 불필요한 마찰을 일으키지 않을까 하는 점을 우려하고 있다는 것이다. 윤석열 정권은 실제 외교 정책을 수립하고 시행하는 상황에서, 선거 운동 때와는 달리 지지자들의 정치적·이념적 요구보단 **국익 최우선의 관점에서 나온 실용주의와 실리주의 원칙**을 적용하길 바란다.

더불어 나는 중국을 다루는 데 있어 한국 매체의 보도 행태나 일반적인 대중국 인식에도 바꾸어야 할 점이 있다고 생각한다.[9] 일본에서 혐한을 주도하는 극우파들이 일본 내 여론에서 소수이듯, 중국 또한 마찬가지다. 한국인들의 민족 정서를 끊임없이 자극하는 중국의 극단적인 국수주의 네티즌들 역시 온라인 공간에서만 중국의 여론을 대표하는 다수로 비칠 뿐이지 당연히 실제 중국 일반 여론을 대변하지 않는다. 한국도 소위 일부 극렬 '국뽕 활동가들'이 온라인 공간에서 과대하게 대표되는 걸 생각하면 이해하기 쉬울 것이다.

내가 중국을 방문할 때마다 접하는 보통의 중국인들은 한국 같은 이웃국가에 대한 모욕을 통해 자국의 우월감을 느끼는 병적 애국주의자들과는 거리가 멀다. 그들 다수는 여전히 중국보다 발전한 한국에 대해 호감과 존중의 감정을 가지고 있고, 이는 한국에 대한 중국인의 인식조사 같은 객관적 데이터에서도 쉽게 찾아볼 수 있다(2021년 문체부 국가이미지 조사 결과, 중국의 한국에 대한 국가 이미지 긍정 평가 68.6%[10]).

하지만 최근 한국의 언론 매체들 다수가 한국에 전달하는 중국에 대한 소식은 주로 극단적 국수주의 네티즌들의 한국에 대한 도발, 그리고 중국에 대한 부정적인 소식들에 집중되어 있다. 아마도 온라인 공간에서 우후죽순처럼 늘어난 미디어 간의 경쟁이 갈수록 격화되면서 사람들의 시선과 감정을 끌어모을 선정적이고 자극적 뉴스 보도에 매달리게 된 탓이 클 것이다. 즉, 뉴미디어 시대의 환경적 측면이 대중의 반중 정서에 영합하는 보도 경쟁을 부추기는 행태의 가장 큰 요인이라고 할 수 있다. 그러나 언론 매체가 가진 중요한 역할, '공적인 여론 형성'이라는 책무를 우리 언론계가 자각한다면 향후 현재와 같은 말초적이고 자극적 보도 관행에서 벗어나 중국에 대해 다양하고 균형적 보도에 더욱 힘써야 할 것이다.

그럼에도, 용중(用中)이 필요하다

나는 점차 강해지고 있는 중국에 대한 편향된 인식의 책임이 과열된 경쟁에 매달리는 언론 매체에만 있다고 생각하지 않는다. 나는 현재 한국인들이 중국에 대해 갖고 있는 혐오와 반감의 상당 부분은 **중국 공산당 정권의 행태** 때문에 초래된 것이라고 판단한다. 한중 관계를 결정적으로 악화시킨 중국의 오만하고 고압적 외교 정책 역시 현 시진핑 정권이 시행한 것이며, 반중 감정을 악화시킨 중국의 극렬 국수주의 네티즌 또한 중국 공산당의 애국주의 교육과 온라인 여론전이 만들어낸 괴물이라고 할 수 있다.

사실 이러한 공격적 민족주의와 국수주의적 행태에 대한 자국 내 비판과 자성의 목소리가 중국에 존재하지 않던 것도 아니었다. 후진타오 시대만 하더라도 중국 내에서 자유주의적 여론을 대변하며 중국의 지나친 민족주의적 열정에 제동을 거는 목소리도 또한 소수나마 분명히 존재했다. 하지만 시진핑 정권 이후 중국의 여론은 국가의 방침에 따라 획일적이고 일률적으로만 표출되는 방향으로 허용되었고 그 결과 한국을 비롯한 주변 국가들의 중국에 대한 인식은 크게 악화되었다.

그러나 중국 공산당 정권의 방침과 주장이 전체 인민들의 가치관과 생각을 모두 대변하지 않는다는 것은 변함없다. 이렇게 중국 내에서 '다른 목소리'도 존재한다는 걸 감추고 보이지 않게 한 점 또한 시진핑 정권의 또 다른 실책일 것이다. 제한적이나마 다양한 중국의 목소리가 외부에서 관찰되던 시절이 중국이라는 나라의 세계적인 이미지와 인식이 가장 좋았던 시절이었기 때문이다.

그럼에도 불구하고, 중국은 13억 명의 인구에 유럽 정도의 다양성을 갖춘 거대한 나라이다. 그 나라의 대외적인 이미지가 이렇게 악화된 책임이 시진핑 정권에 있는 것과 별개로, 외부에 비치는 단편적 이미지로만 중국을 단순하게 바라보는 것이 타당한지는 재고가 필요하지 않을까 싶다. 더군다나 그 나라가 지리적으로 사실상 우리 옆에 붙어 있고, 경제적인 교역 비중의 측면에서도 압도적 1위 국가에 해당한다면, 지금처럼 한쪽 틀로만 규정하는 것의 위험성은 더욱 증대될 것이다. 보통 어느 국가에 반감을 가질 때, 물론 그 나라의 정권과 일반 국민을 최대한 분리해서 보려는 노력이 쉬운 것은 아니지만, 나는 중국에 대해서 유독 그러한 노력이 잘 이루어지지 않는다는 인상을 가지고 있다.

현재 외교안보적·경제적·산업적 측면에서 중국과 우리는 점점 더 긴장과 경쟁의 관계로 나아가고 있지만, 아직은 훨씬 많은 영역에서 한국과 중국은 상호 이익이 되는 밀접한 협력을 이어나가는 중이다. 한국을 방문하는 중국 관광객은 한한령 조치와 코로나 팬데믹 이후 급감했지만, 재한 외국인 1위와 한국 유학생 1위 국가는 여전히 중국이다. 수출 측면에서는 말할 것도 없고, 이제는 수입의 측면에서도 우리는 중국 내 공급 사슬에 크게 의존하고 있는 중이다. 중국이 하는 짓이 아무리 얄밉고 불편하다고 해도 이러한 객관적 현실은 바뀌지 않는다. 중국이 단순하게 싫은 것을 넘어서, 오늘날 중국이 왜 이렇게 세계적 반감을 사고 있는지에 대한 명확한 고찰은 최소한 지리적으로 중국 바로 근처에 위치한 한국에선 반드시 필요한 일이지 않을까?

과거 한국에서 반미 감정이 한참 유행할 당시 단순한 감정적 반미에 반대하며, 세계적 초강대국인 미국이라는 현실을 인정하고 적극적으로 미국을 활용해야 한다는, 즉 '용미(用美)'를 해야 한다는 주장이 등장하기도 했다. 마찬가지로 반중 정서가 역대 어느 때보다 고조된 지금이야말로 동아시아 제국의 위치로 귀환한 '중국이라는 객관적 현실'을 인정하고, 국익의 최대화 관점에서 중국을 적극적으로 활용하는 전략, '용중(用中)'이 필요하다는 설득이 필요한 시기가 아닐까?

대중 외교의 일관되고 섬세한 컨센서스

중국과의 관계가 최악으로 가지 않게 잘 관리하는 일, 그리고 우리 사회에 '반중'뿐 아니라 '용중'이 필요한 이유는 단지 현재의 외교적·경제적 이해득실 때문만은 아니다. **한반도 북쪽에는 언젠가 모든 한국인들이 감당해야 할 지정학적 대폭발이 예정되어 있고, 이에 대한 대응과 수습에 있어 중국의 깊숙한 관여는 필연적이라고 할 수 있기 때문이다.**

그동안 한국의 역대 정부가 북한에 대해서 '핵 폐기'와 '경제 협력 지원' 맞바꾸기 카드로 대화와 압박을 가해온 배경에는, 폐쇄되고 고립된 북한을 개혁개방으로 유도하여 경제발전을 도모하고 궁극적으로는 점진적 통일을 이루겠다는 일관된 정책 방향이 있었다. 하지만 많은 전문가들 사이에서는 2019년 하노이 회담을 끝으로, 북한이 핵을 포기하게끔 하고 개혁개방 및 교류 협력의 활성화를 통해 정상화 국가의 길로 가도록 유도하겠다는 한국의 기대가 이제 현실적으로 불가능하다는 분석이 이어지고 있다.

SBS 안정식 북한전문기자는 한국 역대 정부의 대북 정책을 관찰해 온 결과를 『빗나간 기대』라는 책을 통해 정리했다. 북한 정권의 붕괴와 흡수통일 외에 한반도 문제의 해결은 불가능하며, 이에 대한 철저하고 충분한 준비가 반드시 필요하다는 것이 이 책의 결론이다.[11] 또한 대표적인 탈북 출신 저널리스트인 동아일보 주성하 기자 또한 자신의 페이스북이나 유튜브 채널을 통해 김정은의 오랜 지병으로 인한 사망 및 후계자 권력 이양 실패로 인해 북한 정권 붕괴가 10년 내 이루어질 가능성이 상당히 높다고 밝혔다.

북한 체제 붕괴라는 지정학적 대폭발이 대한민국이라는 국가와 사회 공동체, 그리고 모든 한국인들의 일상에 끼칠 영향은 가늠할 수 없을 정도로 심대할 것이다. 그리고 이에 대한 수습과 대응에 있어 중국의 역할은 동서독이 통일될 당시 구소련이 했던 역할 그 이상이 될 것이다. 우리가 그것을 인정하기 싫더라도, 중국의 협조와 동의 없이 비교적 질서 있는 북한 붕괴 후속처리 절차는 결코 불가능할 것이다.

통일 한국이 중국과 미국 간에 어떤 포지션을 취할지 여부가 중국의 국가 이익과 밀접하게 연관되어 있는 사안이라는 건 분명하다. 그래서 중국은 한국에 통일에 대한 적극적 협조의 대가로 한미 관계와 한미 동맹, 주한미군의 지위 및 상태 변경 등과 관련된 요구를 해올 가능성이 점쳐지고 있다. 아마도 대만을 둘러싼 미중 간의 충돌 발생 시 한국의 불개입과 중립을 요구할 수도 있을 것이다.

우리가 어떤 선택을 할지는 결정적인 순간이 닥쳤을 때 한국 내의 여론과 정치 지도자들의 판단에 좌우되겠지만, 그때도 중국과의 협상과 합의가 필요할 것이라는 사실만큼은 변하지 않는다. 이 점이 미중 간 신냉전이 격화되더라도 한국이 중국과의 관계를 최악의 대치로 가지 않도록 관리해야 하는 이유 중 하나다.

이러한 관리는 고도의 줄타기와 섬세한 레토릭 같은 정교한 외교적 기술을 요할 것이다. 예를 들어 한국이 미국 주도의 이념적·경제적 블록에 분명히 속하기는 하나 대중 봉쇄나 대중 억제, 혹은 중국과의 전면적 충돌에 앞장서거나 더 격화시킬 의향은 없다는 것, 어떤 경우에도 한중 관계가 최악의 상황까지는 가지 않을 것이고, 또 우리는 그것을 원하지 않는다는 정도의 미묘한 톤 유지와 균형 잡기, 그리고 절묘한 포지셔닝 기술 같은 것들 말이다. **이를 위해서는 대중 외교 기조에 있어 철저히 국익에 기초한 초당파적인 컨센서스를 이루고, 어느 정당이 집권을 하고 어떤 정권이 들어서든 상관없이, 그것을 따르고 일관되게 유지하는 것이 필요할 것이다.**

6장

중국이라는 뉴노멀에 적응하기

대한민국은 2차 세계대전 후 독립한 신생 독립국가들 중 가장 성공한 나라로 손꼽히며, 최빈국에서 출발해 공식적으로 선진국 지위에 오른 유일한 나라다.[12] 기적에 가까운 한국의 예외적인 성공 요인들 중 하나로 나는 **변화하는 국제 정세에 빠르게 대처하고 적응하는 유연성**을 꼽고 싶다.

일본제국의 패망으로 막 해방된 상황에서 국제 질서는 미소 양국을 중심으로 한 진영 간 대립, 즉 냉전 시대로 급속하게 전환되고 있었다. 갓 해방된 한민족은 비록 이러한 냉전에 따른 이념 및 진영 간의 분열 문제를 극복하지 못하고 분단과 전쟁이란 고통을 겪기도 했지만, 곧 놀라운 유연성과 적응력으로 세계를 놀라게 했던 '한강의 기적'을 써내려 간다.

한강의 기적은 어떻게 가능했을까? 그 요인들 중에는 분명히 후진국에서 벗어나겠다는 한국인 스스로의 결기와 분투가 있었음이 틀림없다. 하지만 동시에 냉전 시기 자유 진영의 리더였던 미국의 막대한 원조와 군사안보적 보호막, 그리고 광대한 수출 시장 제공 등이 없었다면 한강의 기적이 이룬 성취는 분명 지금과는 달랐을 것이다. 미국의 지원을 이끌어낼 수 있었던 건 공산 진영에 대립하는 자유 진영의 최전선으로서 한국의 지정학적 가치와 포지션을 효과적으로 어필하고 설득하는 데 성공했기 때문이었다.

즉, 한반도 전체가 공산 진영으로 넘어가게 된다면 미국에 있어 동아시아 지역의 핵심 이익이 걸린 일본이 위험해지며 종국에는 동아시아 전체가 위험해진다는 논리를 세우고, 우리 나름으로 그 논리를 강화하기 위해 지속적인 노력을 기울였던 것이다. 그리고 거기에 설득당해 온 미국의 역대 정권들이 한강의 기적을 이루는 데 필수적인 군사적 보호와 경제적 지원을 냉전 시대 동안 제공해 주었다는 이야기다.

유연해야 살아남는다

탈냉전 시대에 진입해서도 한국의 적응력과 유연성은 계속 발휘되었다. 자본과 기술의 국가 간 자유로운 이동을 허용하는 세계화 과정에서 금융위기를 겪기도 했지만, 우리는 곧 경제위기를 극복하고 중진국 함정을 탈출하는 일에 엄청난 속도로 성장하는 중국시장을 요긴하게 활용한다. 탈냉전 세계화 시대는 또 미중 간 협력을 통해 중국이 글로벌 경제 체제의 한 축으로 우뚝 서는 시기이기도 했다. 한국은 국익의 극대화 관점에서 안미경중 전략을 선택했고, 미국과 중국 모두를 최대한 활용했다. 이를 통해 우리나라는 중진국에서 선진국이 된 극소수의 몇 안 되는 사례에 이름을 올리는 데 성공하게 된다.

시대 적응과 유연성의 성공 사례에 있어 한반도 역사의 시야를 조금 더 크게 확대해 보면, 조선의 경우 건국 초기 당대 패권국인 명나라와의 안정적인 사대 외교 관계를 구축하는 데 성공하여 조선 중기까지 약 2세기에 걸친 평화 시대를 향유할 수 있었다. 고려 또한 몽고 침략에 의한 오랜 전란을 끝내기 위해 몽고와의 항복을 저울질하는 과정에서 당시 제위 경쟁을 벌이던 쿠빌라이 칸과 손을 잡음으로써 항복의 대가로 대단히 파격적인 특혜를 얻어냈고, 광대한 몽고제국 내에서 사실상 준 독립국가 상태를 누릴 수 있었다.

반대로 새로운 시대 상황에 유연성과 적응력을 발휘하지 못할 때 한반도에는 예외 없이 재앙이 찾아왔다. 구한말 시기가 대표적인 예시라고 할 수 있다. 조선은 내부적으로는 개화와 근대화 사이에서 갈팡질팡하며 자체 역량을 키우기 위한 소중한 시간을 허비하고, 대외적으로는 생존에 급급하여 상황 변화에 따라 원칙 없이 주변 열강에 생존을 의탁함으로써 국가의 명을 스스로 재촉한다. 그러는 사이 일본은 당대 세계 패권국이었던 대영제국과 동맹을 맺고, 조선 지배에 대하여 떠오르는 신흥 강국 미국의 묵인을 얻어냄으로써 조선을 더욱 고립무원 상태에 빠트린다. 한일 간 국력 차이를 떠나 국제 정세 차원에서도 이 시기에 와서는 조선이 독립을 유지할 기회는 영영 사라진 것이나 다름없었다.

우크라이나 전쟁으로 시작된 2022년은 한국이 다시 한번 적응력과 유연성을 발휘해야 할 새로운 시대에 정식으로 진입했다는 상징적인 한 해로 기록될 것이다. 그 새로운 시대란 바로 '신냉전이라는 뉴노멀'이다. 지난 30년간 이어진 탈냉전 세계화 시대는 2008년 세계 금융위기가 터진 후 균열을 생기더니, 이어진 미중 간 무역전쟁과 이어진 기술전쟁, 그리고 우크라이나 전쟁 발발로 사실상 종지부를 찍게 되었다. 다시 한번 새로운 질서에 대처하고 적응하는 데 있어 우리 발등에 불이 떨어진 상황에 처한 것이다.

세계화의 종말과 신냉전 도래의 원인에는 여러 측면의 배경과 다양한 요인들이 있을 것이다. 하지만 그중에서도 내가 꼽는 결정적인 요인은 결국 중화 제국의 귀환이다. 나는 세계화를 통해 축적된 국가적 힘을 본격적으로 사용하기로 결심한 **시진핑 정권의 중국이 기존 세계질서와 글로벌 시스템을 뒤흔든 지정학적 지진의 진원지**라고 생각한다.[13]

더불어 나는 한국이 신냉전 시대라는 뉴노멀에 다시 한번 성공적으로 적응력과 유연성을 발휘하기 위해 필요한 것들 중 하나가 바로 역사적인 시대 전환을 초래한 지정학적 지진의 진원지를 탐사하는 일이라고 생각했다. 그리고 이런 맥락에서 그 지정학적 지진 현상을 역사적 맥락과 다양한 각도에서 종합적으로 탐구하고 파악해 보려는 시도가 바로 이 책을 집필하게 된 결정적인 동기이자 출발점이었다고 할 수 있다.

코로나19: 한국과 중국의 차이

내가 이 장을 통해 마지막으로 공유하며 강조하고자 하는 바는 다음과 같다. 바로 한국인 특유의 유연성과 적응력의 재발휘, 그리고 이를 통한 **뉴노멀 시대에 맞는 새로운 포지셔닝의 시대적 필요성**이다.

구체적으로 어떤 포지셔닝이 필요한지에 대해서는 각각의 사람들마다 의견이 다를 것이다. 하지만 지금까지 써온 책의 논지를 잘 따라오며 읽어주셨다면 새로운 시대의 새로운 포지셔닝을 위한 유연성과 적응력 자체의 필요성에는 공통적으로 동의하실 것이라 생각한다. 아마도 이렇게 새 포지셔닝을 찾아가는 과정이 순탄치만은 않을 것이다. 새로운 국제 정세에 대한 판단이 달라 열띤 논쟁이 생길 수 있고, 정치적·이념적 성향에 따라 상충하는 이견에 의해 다툼이 벌어질 수 있고, 최종적인 선택에 따른 이해관계의 충돌로 첨예한 갈등이 야기될 수도 있을 것이다.

더군다나 한국은 첨예한 공적 이슈에 있어 논쟁과 토론이 매우 뜨겁게 펼쳐지는 나라이기도 하다. 그런데 반대로 말하면 이러한 자유롭고 활발한 논쟁은 한국이 갖고 있는 적응력과 유연성이라는 강점을 극대화할 수 있는 요소가 될 수 있다는 게 분명하다. 특정 주제에 대한 제한 없는 토론과 자유로운 논쟁을 격려하는 문화는 상황 변화에 따른 대처와 피드백, 그리고 민첩한 대응에 더없이 유리하게 작용할 것이다.

차이나 쇼크의 진원지인 중국은 국가의 물리적 크기와 국가 통치 및 정부 동원의 효율적 측면 등에서 한국을 압도한다. 그런데 이 점에서 오히려 한국의 강점이 지닌 중요성은 더욱 커진다. **자유롭고 열린 사회 분위기와 이를 활용한 유연성과 적응력, 그리고 상호 피드백 능력과 기민한 대응력은 바로 정확히 중국이 갖지 못한 점이기 때문이다.** 아마도 한국의 이러한 장점이 두드러지게 드러난 대표적 사례가 바로 지난 코로나 팬데믹 기간 동안 보이던 한국과 중국의 방역 대응 방식의 비교일 것이다.

코로나 펜데믹 초기 효율적이고 유능한 관료 기구 동원을 통한 대규모 선제적 검사와 발병자에 대한 철저한 격리, 추적 같은 방역의 대응 방식 면에서 한국과 중국은 기실 큰 차이가 없었다. 하지만 시간이 지날수록 양국 간 대응 양상의 차이는 명확해졌다. 한국은 계속해서 출현하는 코로나19 변종의 특성과 피해 정도, 일부 계층에만 집중적으로 누적되는 경제적 손실, 그리고 사회적 피로도와 관련된 국민 여론에 따라서 수시로 방역 대응의 강도와 방식을 변경했다. 그리고 이 글을 쓰고 있는 2022년 6월 현재, 우리나라는 전 세계에서 가장 낮은 사망률 수준과 함께 사실상 엔데믹 단계로 접어들었다.

하지만 중국은 초기에 성공적이었던 코로나19 방역 대응을 상황 변화에 상관없이, 계속해서 고지식하고 획일적으로 유지했다. 그 결과 중국사회는 경제와 방역 양측 모두에서 엄청난 피해와 재난을 겪고 있는 중이다. 특히 사회적 피로도와 서민에 집중된 민생 피해에는 아랑곳하지 않고 소위 '제로 코로나' 정책을 고집한 결과 중국에서는 흔치 않은 민심 이반 현상까지 목격되고 있는 중이다.[14] 전 세계가 엔데믹에 접어든 2022년 6월 시점, 제로 코로나 정책에 집착하는 시진핑 정권과 중국은 여전히 코로나 팬데믹의 늪에서 빠져나오지 못하고 있다.

재미있는 점은 코로나19 팬데믹 초기, 서구권의 언론과 오피니언

리더들을 통해서 한국과 중국의 방역 대응에 대한 비교가 권위주의에 대한 열린 사회와 자유민주주의의 우월성을 입증하는 근거로 활용되기도 했다는 점이다.[15] 팬데믹의 초반부에 미국과 유럽 등 서구 국가들은 국민들의 비협조와 관료 기구의 무능 등으로 수많은 사상자를 내며 큰 혼란에 빠졌다. 이에 반해 강력한 정부 통제로 초기 코로나 상황을 비교적 안정시켰던 중국은 서방의 대응 실패를 자국 체제의 우월성의 근거로 홍보해 나갔다. 이에 마땅한 반론의 논거를 찾지 못한 서구 언론 매체들은 갑자기 한국 방역의 성공 사례를 대대적으로 보도하기 시작했다. 우리나라의 K-방역이 폐쇄적 정책 일변도의 중국에 대비되는, 즉 민주주의와 열린 사회의 우월함을 입증하는 논거로 활용되었던 것이다.

한국의 미래를 낙관하는 이유

물론 자유민주주의가 K-방역의 배경과 동력이 되었는지에 대해서는 여러 강력한 반론들이 존재한다.[16] 여기서 내가 강조하고 싶은 것은 K-방역을 자신들 주장의 논거로 활용한 서구 언론의 논리가 타당한지 여부가 아니라, **국제사회의 뉴노멀 시대에 적합한 포지셔닝을 할 수 있는 많은 자원과 여지를 한국이 이미 가지고 있다는 점**이다.[17]

그리고 이러한 새로운 포지셔닝에 대한 힌트와 암시는 K-방역이 끝이 아니었다. 최근 유튜브, 넷플릭스, 트위터 등 글로벌 플랫폼을 통해 대중문화의 다양한 영역에서 글로벌 대히트를 친 K-콘텐츠가 계속 등장하면서 한국에 대한 긍정적이고 매력적인 이미지를 더욱 강화시켜 주고 있다. 이제 명실상부 대한민국이 글로벌 트렌드를 주도하고 있음을 누구도 쉽게 부정할 수는 없을 것이다.

물론 2000년대 이후 동아시아 권역을 중심으로 우리의 음악 및 영상 콘텐츠가 많은 사랑을 받았던 건 사실이지만, 최근 몇 년간 우리 문화가 전 세계를 들썩이게 만든 건 실로 놀라울 정도였다. 우리들 자신을 포함해서 그 누구도 예상하지 못했던 K-콘텐츠의 대성공에 주목하며 그것이 한국이 가진 힘이라고 말하는 사람들도 많았다. 이를테면 세계적 석학인 조지프 나이 하버드대 석좌교수는 자신이 직접 창안한 소프트파워(군사력이나 경제력 같은 이른바 하드파워와 대비되는 개념으로 문화, 예술, 과학 등 눈에 보이지 않는 부드러운 힘)라는 개념의 대표적인 성공 사례로 한국을 지목하기도 했다.[18]

현재 한국 내 많은 여론이 자국의 미래에 대해 비관하는 것과 달리, 나는 개인적으로 한국의 미래에 대해 상당히 낙관적이다. 다수 여론이 생각하듯, 물론 한국의 미래를 비관할 이유는 당연히 넘쳐난다. 저출산 고령화, 지역 불균형 발전, 양극화 심화, 정치적·사회적·문화적 진영 간의 심각한 분열 등 내부적으로도 많은 문제를 안고 있고, 외부적으로는 차이나 쇼크와 신냉전이라는 매우 엄혹한 환경에 둘러싸여 있다. 나 또한 이러한 문제들 하나하나가 모두 쉽게 극복될 수 있다고 낙관하지 못하는 건 마찬가지다.

그러나 우리나라가 이러한 국내외적 위기 상황에 둘러싸여 있던 게 이번이 과연 처음일까? 그리고 작금의 위기 상황이 과연 과거 위기들에 비해서 훨씬 더 심각한 난제들인 것일까? 그렇지는 않다고 본다. 실제 한국은 현재 마주하고 있는 위기들과는 비교도 안 될 정도로 어렵고 극복 불가능해 보였던 위기 상황을 수차례 극복해왔다. 한국전쟁 직후 말 그대로의 폐허 상태, 극도의 빈곤과 상시적 안보 위기, 영원히 끝나지 않을 것 같았던 군사독재 등등이 우리가 겪었던 과거의 위기 사례들이었다.

당시에 한국이 궁극적으로 이러한 문제들을 극복하고 정치, 경제, 사회 등의 모든 분야에서 선진국으로 올라설 것이라고 말했다면 전 세계 어디서도 제정신이 아니라는 이야기부터 들었을 것이다. 아니, 한국 내에서는 더 심한 반응을 마주하지 않았을까? 하지만 놀랍게도 한국은 앞서 언급했던 모든 문제들을 넘어서서 현재는 마침내 명실상부한 선진국이자 지역 강국으로 올라섰다. 나는 우리가 특유의 적응력과 유연성을 발휘해 시대에 맞는 변신과 업데이트를 멈추지 않았던 것이 주효했다고 생각한다.

비록 이번 위기의 진원지가 오랜 기간 한반도에 주기적 충격을 가했던 중국이며, 시진핑 정권이 초래한 지정학적 쇼크와 지금의 신냉전 상황이 아무리 엄혹하더라도, 나는 우리가 이를 충분히 극복해 나갈 수 있다는 것을 믿고 있다. 당연히 근거 없는 믿음이 아니다. 한국이 이미 갖고 있는 장점과 과거의 위기 극복 경험들을 다시금 잘 복기하고, 무엇보다도 많은 사람들이 현실을 더욱 정확하게 파악하고자 힘쓰면서 대응책을 찾는 논의에 적극 참여해 줄 수만 있다면 말이다.

주

제1부 중국이라는 폭풍우 곁에서

1. 주진희, 「"중국은 1000년의 적이다"…멀어지는 북중관계?」, 《MBN》 2016. 03. 29.
2. 대니얼 카너먼, 『생각에 관한 생각』, 김영사, 2012, 45~48p.
3. 김동현, 「10명 중 7명 "가장 위협인 주변국은 중국"…진보·보수 비슷」, 《연합뉴스》 2021. 12. 29.
4. 이오성, 「중국의 모든 것을 싫어하는 핵심 집단, 누굴까?」, 《시사IN》 2021. 6. 17.
5. 최진주, 「'잃어버린 30년' 일본 임금, 겨우 4.4% 올라… 한국이 추월」, 《한국일보》 2021. 10. 20.
6. 서승욱, 「"코로나 검사결과 팩스,전화로 취합"… IT후진국 日의 민낯」, 《중앙일보》 2020. 5. 10.
7. 이종섭, 「'중국은 비호감' 역대 최고치…퓨리서치 14개국 조사, 호주·한국 등 부정평가↑」, 《경향신문》 2021. 10. 7.
8. 오드 아르네 베스타, 『제국과 의로운 민족』, 너머북스, 2022, 85~86p.
9. 어우양잉즈, 김영문 옮김, 『용과 독수리의 제국』, 살림출판사, 2020, 67~72p.
10. 배정원, 「[북 인터뷰] 한국 정치학계 사상 최초로 외국 명문대에서 세번째 영문 단독 저서 출간한 서울대 정재호 교수」, 《조선일보》 2016. 10. 4.
11. 박훈, 「'반일' 이전에 '항청'…속국을 거부한 조선의 싸움」, 《동아일보》 2021. 5. 28.
12. 김학재, 「中, 외교 결례 거듭…"계산된 압박 전술"」, 《KBS》 2017. 1. 6.
13. 천금주, 「"한국이 소국? 중국 우리 깔보냐" 네티즌 발끈」, 《국민일보》 2016. 2. 17.
14. 이임자·조용원, 「중국 정부의 한국 여행 제한 조치가 국내 소비재산업에 미치는 영향 분석」, 산업연구원 《i-KIET 산업경제이슈》 2017. 5. 22.
15. 모종혁, 「"연예인들에게 시진핑 사상 교육시켜라"」, 《시사저널》 2021. 9. 7.

16. 최수문, 「중국 '정풍 운동' 칼바람, 연예계 덮쳤다」, 《서울경제》 2021. 8. 29.
17. 윤고은, 「중국 '여성스러운 남자 아이돌'에도 퇴출령…"냥파오 근절"」, 《연합뉴스》 2021. 9. 3.
18. 김진석, 「[단독]'조선구마사' 결국 폐지… "PD가 배우들에게 통보 중"」, 《일간스포츠》 2021. 3. 25.
19. 클라이브 해밀턴, 김희주 옮김, 『중국의 조용한 침공』, 세종서적, 2021, 220~224p.
20. Fuchs, Andreas & Klann, Nils-Hendrik, 「Paying a visit: The Dalai Lama effect on international trade」, 《Journal of International Economics》 Volume 91 Issue 1, 2013
21. 김승현, 「중국발 몽니 '달라이 라마 효과' 한류 덮치나」, 《중앙일보》 2016. 8. 6.
22. 정지형·양지수, 「중국의 경제제재 대응사례 분석」, 제주발전연구원 중국연구센터, 《JDI China Issue Brief》 2017. 4. 19.
23. 클라이브 해밀턴, 김희주 옮김, 『중국의 조용한 침공』, 세종서적, 2021, 39~44p.
24. 서의동·오관철, 「칭다오 일본 공장 10곳 방화·약탈…'일본 대사관 투석' 경찰은 불구경」, 《경향신문》 2012. 9. 16.
25. 김기현·김상운·주성하, 「"남의 나라 수도 복판서 경찰까지 폭행하다니"」, 《동아일보》 2008. 4. 29.
26. 홍인표, 「비난에 폭력 '맞불'… '편협한 중화주의'만 부각」, 《경향신문》 2008. 5. 1.
27. 정보통신기술진흥센터, 「사드 배치로 인한 ICT 산업 영향」, 정보통신기획평가원 《주간기술동향》 2017. 4. 19.
28. 이준성, 「3년 만에 왜…中, 한국산 전기차 배터리에 보조금 지원」, 《KOREA IT TIMES》 2019. 12. 10.
29. 이병철·장민권, 「[사드 배치 후폭풍] "中, 사드 빌미로 자국산업 감싸기"…"기업 경쟁력 강화 시급"」, 《파이낸셜뉴스》 2017. 9. 10.
30. 관계부처 합동, 「2030 이차전지 산업(K-Battery) 발전 전략」, 《KDI 경제정보센터》 2021. 7.
31. 최원석, 『테슬라 쇼크』, 더퀘스트, 2021, 33~45p
32. 변지희, 「"올해 전세계 車 판매 8865만대로 5% 증가"」, 《조선비즈》 2022. 1. 3.
33. 이수환, 「지난해 전기차 판매량 320만대…신차 효과로 예상 웃돌아」, 《디일렉》 2021. 1. 19.
34. 정진우, 「중국, 전기차 배터리 육성 로드맵 발표한다」, 《KOTRA 해외시장뉴스》 2016. 10. 11.
35. 박주현, 「현대차·기아 中고전 이어가…점유율 1년새 3.1%→2.1%」, 《뉴시스》 2021. 12. 10.
36. 구태우, 「[현대차의 미래①] '노 마진 노 세일'…잃어버린 중국」, 《블로터》 2021. 9. 15.
37. 최예지, 「[뉴욕증시] '중국판 테슬라' 니오, 폭스바겐 시총 추월」, 《아주경제》 2021. 1. 13.
38. 조미덥, 「"삼성폰 세계 1위를 지켜라" 국가별 맞춤전략 골몰」, 《경향신문》 2021. 2. 28.
39. 박현준, 「[삼성, 불안한 1위②] 갤럭시S와 중국 사이 갇힌 중저가 스마트폰」, 《블로터》 2021. 5. 4.
40. 김승한, 「"미국과 싸워도 아이폰 쓰는 중국인"… 애플, 중국 스마트폰 시장서 1위 탈환」, 《매일경제》 2021. 11. 29.
41. 노현·이종혁·박재영, 「[단독] 17년간 지켜온 디스플레이 세계 1위, 중국에 뺏겼다」, 《매

일경제》 2021. 7. 25.
42. 배진솔, 「"LCD 패널값 꺾였다"…삼성·LG, 사업철수 시기 앞당긴다」, 《이데일리》 2021. 11. 29.
43. 오찬종·박재영, 「"중국 '쩐해전술' 무섭네"…LCD 이어 OLED까지 진격」, 《매일경제》 2021. 10. 17.
44. 조철 외, 「중국 산업구조 고도화에 따른 한·중 경쟁력 변화와 대응전략」, 대외경제연구원 연구보고서 2020. 6. 29.
45. 이정동 외, 『축적의 시간』, 지식노마드, 2015, 42~49p.
46. 김도년, 「중국 자율차 기술 한국과 0.9년차…산업경쟁력은 추월」, 《중앙일보》 2019. 1. 22.
47. 이재호, 「한국, 전체 수출 중 중국 미국 베트남 3개국이 50% 차지」, 《내일신문》 2021. 3. 10.
48. 김남석, 「"공급망 中 지위 인정하라… 대항땐 반드시 害 입을 것"」, 《문화일보》 2021. 11. 9.
49. 김수환·송화정, 「한달새 1180조원 증발…中 원정개미의 비명」, 《아시아경제》 2021. 8. 20.
50. 김제관, 「'제2 마오쩌둥' 꿈꾸는 시진핑…문화대혁명 그림자 스멀스멀」, 《매일경제》 2021. 9. 21.
51. 막스 베버, 박상훈 옮김, 『직업으로서의 정치』, 후마니타스, 2011, 210~214p.
52. 최민우, 「중국 최악의 전력난…전기 끊긴 공장서 가스 누출」, 《국민일보》 2021. 9. 28.
53. 김광태, 「전력난에 휘청인 中, 탄소저감 속도조절 석탄 증산 주력」, 《디지털타임스》 2021. 11. 8.
54. 이경태, 「[중국판 소부장②] 중국 의존도 90% 소재 1275개…100대 품목 대비 시급」, 《뉴스핌》 2021. 11. 25.
55. 송광섭·백상경·박윤구, 「중국이 마음만 먹으면 K배터리 숨통 끊는다…원자재 의존도 80% 넘어」, 《매일경제》 2021. 11. 9.
56. 안옥희, 「마윈 알리바바 창업자 "중국 금융, 전당포 방식으로 운영" 작심 비판」, 《매거진한경》 2020. 11. 9.
57. 손일선, 「中 빅테크, 기부금 왜 쏟아낼까? 시진핑 '공동부유' 선언 이후 생존 몸부림」, 《매일경제》 2021. 11. 1.
58. 정재용, 「뉴욕증시 상장 中교육기업 주가 6개월새 98% 폭락…"규제 여파"」, 《연합뉴스》 2021. 7. 28.
59. 최가영, 「중국 "게임은 영혼의 아편... 청소년들 게임은 주 3시간만"」, 《YTN》 2021. 9. 2.
60. 차병섭, 「중국 연예계 정풍운동?…사상통제·공동부유 다목적 관측」, 《연합뉴스》 2021. 8. 28.
61. 차대운, 「중국 '좌경' 우려 속 시장 달래기…투자자들 '글쎄'」, 《연합뉴스》 2021. 9. 7.
62. 김한수, 「국내투자자의 지역별 해외주식투자 현황 및 특성 분석」, 자본시장연구원 《이슈보고서》 2020. 2.
63. 이민지, 「개인투자자 해외주식 잔고 29조원…전년 대비 142%↑」, 《아시아경제》 2020. 10. 27.

64. 김지완, 「해외주식투자, 2년 새 5배 증가…절반이 미국, 최다거래 종목은 '테슬라'」, 《이데일리》 2021. 12. 11.
65. 「The most dangerous place on Earth」, 《The Economist》 2021. 5. 1.
66. 이귀전·박영준, 「"中, 대만 침공시 동아시아 전쟁터 될 것"」, 《세계일보》 2021. 11. 9.
67. 이재준, 「"중국군, 2024년까지 대만 침공 가능성" 前 백악관 안보보좌관 경고」, 《뉴시스》 2021. 11. 2.
68. 김철문, 「"중국, 2025년 대만 침공 가능성…수송·보급 등에 약점"」, 《연합뉴스》 2021. 12. 13.
69. 이철, 『중국의 선택』, 처음북스, 2021, 170~175p.
70. 신중섭, 「바이든 압박에 美공장 늘리는 TSMC…삼성도 투자 확대할까」, 《이데일리》 2021. 5. 6.
71. 앤드루 에릭슨, 이은주 옮김, 『하버드대학 중국 특강』 〈9장: 중국의 군사력은 얼마나 강한가〉, 미래의창, 2018, 112~113p.
72. 김진명, 「FP "푸틴의 우크라 전쟁 고전, 시진핑에겐 최악의 악몽됐다"」, 《조선일보》 2022. 3. 6.
73. 안성용, 「대만 대선 D-12 '中과 통일' 지지 3% 불과한 젊은층 표심은?」, 《노컷뉴스》 2019. 12. 30.
74. 청샤오눙, 「[분석] 中 공산당 역사결의는 권력독점 위한 판 뒤집기」, 《에포크타임스》 2021. 12. 6.
75. 문병기, 「"새 韓美작계에 中대응 포함시키고, 韓도 동맹차원 대만방어 기여해야"」, 《동아일보》 2022. 1. 16.
76. 어우양잉즈, 김영문 옮김, 『용과 독수리의 제국』, 살림출판사, 2020, 67~72p.

제2부 차이나 리스크의 기원과 축적

1. 박민희, 『중국 딜레마』, 한겨레출판, 2021, 64~68p.
2. 케리 브라운, 도지영 옮김, 『CEO 시진핑』, 시그마북스, 2017, 88~91p.
3. 헤리슨 E. 솔즈베리, 『새로운 황제들: 마오쩌둥과 덩샤오핑의 중국』, 다섯수레, 2013, 458~460p.
4. 케네스 리버살, 김재관·차창훈 옮김, 『거버닝 차이나』, 심산문화, 2013, 251~255p.
5. 강효백, 『시진핑 제국』, 이담북스, 2019, 24p.
6. 강효백, 『시진핑 제국』, 이담북스, 2019, 26~27p.
7. 박재곤, 「2020년 중국 경제의 위상」, 산업연구원, 《중국산업경제 브리프》 2020. 7.
8. 케리 브라운, 도지영 옮김, 『CEO 시진핑』, 시그마북스, 2017, 119p.
9. 케리 브라운, 도지영 옮김, 『CEO 시진핑』, 시그마북스, 2017, 114p.
10. 양중메이, 홍순도 옮김, 『중국의 미래, 누구에게 달렸나?』, 알에이치코리아, 2012, 61~62p.
11. 에즈라 보걸, 심규호·유소영 옮김, 『덩샤오핑 평전』, 민음사, 2014, 886~892p.
12. 조 스터드웰, 김태훈 옮김, 『아시아의 힘』, 프롬북스, 2016, 335~337p.

13. 프랑크 디쾨터, 고기탁 옮김, 『해방의 비극: 중국혁명의 역사 1945~1957』, 열린책들, 2016, 323~350p.
14. 케네스 리버살, 김재관·차창훈 옮김, 『거버닝 차이나』, 심산문화, 2013, 533~536p.
15. 에드워드 스타인펠트, 구계원 옮김, 『왜 중국은 서구를 위협할 수 없나』, 에쎄, 2011, 14~16p.
16. 홍춘욱 외, 『중국주식 선강퉁』, 스마트북스, 2016, 44~48p.
17. 문유근, 『시진핑의 차이나 드림』, 북스타, 2021, 385~387p.
18. 브랑코 밀나노비치, 서정아 옮김, 『왜 우리는 불평등해졌는가』, 21세기북스, 2017, 27~36p.
19. 인지현, 「지구촌 절대빈곤 12억명… 中↓ 阿↑」, 《문화일보》 2013. 4. 19.
20. 케리 브라운, 도지영 옮김, 『CEO 시진핑』, 시그마북스, 2017, 118~120p.
21. KBS 〈다큐 인사이트〉, 「중국 공산당 100년 기획 '붉은 자본주의' 2부: 월가로 간 중국 공산당」 중에서. 여기서 홍호평 존스홉킨스대학교 정치경제학과 교수는 "중국은 당시 전 세계 경제를 살린 구원자로 칭송받았습니다."라고 말한다.
22. 주춘렬, 「"中, 수십년내 美와 어깨 나란히 할 것"」, 《세계일보》 2009. 5. 19.
23. KBS 〈다큐 인사이트〉, 「중국 공산당 100년 기획 '붉은 자본주의' 2부: 월가로 간 중국 공산당」 중에서
24. 구자룡, 「[해외이슈] 세계의 눈이 쏠린 중국」, 《신동아》 2009. 9. 9.
25. 조주현, 「[취재여록] 中 자화자찬의 이면」, 《한국경제》 2009. 4. 5.
26. 박민희, 『중국 딜레마』, 한겨레출판, 2021, 86p.
27. 김정욱·김현기, 「게이츠 "내 방문 겨냥해서 스텔스기 띄웠습니까"」, 《중앙일보》 2011. 1. 13.
28. 에즈라 보걸, 심규호·유소영 옮김, 『덩샤오핑 평전』, 민음사, 2014, 579~590p.
29. 杨光, 「刘少奇叛徒罪是这样被认定的」, 《大紀元》 2009. 10. 3.
30. 박현숙, 「충칭의 붉은 별은 왜 떨어졌나」, 《한겨레21》 2012. 3. 28.
31. 박민희, 「"충칭모델, 세계 경제에도 의미있어"」, 《한겨레》 2011. 1. 3.
32. 정용환, 「시진핑의 신 중국모델은 보시라이의 '레드 시티' 충칭」, 《중앙일보》, 2011. 5. 13.
33. 여인옥, 「보시라이는 '제2의 린바오'…후진타오 도청도 불사」, 《머니투데이》 2012. 4. 26.
34. 차대운, 「中 원자바오 "보시라이 반성해야"」, 《연합뉴스》 2012. 3. 14.
35. 김대기·홍혜진, 「'내부의 적'이 무서워…中, 치안에 210조원 썼다」, 《매일경제》 2018. 3. 7.
36. 박세영, 「中 보시라이·저우융캉 죄목에 '정변기도' 포함된 듯」, 《문화일보》 2015. 3. 20.
37. 최유식, 「"내란설 돌던 3월19일, 원자바오·저우융캉(중앙정법위 서기·보시라이 후원자) 무력충돌 직전까지 가"」, 《조선일보》 2012. 4. 21.
38. 신경진, 「"보시라이 쿠데타 있을 거요" 9년전 시진핑 맞은 바이든 귀띔」, 《중앙일보》 2021. 1. 18.
39. 예영준, 「'부패 호랑이' 저우융캉 종신형·재산몰수 판결」, 《중앙일보》 2015. 6. 12.
40. 로더릭 맥파커, 이은주 옮김, 『하버드대학 중국 특강』 〈3장: 왜 지금도 마오쩌둥이 중요

한가〉, 미래의창, 2018, 46~47p.

41. 「正确看待改革开放前后两个历史时期」,《人民网》, 2013. 11. 8.
"我们党领导人民进行社会主义建设, 有改革开放前和改革开放后两个历史时期, 这是两个相互联系又有重大区别的时期, 但本质上都是我们党领导人民社会主义建设的实践探索。中国特色社会主义是在改革开放历史新时期开创的, 但也是在新中国已经建立起社会主义基本制度并进行了20多年的基础上开创的。因此, 对改革开放前的历史时期要正确评价, 不能用改革开放后的历史时期否定改革开放前的历史时期, 也不能用改革开放前的历史时期否定改革开放后的历史时期。改革开放前的社会主义实践探索为改革开放后的社会主义实践积累了条件, 改革开放后的社会主义实践探索是对前一个时期的坚持, 改革, 发展."

42. 문유근, 『시진핑의 차이나 드림』, 북스타, 2021, 221p.

43. 박수현, 「시진핑 '부패와의 전쟁'으로 中 관리 374만명 처벌…"장기집권 포석"」,《조선비즈》 2021. 6. 29.

44. 박수현, 「수조원 재산이 무슨 소용…쥐도 새도 모르게 체포된 중국 재벌들」,《머니투데이》 2020. 8. 11.

45. 김기용, 「中, 실종된 재벌회장 소유 200조원 규모의 9개 회사 경영권 접수」,《동아일보》 2020. 7. 19.

46. 이철, 「중국 양대 파벌의 쩐의 전쟁」, '중국뉴스해설' 브런치(https://brunch.co.kr/@chulrhee/4), 2019. 3. 19.

47. 박상구, 「"국제사회서 중국 적개심만 키웠다"…중국 내부 시진핑 저격 글 화제」,《매일신문》 2022. 2. 10.

48. 신경진, 「美 전방위 압박에도…"역사는 중국 편" 시진핑 주장, 근거 셋」,《중앙일보》 2021. 9. 19.

제3부 쫓기는 제국, 잠 못 이루는 황제

1. Hal Brands & Michael Beckley, 「China Is a Declining Power—and That's the Problem」,《Foreign Policy》 2021. 9. 24.
"History warns the world should expect a peaking China to act more boldly, even erratically, over the coming decade—to lunge for long-sought strategic prizes before its fortunes fade."

2. 오관철·주영재, 「'경제대국' 중국, 올해 안에 미국 추월한다」,《경향신문》 2014. 4. 30.

3. 차대운, 「중국, 코로나로 미국과 GDP 격차 좁혀…'2028년 추월' 관측도」,《연합뉴스》 2021. 1 18.

4. 그레이엄 앨리슨, 정혜윤 옮김, 『예정된 전쟁』, 세종서적, 2018

5. 김상배, 「표준 경쟁으로 보는 세계패권 경쟁: 미국의 패권, 일본의 좌절, 중국의 도전」, 서울대학교 아시아연구소,《아시아리뷰》 제2권 제2호(통권 4호) 2012. 12.

6. 오종혁, 「미중 기술패권 경쟁의 최근 동향」, 소프트웨어정책연구소,《월간 SW 중심사회》 2021. 5.

7. 「China Internet Report 2019」,《South China Morning Post》 2019. 7. 10.

8. Tour Tsunashima, 「China rises as world's data superpower as internet factures」, 《Nikkei Asia》, 2020. 11. 24.
9. 피터 나바로·그렉 오트리, 서정아 옮김, 『중국이 세상을 지배하는 그날』, 지식갤러리, 2012
10. 스콧 로젤·내털리 헬, 박민희 옮김, 『보이지 않는 중국』, 롤러코스터, 2022, 36~37p.
11. 국제통화기금(IMF) 2021년 세계 1인당 GDP 집계 기준(https://www.imf.org/external/datamapper/NGDPDPC@WEO/OEMDC/ADVEC/WEOWORLD)
12. Mike Bird, 「China's Economy Overtaking the U.S. Will Be Harder Than It Looks」, 《THE WALL STREET JOURNAL》 2021. 1. 25.
13. Eric Zhu & Tom Orlik, 「When Will China Rule the World? Maybe Never」, 《Bloomberg》 2021. 7. 6.
14. Tom Hancock & Chris Anstey, 「US Growth Seen Outpacing China's for First Time Since 1976」, 《Bloomberg》 2022. 5. 19.
15. The World Bank, 「China 2030: Building a Modern, Harmonious, and Creative Society」, 'Development Research Center of the State Council, the People's Republic of China', 2013 (http://openknowledge.worldbank.org/handle/10986/12925)
16. 스콧 로젤·내털리 헬, 박민희 옮김, 『보이지 않는 중국』, 롤러코스터, 2022, 72~76p.
17. 중국 국가통계국 2020년 5월 11일 발표 인구 센서스
18. 《신화통신》 한국어 뉴스 서비스, 「中 농촌 주민 1인당 가처분소득 약 355만원...전년보다 9.7% 높아져」, '한국주재 중화인민공화국대사관 경제상무처' 2022. 1. 24.
19. 李宜霖·李栋, 「2020年各省份居民人均收入榜：上海最有钱，这地涨得猛」, 《人民网》 2021. 1. 22.
20. 텐쉐위안, 김병철 옮김, 『중국의 인구 고령화와 중진국 함정』, 한국보건사회연구원, 2021
21. 김윤구, 「중국, 300만명 이하 도시 거주이전 자유 제한 '후커우' 철폐」, 《연합뉴스》 2019. 12. 26.
22. Hongbin Li & Prashant Loyalka & Scott Rozelle, & Binzhen Wu, 「Human Capital and China's Future Growth」, 《JOURNAL OF ECONOMIC PERSPECTIVES》 VOL. 31, NO. 1, WINTER 2017
23. 주문문·윤광진·주창범, 「중국 농민공 자녀의 교육격차에 관한 연구」, 단국대학교 융합사회연구소 《융합사회와 공공정책》 2019, VOL. 13, NO. 1.
24. 2021년 4월 발표된 중국 국가통계국 2020년 인구 증감 데이터 관련 공식 발표내용 전문. 国家统计局, 「我国人口继续保持增长」 2021. 4. 29. "据了解, 2020年, 我国人口继续保持增长, 具体数据将在第七次全国人口普查公报中发布."
25. He Huifeng, 「China population: census results in question after township suddenly reports 31 per cent plunge in permanent residents」, 《South China Morning Post》 2021. 10. 25.
"The veracity of China's most recent national census is being called into question by the public after a township government in the northeastern province of Jilin slashed its population figure by nearly a third."

26. 김윤구, 「중국, 3자녀까지 허용…저출산에 산아제한 사실상 폐지」, 《연합뉴스》 2021. 5. 31.
27. 임주리, 「"13억 벌금 내라더니 이젠 잘했다고?" 中 '세 자녀 정책' 왜 욕먹나」 《중앙일보》 2021. 6. 4.
28. 한희라, 「인구대국 中, 2027년 인구 마이너스성장」, 《헤럴드경제》 2019. 1. 6.
29. Sun Yu, 「China set to report first population decline in five decades」, 《FINANCIAL TIMES》 2021. 4. 28.
30. 魏玉坤·邹多为, 「继续增长！全国人口达141178万人」, 《新华社》 2021. 5. 11.
31. 이용석, 「"중국 인구 데이터 믿을 수 없다!"」, 《한국무역신문》 2021. 5. 17.
32. 지해범, 「60여년 만에 첫 감소? '인구의 함정'에 빠진 중국」, 《주간조선》 2021. 5. 26.
33. 박수찬, 「중국 "공산당원은 3명씩 낳아라"」, 《조선일보》 2021. 12. 11.
34. 황민규, 「中 출산율 급락에 공산당이 '청년 중매' 나섰다」, 《조선비즈》 2022. 2. 11.
35. 윤고은, 「인구절벽 몰린 중국, 농촌가정마저 출산 피한다」, 《연합뉴스》 2021. 11. 14.
36. 현문학, 「세계의 공장에 '국가 이민국' 신설하는 이유」, 《매일경제》 2018. 3. 20.
37. 求是(중국 공산당 이론지), 시진핑 연설, 2016. 1. 1.
38. 디니 맥마흔, 유강은 옮김, 『빚의 만리장성』, 미지북스, 2018, 24p.
39. 스테판 할퍼, 권영근 옮김, 『베이징 컨센서스』, 21세기북스, 2011, 〈CHAPTER 04 국가주도형 자본주의의 경쟁 이점〉 참조
40. 대니얼 A. 벨, 김기협 옮김, 『차이나 모델: 중국의 정치 지도자들은 왜 유능한가』, 서해문집, 2017, 13~19p.
41. 정다슬, 「'돈 떼먹는' 中지방정부 늘어났다」, 《이데일리》 2019. 11. 11.
42. 정주호, 「中 지방정부서 첫 공무원 임금체불…채무위기 신호탄인가」, 《연합뉴스》 2018. 6. 15.
43. 현문학, 「지방 재정 위기 이면에 숨겨진 부채의 진실」, 《매일경제》 2021. 12. 27.
44. 박성훈, 「"200평당 1만위안 내라" 21세기 가렴주구…중국 경제 심상찮다」, 《중앙일보》 2022. 1. 3.
45. 황정일, 「국가채무비율의 오해와 진실…공기업 부채 더하면 GDP 대비 60% 넘어?」, 《중앙일보》 2019. 6. 30.
46. 윤정원, 「"中 지방정부 관련 국영기업 부채…경제 발목 잡는다"」, 《연합뉴스》 2021. 2. 9.
47. 임성빈, 「공공 포함 나랏빚 지난해 1280조 역대 최대…GDP 대비 66.2%」, 《중앙일보》 2021. 12. 16.
48. 임하람, 「中 재정부, 부채 많은 지방정부에 '경고'…"정부 보증 없다"」, 《연합뉴스》, 2017. 12. 26.
49. 김윤구, 「중국 정부, 국유기업들에 무책임한 디폴트 '엄벌' 경고」, 《연합뉴스》 2020. 11. 22.
50. 디니 맥마흔, 유강은 옮김, 『빚의 만리장성』, 미지북스, 2018, 54p.
51. 강현우, 「토지수익 줄어드는 中 지방정부 부채리스크 다시 부상」, 《한국경제》 2022. 2. 14.
52. 디니 맥마흔, 유강은 옮김, 『빚의 만리장성』, 미지북스, 2018, 〈3장 '유령 도시'〉 참조
53. 조 스터드웰, 김태훈 옮김, 『아시아의 힘』, 프롬북스, 2016, 〈3장 '금융'〉 참조
54. 안승섭, 「"중국 민간기업, 개혁개방 후 최대 위기 직면"」, 《연합뉴스》 2018. 11. 19.

55. 홍춘욱, 「중국 기업부채가 '우리 문제'인 이유」, 《비즈한국》 2017. 6. 12.
56. 김기수, 「[특별기획 | 현안기고(1)] 중국 경제 위기론의 실체」, 《월간중앙》 2020. 1.
57. 임명묵, 『거대한 코끼리, 중국의 진실』, 에이지21, 2018, 120~123p.
58. 박민희, 『중국 딜레마』, 한겨레출판, 2021, 76~79p.
59. 훙호평, 하남석 옮김, 『차이나 붐: 왜 중국은 세계를 지배할 수 없는가』, 글항아리, 2021, 235~238p.
60. 리커창 총리는 중국의 반도체 굴기에 대한 의지를 표하기 위해 당나라 시인 가도(賈島)의 오언절구(五言節句) 〈검객(劍客)〉 중에서 "十年磨一剑(십년모일검)"을 인용했다. ("以'十年磨一剑'精神在关键核心领域实现重大突破")
61. 김주연, 「중국, '중국산 반도체'에 1조 위안 쏟는다」, 《전자신문》 2015. 6. 29.
62. 이지현, 「9월 15일 미국 상무부의 고강도 화웨이 제재안 발효, 주요 산업부문에 미치는 영향은?」, 《KOTRA 해외시장 뉴스》 2020. 10. 12.
63. 김윤호, 「화웨이 자회사, 美 제재에 반도체칩 출하량 96% 폭락」, 《에포크타임스》 2022. 1. 9.
64. 노정동, 「3개월 만에 7조 벌었다…이재용도 줄세운 '그 회사' 초대박」, 《한국경제》 2021. 10. 20.
65. 손미경, 「[차이나 브리프] SMIC, 노광장비 조달 사실상 어려울 듯」, 《디일렉》 2021. 12. 23.
66. 이철, 『중국의 선택』, 처음북스, 2021, 236~254p.
67. 유효정, 「화웨이, 미국 기술 완전 배제 '난니완' 프로젝트 가동」, 《지디넷코리아》 2020. 8. 5.
68. 전병서, 「중국 반도체 굴기, 실패했다고?… '글쎄' [Dr.J's China Insight]」, 《한국경제》 2022. 1. 14.
69. 황정수·송형석, 「韓·中 반도체 격차 1년으로 좁혀졌다」, 《한국경제》 2020. 4. 14.
70. 권동준, 「중국 대표 반도체 기업 '칭화유니' 파산절차 5개월 만에 '국유화'」, 《전자신문》 2021. 12. 13.
71. 강현우, 「중국 반도체 굴기의 허와 실 [글로벌 현장]」, 《매거진 한경》 2022. 1. 15.
72. 유노가미 다카시, 『일본 전자·반도체 대붕괴의 교훈』, 성안당, 2013, 184~185p.
73. 정인성, 『반도체 제국의 미래』, 이레미디어, 2019, 36~41p.
74. 일렉트릭 쇼크, 「EV배터리는 "제2의 메모리반도체"가 아니다?」, 《EV포스트》 2021. 12. 25.
75. 정인성, 『반도체 제국의 미래』, 이레미디어, 2019, 317~321p.
76. 정인성, 『반도체 제국의 미래』, 이레미디어, 2019, 322p.
77. 오로라, 「'22조원 반도체 사업' 중국 HSMC의 사기극」, 《조선일보》 2020. 9. 4.
78. 박수찬·손진석, 「중국, 경제 성장률 5% 못 넘고 주저앉나」, 《조선일보》 2022. 1. 26.
79. 박은경, 「인사·선전·군사…중국 요직 다 장악한 '시자쥔'」, 《경향신문》 2017. 11. 7.
80. 케네스 리버살, 김재관·차창훈 옮김, 『거버닝 차이나』, 심산문화, 2013, 553~555p.
81. Richard McGregor & Jude Blanchette, 「After Xi: Future Scenarios for Leadership Succession in Post-Xi Jinping Era」, 《Center for Strategic and International Studies(CSIS)》 2021. 4. 21.

82. 윤고은, 「"시진핑, 전진 위해 문화대혁명 '재난' 평가 유지"」, 《연합뉴스》 2021. 11. 17.
83. 김철문, 「"국제사회서 중국 적개심만 키웠다"…'시진핑 저격' 4만자 문장」, 《연합뉴스》 2022. 2. 10.
84. 「Shanghai Lockdown Risks Becoming Biggest Crisis of Xi's Tenure」, 《Bloomberg》 2022. 4. 8.

제4부 우리는 무엇을 해야 하는가

1. 김정률, 「中매체 "尹, 쿼드 가입할 수도…가장 큰 경제 파트너 中 고려해야"」, 《뉴스1》 2022. 4. 12.
2. 김현욱, 「한미 정상회담 분석」, 국립외교원 외교안보연구소《IFANS 주요국제문제분석》 2022-13
3. 강구상 외 4인, 「한미 정상회담 주요 논의 내용과 시사점」, 대외경제정책연구원《KIEP 오늘의 세계경제》 2022. 5. 30.
4. 김태윤, 「삼성, 또 백악관 초청당하나…올해 세번째 반도체 기업 소집령」, 《중앙일보》 2021. 9. 16.
5. 조준형, 「"中시안 봉쇄로 공장 대부분 중단…삼성반도체는 정상가동"」, 《연합뉴스》 2021. 12. 27.
6. 구성찬, 「美언론 "한반도 전쟁나면 세계 전자시장 '올스톱' 가능성"」, 《국민일보》 2017. 9. 7.
7. 차병석, 「반도체의 '전쟁 억지력'」, 《한국경제》 2017. 4. 23.
8. 신동윤, 「中, 기초과학서 美 제치나…과학 논문 질 경쟁서 세계 1위」, 《헤럴드경제》 2021. 8. 11.
9. 김희교, 『짱깨주의의 탄생』, 보리, 2022, 371~402p.
10. 이한나, 「일본도 한국에 호감으로…BTS가 국가이미지 올린 일등공신」, 《매일경제》 2022. 1. 24.
11. 안정식, 『빗나간 기대』, 늘품플러스, 2020, 〈1. 왜 '준비되지 않은 통일인가'〉 참조
12. 정다슬, 「韓, '개도국→선진국' 지위 격상…UNCTAD 57년 역사상 처음」, 《이데일리》 2021. 7. 5.
13. 훙호펑, 하남석 옮김, 『차이나 붐: 왜 중국은 세계를 지배할 수 없는가』, 글항아리, 2021, 212~213p.
14. 박준우, 「민심 얻어 정권 차지한 習, '失衆' 위기 가나」, 《문화일보》 2022. 6. 11.
15. 문화체육관광부 해외문화홍보원, 「해외 언론이 본 한국 코로나19 방역 100일」, 《대한민국 정책브리핑》 2020. 5. 8.
16. 임명묵, 『K를 생각한다』, 도서출판 사이드웨이, 2021, 〈제2장 K-방역이 말해주는 것〉 참조
17. 김시우·백승호·양승훈·임경빈·하헌기·한윤형, 『추월의 시대』, 메디치미디어, 2020, 364~365p.
18. 임희윤, 「"K팝-오겜 나온 한국이 소프트파워 대표 사례"」, 《동아일보》 2022. 3. 17.

차이나 쇼크, 한국의 선택

왜 지금 중국이 문제인가?

발행일 2022년 8월 3일 초판 1쇄
2022년 8월 31일 초판 3쇄

지은이 한청훤
편집 박성열, 정혜인
디자인 김진성
인쇄 민언프린텍
제본 책공감

발행인 박성열
발행처 도서출판 사이드웨이
출판등록 2017년 4월 4일 제406-2017-000041호
주소 서울특별시 영등포구 문래동 2가 10-6, 3층
전화 031)935-4027 팩스 031)935-4028
이메일 sideway.books@gmail.com

ISBN 979-11-91998-08-5 03300